KB006079

동물의 숲

저자 한유조

우리의 소중한 그것이…
언제나 온전히 그것으로 남기를

처음 이야기를 착안한 것은 벌써 4년이나 지난 추운 계절의 어느 날이었습니다.

당시 저는 도무지 믿을 수 없는 (지금까지도 이해가 되지 않는) 광경을 목격했는데, 눈앞에 보이는 그 이질적인 광경을 짧지 않은 시간 동안 멍한 얼굴로 바라보다가 문득 언젠가 읽었던 조지 오웰의 소설을 떠올렸습니다. 소설 속 장면을 직접 눈으로 보는 것만 같았죠.

밝고 좋은 말을 하면 좋겠지만 제가 그 순간 느낀 감정은 기쁘다, 재미있다, 신기하다와 같은 종류가 아니었습니다. 그런 분위기의 소설이 아니기도 하지만 그때 제가 느낀 것은 분명 두려움을 닮은 불길한 것이었습니다.

나 자신이 어디 다른 곳에 온 것인가, 내가 사는 이 나라가 내가 알던 곳이 맞나, 의구심이 들었습니다. 음울한 무언가가 가슴속 깊은 곳에서부터 피어오르면서도 저는 내가 할 수 있는 것이 있는 것이 무엇이 있을까 하고 생각했습니다. 고민했습니다.

결국 도달한 결론은 글이었습니다.

이것을 알리자, 이것은 잘못되었다, 이것은 고쳐져야 한다. 화가 났습니다. 지금도 화가 납니다.

4년이라는 시간이 걸렸습니다. 소설이라는 것이 쉽게 뚝딱뚝딱 만들어지는 것이 아니라고는 하지만 아무리 그래도 긴 시간이었습니다. 작가가 될 배움도, 실력도 전혀 없는 상태에서 시작하느라 제가 너무 늦은 것은 아닌지 모르겠습니다.

글을 생각하며 그리고 글을 쓰며 막다른 길에 들어선 적이 무척이나 많았습니다.

진짜 안 되겠는데, 못 하겠다, 내가 무슨... 그런 생각을 셀 수도 없이 했습니다. 빈말이 아니라 정말 스스로에게 믿음이 별로 없었습니다. 근거가 부족, 아니... 아예 없는 것이나 마찬가지였으니까요. 흔히들 하는 말로 그럴 때마다 누군가의 도움을 받고, 격려도 받았습니다, 나 자신의 꿈만을 좇았다 하고 말하지만 저는 그런 것은 없이 그저 제 작은 주먹에 스며든 어설픈 사명감과 그 날 이후 마음속에 자리 잡은 '분노'를 느끼며 마음을 다잡았습니다.

제가 만들어낸 이 이야기 『동물의 숲』이 세상에 빛을 볼 수 있을지, 버려진 종잇조각의 한낱 쓸데없는 잉크 자국이 될지 저로서는 알 수 없습니다.

하지만, 만약이라는 단서를 달고 한마디 말을 덧붙인다면 이렇게 말하고 싶습니다.

우리의 소중한 그것이 누군가의 손에 더럽혀지지 않고 언제나 온전히 그것으로 남기를.

졸고를 귀한 책으로 만들어 주신 아이디얼북스 최수경 대표님과 김명경 디자이너님에게 감사를 드립니다.

2022년 대한민국의 새봄을 맞이하는 4월의 아침에

저자 한유조

동 물 의 숲

α

그런 숲이 있다는 보로리의 말을 너구리는 믿지 않았다. 아니, 믿을 수 없었다. 너구리는 한동안 둥그런 눈만 끔뻑거렸다.

"...정말이야? 정말?"

다람쥐 보로리는 어깨를 으쓱하며 힘차게 고개를 끄덕였다. 보로리는 자신 있어 하는 모습이었지만 너구리는 냉큼 믿기 어려웠다. 당장 오늘도 아무것도 먹지 못했다. 배는 홀쭉했고 속에서 배가 고프다고 지금 소리가 나지 않는 것은 조금 전에 이미 소리가 난 탓이었다. 너구리는 자신의 배를 쓰다듬으며 물끄러미 내려다보았다. 저도 모르게 한숨이 새어 나왔다. 배고파...

"남쪽 나라나 동쪽 나라를 봐. 그곳들도 옛날엔 우리와 다르지 않았어. 지금은 도무지 몰라보게 되었지만."

"그런 건 잘 모르겠어. 그런데 아무튼 배를 곯지 않아도 되는 거네?"

"응. 분명히 언젠가는."

"헤에…." 너구리가 입맛을 다시자 입가에 침이 번졌다. 보로리는 왠지 흐뭇한 얼굴로 말했다.

"넌 아직도 하얀 까마귀 얘기를 듣지 못했니?"

하얀 까마귀. 우리 숲 출신의 그 새는 저 먼 동쪽 나라에 둥지를 틀어 살다가 최근 다시 우리 숲으로 돌아왔다고 한다. 여러모로 수상한 '괴조'에 대한 소문은 너구리도 들은 적이 있다.

"요요씨 말이야?"

보로리는 그래, 하고 고개를 끄덕이며 짐짓 너구리의 반응을 즐기는 듯했다. "박사님은 정말 똑똑해. 멍청한 수달 수십 마리 아니, 백 마리를 합친 것보다 더 영리할걸?"

그렇게 똑똑하다고...? 너구리가 생각나는 수달 하나를 떠올리는데 보로리가 말을 이었다.

"모든 동물은 평등하다고 할 수 없다. 평등한 것이 반드시 평등한 것은 아니다."

"무슨 말이야?"

너구리가 고개를 갸우뚱하며 물었지만 보로리는 대답은 않고 "우리 숲의 적은 남쪽도 서쪽도 동쪽도 아니다. 진정한 적은 우리 내부에 있다. 내부의 적을 설득하고 하나 되는 숲을 만드는 것이 우리의 숲을 위한 길이다."다람쥐는 이어나갔다. "자, 나의 손을 잡고 저 어리석은 무리들을 동화시키자. 저들은 적이 아니다. 저들은 같은 땅의, 같은 피의, 같은 꿈을 품은 우리의 가족이다!"

마치 연설이라도 하듯 앞발 한쪽을 하늘 높이 치켜들며 힘차게 외쳤다. 유일한 청중은 왠지 모르게 가슴 깊은 곳이 뜨거워지는 듯했다. 짝짝, 박수 소리라도 내고 싶었지만 두 앞발은 흙먼지만 튀길 뿐이었다.

감명받은 청중을 향해 연사는 부드럽게 몸을 돌리면서 입가에 옅은 미소를 머금었다. 그리고 "우리 숲도 '그 숲'이 될 수 있어."하고 어조를 바꾸어 낮은 소리로 말했다.

그 숲... 너구리는 침을 꼴깍 삼켰다. 너구리의 호기심을 눈치챈 보로리가 만족스레 미소 짓더니 가만히 턱짓으로 한쪽을 가리켰다.

너구리는 보로리를 따라 빈 공터의 한 나무 둥치 앞에 나란히 앉았다.

"비밀, 알려줘?" 보로리가 젠체하며 말하자 너구리는 입맛을 다셨다. 어떻게 하면 우리 숲도 그렇게 될 수 있을까? 어떻게 하면 우리도 그렇게 멋지게 살 수 있는 걸까?

보로리는 괜스레 주변을 빙 둘러보더니 아무도 없는 것을 확인하고는 앞발을 까딱거리며 좀 가까이 와보라고 했다. 마치 엄청난 비밀이라도 밝히려는 듯이.

너구리가 다가가자 보로리는 입 끝을 비틀더니 살짝 음흉한 말투로...

"우선, 가진 도토리부터."

"뭐? 난 도토리가 하나도 없어..."

너구리가 난처한 듯 그렇게 말하자 보로리는 입을 시옷 자로 만들더니 그 진위여부를 확인하는 듯한 눈초리로 너구리를 살폈다. 그러더니 고개를 푹 꺾었다. 너구리가 가만히 고개를 흔들자 보로리가 슬쩍 고개를 치켜들며 한쪽 눈을 찡긋했다. "할 수 없지... 그럼 한 개?"

그래도 없다고 하자 보로리는 한숨과 함께 너구리 흉 비슷한 말을 궁시렁거렸다. 보로리는 잠깐 틈을 두더니 시선을 정면으로 향했다. 그곳에는 낮은 상록수 사이에 우뚝 솟은 거대한 소나무 한 그루가 구름 한 점 없이 청명한 하늘을 배경으로 버티고 서 있었다.

"저 소나무는 말이야. 나이가 몇 천 살이나 된대."

"그렇게나?"

너구리는 몇 천 년이라는 시간을 가늠할 수 없었다. 놀라서 눈이 커졌다. 보로리가 피식 웃었다. 잠깐 틈을 두어 생각에 잠기더니 다시 소나무와 맑은 하늘을 향해 시선을 던졌다.

"우리 숲은 말이야. 저 나무에서 시작되었다는 이야기가 있어. 대단하지 않아? 저 나무가 있은 뒤에 다른 나무며 풀이며 꽃이며 하나둘씩 자라나기 시작한 거야. 동물들도 생활할 터전을 갖게 되었고." 너구리는 입을 동그랗게 벌리면서도 나는 그냥 큰 나무인 줄 알았는데, 하고 혼자 생각했다. 무심결에 옆을 내려다보았다. 밝은 색 자그마한 꽃이 한가로운 계절의 햇살을 흔들며 늘어져 있었다. 예쁘다...

"그럼 저 나무가 있어서 우리가 있는 거야?" 문득 생각난 듯 너구리가 말했다.

보로리는 조그맣게 고개를 끄덕였다. 그리고 마찬가지로 문득 무언가 떠오른 듯 눈을 가늘게 뜨더니 너구리를 바라보았다.

"넌 꿈이 뭔지 알아?"

"꿈? 먹는 거야? 잘 모르겠는데..."

보로리는 미간을 좁히며 실망했다. 멍청한 너구리를 보는 듯한 얼굴을 하고 다시 이렇게 말했다.

"꿈이란 건 희망 같은 거야. 미래에 대한."

"희망...? 미래...?"

보로리는 한숨을 지었다.

"네가 말한 것처럼 먹는 것도 꿈이 될 수 있어. 너 혼자만의 꿈. 하지만 내가 꾸는 꿈은 우리들을 위한, 숲을 위한 꿈이야 그러니까..." 보로리가 잠시 생각한 뒤 말을 이었다.

"조금 쉽게 말하자면 당장 네가 급한대로 굶주림을 달랠 열매만을 찾는 것이 아니라 후에 열매가 날 수 있는 나무를 심는다든지, 늘 다니던 길이 어느 순간 커다란 나무와 돌덩이로 막혔다고 해서 그 길을 포기하고 언제까지고 다른 길을 찾는 것이 아니라 길을 막아선 장애물을 치우는 것. 혼자 힘으로 벅차다면 누구든지 함께 말이야."

너구리는 그래도 잘 이해를 못 한 듯 불분명한 표정을 그렸다. 보로리에게 잘 안 들리는 목소리로 나무나 돌덩이쯤은 타서 건너면 되지 않나..., 하고 조용히 중얼거렸다. "으응... 잘 모르겠는데..." 결국 겸연쩍게 머리를 긁적거리며 "아무튼 그럼 나무를 심고 돌덩이를 치우면 우리도 인간들처럼 살 수 있다는 거지? 편하게 잠을 자고 언제든지 먹을 것을 배불리 먹을 수 있는 거지?" 가벼운 목소리로 너구리가 말했다. 꿈이란 것이 뭔지 아직 잘 모르는 너구리였지만 그 목적의식만은 분명한 듯했다.

보로리는 허탈한 웃음을 짓더니 대뜸 한쪽 발을 들어 정면을 가리켰다.

"저 소나무를 봐. 저 나무가 천 년을 넘게 살았다는 것을 우리가 알 수 있는 건 바로 이어졌기 때문이야. 우리 숲의 한 가운데에 위치한 저 나무는 우리가 태어나기도 훨씬 전부터 살아가며 천 년도 넘는 시간 동안 숲의 모든 동물을 이어주고 있어. 마치..."

보로리가 하던 말을 멈춘 것은 어떤 소리 때문이었다. 어디선가 먼 곳에서 굵직한 음성이 들려오는가 싶더니 점차 가까워졌다. 소리가 조금씩 커졌다.

...따악ㅡ. 따악ㅡ. 딱ㅡ.

새의 울음소리였다.

딱딱딱.

소리가 이제 아주 근처에서 들리는가 싶더니 너구리와 보로리의 머리 위로 검은 그림자가 재빠르게 스쳐 지나갔다. 맞은편 소나무의 나뭇가지 위에 요란스레 새 한 마리가 내려앉았다. 커다란 새에 비해 연약해 보이는 나뭇가지는 부러질 듯 기우뚱 한동안 흔들거렸다.

"딱딱딱."

따오기 조조였다. 하얀 털에 얼굴만 붉은 조조는 북쪽에 갔다 온다고 했더랬다. 못 본 사이에 얼굴이 더욱 빨갛게 물든 것 같았다. 간만에 만난 조조가 반가워서 너구리와 보로리는 얼른 다가갔다.

"그동안 뭐하고 지냈어? 거기는 어땠니?"

너구리가 천진한 얼굴을 하고 물었지만 조조는 입을 굳게 다문 채 어딘지 거만한 눈초리로 둘을 빤히 내려다볼 뿐 대답할 기색도, 내려올 기색도 보이지 않았다. 너구리와 보로리가 나란히 고개를 기울이는데 조조가 나지막이 중얼거렸다. "어린 녀석들..." 깔보는 말투였다.

"너희는 지금 숲에서 무슨 일이 일어나고 있는지 모르지?"

"무슨 일 있어?" 너구리는 멍하니 입을 작게 열었다.

"푸하하하. 이래서 그 종자들이란..." 조조가 몸을 흔들며 마구 웃어댔다. 나뭇가지가 흔들흔들 움직였다.

"혁명이야."

조조가 비웃음과 함께 소리쳤다. 조조의 검붉은 눈이 반짝 빛났다. "혁명이라고, 혁명! 곧 이 숲에는 혁명의 축복이 내릴 거야."

"혁명?" 너구리는 알쏭달쏭한 얼굴로 말했다. 그리고 고개를 돌리며 보로리에게 혁명이 뭐냐고 물어보려고 했다. 하지만 그럴 수 없었다. 보로리가 아주 진지한 얼굴로 가늘게 떨고 있었던 것이다. 마치 호랑이나 곰 같은 무서운 포식자를 맞닥뜨린 것처럼.

"우리 모두 축복받을 수 있어. 쉽님을 믿고 따른다면 말이야! 숲은 유토피아가 되겠지!"

딱딱딱. 딱딱딱.

조조는 만족스레 울음소리를 내질렀다. 둘을 다시금 깔보듯 내려 보고는 별안간 소리쳤다.

모든 동물은 반드시 평등하다! 평등! 정의!

너구리는 벙찐 얼굴로 작게 입을 벌렸다. 그 좁은 입에서 맥 빠진 소리가 새어나왔다.

"평등이 뭔데..."

조조가 날카로운 눈초리로 말했다.

"평등은 정의를 뜻하지. 이 숲의 모든 동물들을 아우르고자 하는 우리 높으신 분의 아량처럼 말이야."

옆에 선 보로리가 한걸음 앞으로 나서며 고개를 저었다. 그리고 말했다.

"아니야... 그 말은 틀렸어."

하지만 조조는 잘 들리지 않는지 그저 여전히 비웃는 눈초리로 다람쥐를 내려다보았다. 그리고 또다시 외쳤다.

모든 동물은 반드시 평등하다! 평등! 정의!

확인이라도 하는 듯 몇 번이고 외쳤다. 스산한 바람이 숲을 통과했다. 어느새 짙은 구름에 해가 가려졌고 숲에 커다란 그늘이 졌다. 기온이 조금 떨어진 듯 오싹 추운 기운이 돌았다.

"아니야. 평등한 것이... 평등한 것이 반드시 옳은 것은

아니야." 보로리가 조조를 올려다보며 그렇게 말하자 조조
의 눈매가 험악하게 변했다.

"애미나이. 니 지금 뭐라 그랬어? 평등한 것이, 모두 사
이좋게 평등한 것이, 옳지 않단 말인가?"

"내 말은, 평등한 것이 '반드시 옳지 만은 않다고'..."

"따악─. 따악─. 이 못된 다람쥐새끼! 평등한 것이 옳지
않다니! 모두가, 우리 모두가 사이좋게 지내는 것이 틀렸
다니!" 주변에는 겨우 셋밖에 없는데 조조는 괜히 요란한
날갯짓으로 보로리를 가리키며 여봐란 듯이 했다. 보로리
도 순순히 물러서지 않았다.

"난 평등한 것이 옳지 않다고 한 적 없어..."

하지만 조조는 들은 척도 하지 않고 더욱 법석을 떨었
다.

"못된 다람쥐! 나쁜 다람쥐!"

보로리도 이제 열이 올랐다. 달려들 기세로 눈을 한껏
치켜뜨자 조조는 이죽거리며 또 한 번 외쳤다.

"모든 동물에게 **반드시** 평등을! 평등과 정의! 정의와 평
등!"

조조는 검붉은 눈을 희번덕거리며 둘을 내려다보고는 나
뭇가지를 박차고 날아올랐다. 결국 위태롭던 나뭇가지가
우지끈 소리와 함께 부러지며 너구리와 보로리 앞에 덩그
러니 나뒹굴었다. 조조는 금세 어딘가로 사라져버렸다. 조
조는 보이지 않았지만 그 딱딱거리는 울음소리만은 한동안
귓가에 맴돌았다.

보로리는 우두커니 선 채로 앞발을 부들거리고 있었다.
"틀린 것이 아니야... 나쁜 것이 아니야..." 억울하다는 듯
중얼거리면서.

조조에게 대체 무슨 일이 생긴 걸까? 너구리는 생각에 잠겼다. 예전의 조조는 저렇지 않았는데... 물론 말투가 이상하긴 했다. 잘 씻지도 않았고 성격도 괴팍했다. 원래 저런 따오기였나?

너구리는 기분이 상한 보로리의 눈치를 살피며 잠깐 앉아서 쉬자고 말했다. 너구리가 괜히 밝은 얼굴을 만들며 어서 오라며 발짓했다. 제자리에 목석처럼 우두커니 서 있던 보로리가 한참 지나서 너구리 쪽으로 돌아섰다. 보로리는 여전히 분한 얼굴로 말이 없었다.

"아야!"

그때 별안간 어디선가 희끄무레한 물체가 바람을 타고 날아들더니 보로리의 머리를 정확히 명중시켰다.

"아야야..."

보로리는 바닥에 쭈그리며 머리를 싸맸다. 보로리의 옆에는 흰 조개껍데기가 나뒹굴고 있었다. 나무 둥치 곁에 앉아 있는 너구리 위로 시커먼 그림자가 드리워졌다.

"너 보로리. 내 조개 네가 훔쳐 먹었지?" 나무 둥치 위로 나타난 것은 수달 포노포노였다. 햇살을 등진 포노포노의 얼굴에 섬뜩한 그늘이 드리워져 있었다.

"히익!"

보로리가 깜짝 놀라서 아픈 것도 잊고 냉큼 일어나 가장 가까운 나무를 찾아 잽싸게 올라탔다. 눈 깜짝할 사이에 나뭇가지 위로 몸을 숨겼다. 초록색 나뭇잎이 몇 장인가 떨어져 내렸다.

포노포노는 너구리에겐 눈길도 주지 않고 보로리가 숨은 나무로 다가섰다.

"야. 보로리. 얼른 안 내려와?"

포노포노의 얼굴에는 새긴 것처럼 짜증이 가득했다.

획ㅡ.

포노포노가 조개껍데기를 나뭇가지 위로 던지기 시작했다.

획ㅡ. 획ㅡ.

어디서 자꾸 나오는지 조개껍데기가 끝도 없이 나왔다.

"야. 너 정말 안 내려오면 나중에 진짜 두들겨 패준다?"

"지금 내려가도 두들겨 팰 거잖아!"

보로리는 비명을 지르다시피 했다.

"이래도 안 내려와? 이래도?"

포노포노는 이제 나무를 잡고 마구 흔들었다. 너구리도 그 곁에 섰지만 안절부절 어찌할 바를 몰랐다. 그런 와중에 볼을 간지럽히며 바람이 불어왔다. 이제 더운 계절로 접어들고 있는 시기였지만 그것에는 아직 봄의 내음이 어렴풋이 스며있었다. 난리를 피우는 둘을 잠시 제쳐두고, 너구리는 고개를 들어 하늘을 바라보았다. 아까 까지만 해도 하늘을 뒤덮었던 두터운 구름들이 이제 보이지 않았다. 따스한 햇볕이 숲을 내리비추었고 연이어 찾아오는 바람결에 숲은 마치 초록빛 물결이 춤을 추는 것처럼 일렁거렸다. 나무들의 밝은 빛 이파리가 햇살 속에서 눈이 부시게 반짝였다.

'평등이 뭔지는 몰라도 나는 그냥 우리 숲이...'

너구리의 고향이자 집인 초록 숲은 사락사락 소리를 내며 마치 살아있는 듯 숨을 쉬고 있었다. 무심결에 턱을 들어 숨을 마시자 초록색 온기가 작게 스며드는 것만 같았다.

포노포노가 혼자 씩씩거리며 엄한 나무에게 발길질을 하

고 또 조개껍데기를 던졌다. 하지만 보로리는 내려올 기미가 없었다. 그저 "나 아니야. 다람쥐는 조개 안먹는단 말이야."라고만 말했다.

그러기를 한참, 포노포노가 지쳤는지 숨을 몰아쉬더니 나무 몸통을 마지막으로 세게 한번 꽝, 차고는 곧 어디론가 가버렸다. 그 광경을 쭉 지켜보던 너구리는 보로리가 올라탄 나무 아래로 다가섰다.

"보로리. 이제 갔어." 속삭이듯이 너구리가 말했다.

"정말?" 보로리가 나뭇가지 사이로 고개만 빠끔히 내밀어 주위를 살폈다. 그리고 곧 안심한 듯 조심조심 내려와서는 그대로 너구리의 머리 위로 자리를 옮겼다. "괜찮아?" 너구리가 고개를 조금 들고 눈알을 위로 굴리며 보로리에게 물었다.

보로리가 훌쩍이며 말했다.

"내 꿈은 포노포노가 없는 숲이야..."

아하, 꿈이란 그런거구나... 너구리는 속으로 고개를 끄덕였다.

　숲에 흉흉한 소문이 돌기 시작한 것은 동쪽 나라에서
온 괴조 한 마리가 숲에 정착한 시기와 때마침 비슷했다.
까마귀임에도 불구하고 어째선지 눈처럼 새하얀 털을 가진
그 새는 여느 동물과는 달리 인간들로부터 '교육'을 받았
는데, 때문에 숲의 동물들은 그 새를 요요라는 이름을 그
대로 부르기보다는 존경의 의미를 담아 요요씨 혹은 박사
님이라고 불렀다.

　숲에 크나큰 재앙이 찾아올 것이다. 인간들이 또다시 흉
계를 꾸미고 있다. 많은 동물들이 죽을 것이고 숲은 흔적
도 없이 불타버릴 것이다.

　실체도 없는 소문은 무성하게 퍼져나갔고 동물들 사이에
서는 금세 제일 큰 화젯거리가 되었다. 그런 불안한 상황
속에서 어느 날, 많은 동물들이 한곳에 모인 자리가 마련
되었다. 수없이 많은 동물들이 넓고 넓은 빈터에 자리한
가운데 젊은 숫컷 산돼지 하나가 등장했다.

　과거 숲이 남쪽 나라에게 지배당하던 시절, 여러 동물들
을 규합하고 지휘하여 격렬히 저항, 남쪽 인간들을 혼쭐내
줬다는 전설적인 산돼지 쉽. 그가 전설적인 존재임은 스스
로가 밝히지 않아도 얼굴 미간 한가운데에 자리 잡은 커다
랗고 빨간 별 모양 흉터—어디선가의 격렬한 전투 중 생기

고 말았다는—가 말해주었으므로 장내의 동물들은 그가 등장하자마자 전설적 존재에 대해 퍽 존경스러운 눈빛을 그에게 보냈다. 공중부양을 할 줄 안다더라, 저번에 축지법을 쓰는 것을 보았다, 수군거리는 소리가 끊이질 않았다. 장내가 술렁거렸다. 감격한 얼굴로 달려들 듯 뛰쳐나가 인사를 하거나 존경과 응원의 목소리를 보내는 동물들도 적지 않았다.

하지만 쉽은 그런 열띤 반응을 눈치 못 챈 듯, 아니면 당연하다는 듯 여유 만만한 태도를 취했다. 둘러싼 동물들 사이를 아주 우아한 몸짓으로 빠져나갔다. 빈터 한가운데에 위치한 넓고 평평한 돌덩이 위에 쉽이 올라섰다. 쉽이 자리를 잡자 기다렸다는 듯이 어디선가 들개들이 나타났다. 들개 십여 마리가 돌덩이 주변에 원을 그리듯 재빠르게 둘러싸더니 주변 동물들에게 날카로운 이빨을 드러내며 으르렁거렸다. 금방이라도 달려들 듯 아주 사나워보였다. 마치 높으신 왕을 호위하는 병사들 같았다. 들개들을 거느리는 모양새가 된 쉽의 위용은 감히 숲의 왕인 호랑이도 무시할만한 것이 아니었다.

쉽은 만족스레 미소 지었다. 하지만 동물들이 겁을 먹고 자꾸만 뒷걸음질 치자 아차, 하는 얼굴을 하더니 앞발을 척 들어 보이며 들개들을 진정시켰다. 들개들은 곧바로 이빨을 감추며 얌전해졌다. 들개들이 잠잠해지고 주변 동물들도 뒷걸음질 치는 것을 멈추자 쉽은 다시금 만족스런 얼굴을 했다. 자리에 모인 동물들을 둘레둘레 뜯어보듯 천천히 살피더니 무슨 생각을 하는지 꽤나 야비한 웃음을 흘리기 시작했다. 침까지 질질 흘리면서. 가만히 기다리고 있는 동물들이 그를 보고 의아한 얼굴을 하자 쉽은 다시 아차, 하며 표정을 고쳤다. 목을 한두 차례 가다듬더니 드디어 입을 열었다.

"동무들. 동무들은 우리가 지금 어떤 처지에 놓여있는지 아십니까? 그렇습니다. 다들 아시다시피 우리 숲은 지금 바람 앞의 등불입니다. 또다시 위기입니다. 저 남쪽 놈들! 우리와 우리의 숲을 있는 대로 유린하고 더럽힌 남쪽 놈들이 남긴 상처와 짓밟힌 자국이 아직 채 아물지도 않았는데 말입니다. 그렇다면 이번엔 또 어떤 놈들인가? 어디인가? 그것은 바로 동쪽 나라입니다!

동쪽 놈들은 자신들이 남쪽 놈들로부터 우리 숲을 지켜줬다고 거짓 구실 삼아 우리 숲에 또 다른 깃발을, 자신들의 깃발을 꽂으려 하고 있습니다. 아니 대체 어찌 그런 망발을 한단 말입니까! 우리의 숲을 지킨 게 누구입니까? 저 잔학한 무리들, 저 쪽바리 놈들과 수십, 수백, 수천, 아니, 셀 수도 없이 많은 전투를 치르고 또 대의를 위해 기꺼이 자신의 목숨을 내던진 하나하나의 가련한 영혼들! 저들은 우리들이 흘린 피와 땀, 우리들의 희생의 의미를 더럽히고 그것도 모자라 반만년 동안 우리를 보살펴준 어버이와도 같은 서쪽 나라와 우리 사이를 이간질시키고 있습니다. 앞잡이를! 내세워서 말입니다. 그들은 더러운 앞잡이를 통해 자신들의 뜻을 은밀히 세뇌시키고자 합니다.

저 망할 괴조! 백까마귀! 되먹지 못한 그놈이 바로 그 앞잡이입니다. 여러분은 여러분 자신들의 삶이 비참하다, 하찮다, 병신 같다 생각하십니까? 이것 보십시오! 그런데도 우리를 잘 알지도 못하는 그 반쪽짜리 양키 놈은 감히 우리의 삶이 비참하고 한심하다고 조롱하며 우리를 병신 취급하고 있습니다. 지가 뭔데 감히 우리보고 꿈을 가지라, 희망을 가지라 더러운 혓바닥을 놀린단 말입니까!

우리의 삶이 대체 어째서 비참합니까? 같은 하늘 아래 같은 대지 위에 같은 공기를 마시며 자유 의지를 가지고 우리 모두 본능에 충실한 삶을 살고 있지 않습니까? 저기 저 토끼 동무들, 저들의 지난 하루를 생각해보십시오. 살기 위해서 늑대나 호랑이와 같은 포식자를 피해서 언제나 마음 졸이며 하찮은 풀떼기와 같은 것으로 배를 채우고, 어느 한순간도 마음 놓지 못하며 불편한 잠자리에서 선잠으로 피로를 이겨내며 아픈 배를 안고 겨우 금쪽같은 자기 새끼를 낳았는데 그런 충실한 그들의 하루를 어찌 누가 감히 비아냥댈 수 있겠습니까? 지렁이나 벌레 따위를 찾아 이곳, 저곳을 가리지 않고 땅을 파고 뒤지는 두더지 동무, 더러운 도토리나 흙이 묻고 불어터진 열매를 찾아온 숲을 쏘다니는 다람쥐 동무, 벌레나 찌꺼기 따위를 찾아 숲의 온 하늘을 누비는 뻐꾸기 동무. 모두가 매일 같이 자신의 하루에 충실합니다. 그렇게 우리가 보람차고 충만한 하루를 보내는데 저 괴조 놈은 어떻습니까? 그놈은 감히 꿈을 이야기합니다.

꿈이란 무엇인가, 제가 이 자리에서 충고해 드리겠습니다. 여기 모인 수많은 동무들, 동무들은 절대 꿈이란 단어에 속지 마십시오. 꿈이란 겉으로 보기엔 번지르르하고 있어 보이지만 실상은 그렇지 않습니다. 전혀 그렇지 않아요. 우리는 동물이니까! 말했다시피 이 숲에서 지렁이나 찾고 굴러다니는 터진 열매 조각에 죽고 못 삽니다. 네, 네, 알겠습니다. 알겠어요. 진정하세요. 포식자 동무들. 아무튼 간에 우리는 한낱 동물입니다. 이건 거스를 수 없는 것이고 절대 불변한 진리입니다. 한낱 동물로서 연약한 몸뚱이를 연명하기 위해 겨우 한 끼, 한 끼를 힘겹게 구해 살아갑니다. 매 순간 목숨을 걸고서 말이죠. 그런데 뭐? 꿈? 내 이 세상에 돼지로 태어나 수년을 살아왔지만 동물 따위가 꿈을 가진다는 소리는 듣지도, 보지도 못했습니다. 우린 인간이 아닙니다. 우린 동물이에요. 겨우 어떻게 주린 배를 조금 달래면 곧바로 다음 끼니를 걱정해야 하고 또 언제 어디서 무시무시한 포식자가 나타나 당장 자신이 식사 거리가 될지도 모르는데 어느 동물이 감히 꿈을 이야기하겠습니까? 꿈을 꾸겠냐구요.

그런데 도대체 왜 그 괴조 놈은 그런 이야기를 하느냐, 대체 왜? 그건 바로 무기력화입니다.

동물 따위에 불과한 우리를 허울 좋은 말로 구슬리고 미몽에 빠지도록 해서 우리를 정신적으로 무기력화시키고 그대로 손쉽게 동쪽 나라에 우리의 숲을 고스란히 바칠 궁리라 이겁니다!

꿈! 꿈을 갖지도, 바라지도, 생각도 하지 마십시오. 우리는 그저 오늘 하루를 살면 됩니다. 당신이 새벽녘에 일어난 잠자리로 해 질 녘이 되어 다시 무사히 돌아왔다면 그것만으로도 아주 **훌륭한** 하루를 보낸 것입니다. 우리는 그냥 그런 하루를 살면 되는 겁니다. 꿈은 한낱 동물에 불과한 우리가 가질 수 있는 것이 아닙니다. 우리들은 꿈이란 단어에 오직 농락당할 뿐입니다. 꿈에 취한 동물은 영원히 깨어나지 못합니다. 꿈을 꾸었던 자리에는 그저 소금기 진한 눈물만이 웅덩이를 이루어 흔적을 남깁니다. 꿈은 재앙을 초래하고 맙니다. 바로 불평등이지요. 불평등! 최근 우리 동물들 사이에 '그 숲'에 관한 이야기가 파다하다는 것을 나도 잘 알고 있습니다. 그것은 거짓이 아닙니다. 분명 가능한 일입니다. 우리도 숲 밖의 인간들과 같은 삶을 영위할 수 있습니다. 이 바로 나에게 좋은 계책이 있습니다. 이 계책이란 아주 간단하고 또 아주 효율적이고 또 무엇보다도 정의롭습니다. 따라해 보십시오.

'모든 동물은 평등하다! 평등한 것 이외에는 옳은 것은 없다!'

우리가 왜 매일같이 굶주려야 합니까?

우리가 왜 약탈자들 앞에 비굴해야 합니까?

도대체 왜 우리는 인간들처럼 끝없는 행복을 누리지 못하는 것입니까?

그것은 전부 불평등에 기인합니다. 바로 평등하지 않기 때문에! 쉽게 말해서 평등하면 된다 이 말입니다! 아주 간단한 것입니다. 우리 모두 먹을 것과 잠자리를 균등히 나누고 모두가 균등한 노동력을 우리 숲을 위해 제공한다면 이 초라한 숲을 개간하고, 우리의 비루한 삶을 끝낼 수 있습니다. 그야말로 유토피아! 꿈같은 숲을 우리 모두가 가질 수 있습니다. 평등 아래 똘똘 뭉친다면 우리의 숲은 곧 먹을 것이 발에 채일 듯이 넘쳐나고 안락한 보금자리를 가질 수 있을 것입니다. 얼마나 달콤한 '꿈'입니까!

하지만 아쉽게도 우리의 적은 우리의 원대한 꿈을 탐탁지 않게 여기고 있습니다. 가소롭다는 듯 비웃으며 어떻게 우리를 조리할까 생각하고 있지요. 그러기에 우리는 우리를 가로막고 서 있는 유일한 걸림돌을 없애야만 합니다. 우리의 유토피아를 시기하고 질투하여 훼방 놓는 저 괴조놈. 똑같이 비루한 숲의 비루한 출신 주제에 외국 물 좀 마셔봤다고 한껏 거들먹거리며 자유니, 정의니, 꿈이니! 다른 나라를 끌어들여 우리의 숲을 또다시 더럽히고 어지럽히는 저 괴조 놈을 당장에 잡아 족치고 우리의 숲을, 우리의 유토피아를 지킵시다! 우리의 유일한 조력자는 서쪽뿐입니다. 어버이와 같은 그들의 손을 잡고 함께 유토피아를 만듭시다! 우리의 꿈은 머지않았습니다!"

　한껏 열이 올라 얼굴이 시뻘게진 쉽은 하도 말을 많이 해서 그런지 후반부에는 쇳소리가 섞인 걸걸한 목소리로 연설을 끝냈다. 하지만 열렬했던 연설의 내용과는 달리 장내는 얼어붙은 듯 조용했다. 동물들의 조용한 숨소리가 나지막하고 어디선가 은근히 들리는 풀벌레 소리만이 어색하게 멈춘 공기를 두드렸다. 무슨 말인지 못 알아먹은 동물들이 태반이었던 것이다. 대부분의 동물들은 하릴없이 입을 뻐끔거리고 눈알을 이리저리 굴리며 다른 동물들의 눈치를 살피느라 바빴는데, 그런 와중에 늑대나 호랑이 같은 맹수들은 어째선지 연설의 내용이 꽤나 마음에 드는 듯 만족스러운 미소를 짓고 있었다. 그들은 쉽과 은근히 눈빛을 주고받는데, 몇몇 동물들이 의아하게 그 모습을 쳐다보았다. 그사이, 쉽이 살찐 눈꺼풀을 보일락말락 슬쩍 들었다 내려 찡긋거렸다.
　그런데 그러자 마치 그것이 어떤 신호라도 되는 듯 쉽 주변의 들개들이 일제히 왈왈왈, 맹렬히 짖어대기 시작했다. 다음은 늑대의 차례였다. 장내 곳곳에 있던 늑대들이 길게 울음소리를 뽑아냈고 그러자 그 주변의 크고 작은 동물들이 마치 따라 하듯 하나둘씩 울어대기 시작했다. 그것은 연설에 대한 찬동을 뜻했다. 장내의 울음소리는 커다란 파도가 밀어닥치듯 전염되어 어느새 넓은 터 전체가 난리통이 되었다. 시끄럽고 유난스러운 울음소리와 '쉽'이라는 음성이 뒤섞였다. 누군지 모를, 어쩌면 들개들이 시작한

26

그 연호는 소란스러움에 소란스러움을 더하였고 더욱 난잡스럽게 한데 뒤섞였다. 오직 쉽이라는 한 글자만으로 엉망진창의 가락을 만들어 해괴한 노래를 부르는 동물들이 적지 않았다. 여전히 무대 위에 선 쉽은 아주 만족스런 얼굴로 그들을 내려다보았다. 실눈이 되어 다시 한번 좁쌀만한 눈을 찡그리자 또 다른 소리가 나타났다.

"모든 동물은 **반드시** 평등하다! 평등한 것 이외에는 옳은 것은 없다!"

그것은 따오기들이었다. 조조를 포함한 수십 마리의 따오기들은 어디선가 나타나 낮은 하늘을 휘졌듯 어지럽게 날아다니며 그렇게 외치기 시작했다. 딱딱거리는 울음소리도 잊지 않았다. 쉽은 더욱 만족스런 얼굴을 했다. 끈적끈적한 땀이 번들거리는 볼살을 실룩거리며 와하하, 거만하게 웃으며 무거운 머리를 끄덕거렸다. 따오기들은 멈추지 않았다.

"모든 동물은 **반드시** 평등하다! 평등! 정의! 평등! 정의! 평등! 정의!"

따오기들은 쉬지 않고 울어댔다. 장내는 더욱 수라장으로 빠질 뿐이었다. 따오기들의 목소리는 마치 주술이라도 거는 것 같았다.

사실, 애초에 모임에 모인 동물들 대부분은 그저 배나 채울 생각으로 모였었는데(요 며칠 동안 모임에 참석하면 맛있는 것을 배불리 먹을 수 있을 것이라는 소문이 돌았다) 지금은 한 톨도 제공되지 않는 먹거리는 안중에도 없이 마치 약에라도 취한 듯 울부짖거나 흥분에 겨워 옆에 있는 나무에 몸을 처박거나 멀쩡한 풀을 뽑고, 굴러다니는 돌을 아무 때나 던지거나 심지어는 자신의 털을 쥐어뜯는 동물도 더러 있었다.

쉽은 날뛰는 군중들을 이리저리 찬찬히 둘러보며 새어 나오는 웃음을 겨우 참는 모습이었다. 쉽이 흥분을 가라앉히라는 듯 두툼한 앞 다리를 마치 왕처럼 우아하게 들어올려 보였다. 그런데 퍽 우스꽝스러워 보이는 그 모습이 그곳에 모인 동물들에게는 그렇게 비치지 않는 듯했다. 마치 기름을 들이부은 불씨처럼 동물들의 광기는 더욱 타올랐고 동물들은 갖은, 제멋대로인 가락으로 '모든 동물은 반드시 평등하다, 평등한 것 이외에는 옳은 것은 없다'라고 노래를 불렀다. 곳곳에서 진풍경이 펼쳐졌다. 원숭이 세 마리가 소리를 지르다 못해 그 자리에서 실신한 듯 입에 거품을 물고 기절해버렸고 수사슴 하나는 느닷없이 앞으로 뛰어들어 어딘가에 뿔을 들이받아 버렸다.

코뿔소는 엉덩이에 단단한 뿔이 박힌 채로 이리저리 날뛰며 주변 동물들의 간담을 서늘케 하는가 하면 울지 못하는 토끼들은 빨간 눈을 초롱초롱 반짝이며 깡충깡충 이리저리 뛰어다니며 흙먼지를 날려댔다. 그 주변을 호랑이 한 마리가 어흥, 울어대는 척하며 은근히 맴돌았다. 돼지, 말, 여우, 기린, 족제비, 수달, 오리, 낙타, 다람쥐, 두더지, 들개, 고양이, 수많은 숲속의 새들... 셀 수도 없이 많은 크고 작은 온갖 동물들이 진풍경을 자아냈다. 그런 와중에 *"모든 동물은 **반드시** 평등하다! 평등한 것 이외에는 옳은 것은 없다!"*라는 따오기들의 날카로운 외침은 숲의 공기를 더한 열기로 뒤흔들었다.

그러나 그 난리 통 속에 작은 너구리 하나만은 이러지도 저러지도 못한 채 발을 동동 구르고 있었다.

'난 맛있는 걸 먹으려고 왔을 뿐인데...'

28

너구리는 옆에서 오리 스무 마리가 미친 듯이 꽥꽥거리는 탓에 머리를 땅에 처박고 귀를 싸맸다. 그런데 그때.

뿌우뿌우ㅡ.

어디선가 듣도 보도 못한 희귀한 울음소리가 너구리의 싸맨 귓구멍을 뚫고 들려왔다.

너구리가 조심스레 고개를 들자 어느새 커다란 그림자가 너구리에게 드리워져 있었다.

뿌우ㅡ.

뒤를 돌아보자 눈앞에 나타난 것은 커다란 코를 앞뒤로 흔들고 있는 아기코끼리였다. 히익, 이런 동물도 있나? 너구리가 놀라서 뒷걸음질 치는데 코끼리는 자신의 코를 이리저리 흔들면서 어째선지 새똥 같은 눈물을 방울방울 흘렸다.

"너는 무슨 동물이니? 왜 울고 있어?"

너구리가 용기를 내서 두 발자국쯤 다가가 넌지시 물었다. 코끼리는 너구리가 보이지 않는지 이리저리 두리번거렸다.

"아야!"

너구리에게 다리가 깨물린 코끼리는 그제야 너구리를 찾아 내려다보았다.

"네가 날 불렀니?"

"그래 맞아. 왜 울고 있니?" 너구리는 그렇게 말하고 아차 싶었는지 정정하듯 덧붙였다. "음, 내 말은 그러니까, 저렇게 무시무시하게 울지 않고 슬픈 눈물을 흘리느냐는 말이야."

너구리가 마침 저쪽에 있는 캥거루를 가리키며 말했다. 캥거루는 소리 내어 울지 않았지만 그 대신이라는 듯 주변에 있는 온갖 동물들을 쥐어패고 있었다. 지금 막 침팬지 하나를 골로 보낸 참이었다.

"난 코끼리 부우... "

코끼리는 그렇게 말하며 눈물을 그치는가 싶더니 다시 감정이 복받치는 듯 또다시 눈물을 글썽거렸다. 방울져 떨어지는 눈물 몇 방울이 코끼리를 올려다보고 있는 너구리의 얼굴에 그대로 떨어져 내렸다.

"에잇, 짜!"

"미... 미안해."

훌쩍거리는 부우를 빤히 쳐다보던 너구리는 코끼리가 아무래도 눈물을 그칠 것 같지 않자 슬그머니 다시 부우의 발치 쪽으로 다가갔다.

"힉!" 또다시 깨물릴까 봐 겁이 난 부우는 겨우 발을 들어 피했다. 하지만 그 동작이 꽤나 커서 옆에 있던 족제비 하나를 덮칠 뻔했다. 눈매가 얍삽한 족제비가 화가 나서 찢어버리겠다고 날뛰었다. 너구리와 부우는 서로를 바라보며 아연실색했다.

"찌... 찢는다고? 뭘...?"

그때 때마침 옆을 지나가는 동물이 있었다. 아기코끼리보다도 세 배는 커다란 나이든 하마였다. 난리 통 속에서도 잠이 오는지 나른한 얼굴을 한 하마는 길길이 날뛰는 족제비가 성가시다는 듯이 거대한 입을 쩌억 벌려 보였다. 족제비는 깜짝 놀라 꼬리를 말고 줄행랑을 쳤다.

너구리와 하마의 눈이 마주쳤다. 너구리는 엉거주춤 물러서며 눈을 내리깔고 고개를 숙였다. 하마는 벌렸던 입을 천천히 닫고는 무어라 중얼거리면서 유유히 커다란 걸음을 옮겼다.

"상스러운 놈..."

너구리와 부우가 동시에 안도의 한숨을 내쉬었다.

"일단 여기서 나가는 게 좋을 것 같아."

너구리가 그렇게 말하자 부우는 긴 코를 위아래로 흔들었다. 부우가 움직이기 시작하자 너구리는 부우의 다리를 타고 등에 올라탔다. 부우는 주변 동물들을 피해 조심조심 걸음을 옮겼다. 너구리는 이따금 날아오는 돌멩이나 나뭇가지, 조개껍데기를 피해서 상체를 요리조리 움직여야 했다. 셀 수도 없이 많은 동물들이 모여 있던 평지대를 벗어나자 폭이 좁은 개울가에 이르렀다. 부우가 목이 마른 듯 코로 개울물을 한 모금 마시더니 작게 숨을 토해내고 먼저 말을 꺼냈다.

"있잖아, 나는 가족이 없어."

"가족?"

"응, 엄마나 아빠 말이야."

"...그럼 너는 하늘에서 내려온 거야?"

"아니야. 나도 너처럼 엄마 뱃속에서 태어났어."

"아하. 그렇구나."

너구리는 부우의 등에 배를 찰싹 붙인 채 무슨 말을 해야 하면 좋을지 생각했다. 너구리는 엄마와 아빠가 살아계시기 때문에 이럴 때 무슨 말을 해야 좋을지 잘 생각나지 않았다.

뿌우ㅡ.

엄마와 아빠 생각이 나는지 또 부우가 훌쩍거리기 시작했다. 코를 훌쩍대며 몸을 들썩였다. 부우의 등에 매달린 너구리가 마구 튕겨 올랐다. 부우가 주저앉았다. 긴 코에서 콧물이 질질 흘렀다.

머리가 어지러운 와중에 너구리가 겨우 물었다.

"부모님이 없어서 우는 거야?"

부우는 코를 한번 훌쩍이고는 말했다.

"아니, 아니야..."

뿌우ー.

"난 꿈이 있었어."

"무슨 꿈?"

"엄마 아빠를 찾는 거. 인간들이, 우리 엄마 아빠를 어딘가로 데려가 버렸거든."

"...어째서?"

"잘 모르겠어. 숲을... 숲을 위해서라고 말하는 것만 들었어."

숲을 위해서?... 너구리는 마음속으로 생각했다. 인간들이 동물을 데리고 갔다면 아마도 이미... 하지만 너구리는 애써 모르는 척했다.

"그게 꿈이랑 무슨 상관이야? 왜 울어."

"매일같이 생각했어. 어서 하루라도 빨리 커서 인간들에게 복수해야겠다고. 풀이건 나무뿌리건 닥치는 대로 먹었어. 그런데, 그런데... 내가 잘못 생각했어. 난 어차피 동물이잖아. 동물일 뿐이잖아..."

불쌍한 아기코끼리는 처량한 얼굴로 눈물을 뚝뚝 흘렸다. 코를 훌쩍이며 뿌우ー. 뿌우ー. 소리를 냈다. 꿈이란 뭘까. 포노포노가 없는 숲, 아기코끼리의 복수. 너구리는 말없이 코끼리의 등에 착 달라붙어서는 가만히 생각했다.

동물이란 아니, 동물 따위는 꿈을 가져선 안 된다. 당장 오늘 하루도 힘겨울 뿐이다. 내일도 그럴 것이고 그 다음날도, 그 그 다음날도 똑같을 뿐이다...

정말 그럴까.

이 불쌍한 코끼리에게 "그렇지 않아. 네가 크면 얼마나 무시무시할까. 분명 언젠가 너희 부모님에 대한 복수를 할 수 있을 거야."라고 해야 좋을까. 아니면 "역시 그렇지? 우리도 얼른 풀이나 열매를 찾으러 가자. 이러다 배를 쫄쫄 굶겠어."라고 해야 좋을까. 아니면 다른 답이 있는 걸까? 꿈이란 게 없는 어린 너구리는 알 수 없었다.

"그럼, 그럼..."

그때였다. 어디선가 아주 나지막한 말소리가 들려왔다. 왠지 모르게 은밀하고 음흉한 목소리였다. 곧이어 소리의 근원지를 발견한 너구리와 코끼리 부우는 흠칫 놀라고 말았다. 나무 덤불이 우거진 공간 너머에서 낯선 형체가 있었기 때문이었다. 바로 인간이었다. 시뻘건 옷을 입은 인간은 어떤 동물과 은밀한 대화를 나누고 있었는데, 그것이 산돼지 쉽이라는 것은 나무덤불 사이로 비치는 두툼한 실루엣과 쇳소리가 섞인 특유의 목소리로 금방 알 수 있었다. 쉽이 입을 열었다.

"...폭풍이오. 녀석들이 잠든 새벽녘에 폭풍을 몰아치겠다는 뜻이지. 어찌 되었든 난 똥 동무만 믿고 있겠소."

무슨 이야기를 하는 걸까. 고개를 갸웃거리면서도 그 사악한 분위기에 지레 겁을 먹은 너구리와 부우는 조심스럽게 서로 눈짓을 주고받았다.

"푸우푸우푸. 그건 걱정할 것 없소. 이제 저 녀석들은 변함없는 우리 인민이 된 것이오."

뒤룩뒤룩한 돼지의 얼굴에선 굵은 땀방울과 함께 비열한 탐욕이 선명했다. 뭐가 그리도 좋은지 침을 질질 흘리는 것도 모자라 더러운 콧물을 줄줄 흘려댔다. 그런데 갑자기 무슨 냄새라도 맡았는지 쉽이 코를 킁킁거리기 시작했다. 슬쩍 고개를 돌리는가 싶더니 큼지막한 엉덩이를 흔들며 꼬리를 있는 대로 털어대기 시작했다. 쉽의 엉덩이에 부딪혀 덤불 사이로 삐져나온 가지 몇 개가 부러지며 우지끈 요란한 소리를 냈는데, 그와 동시에 갑자기 그냥 서 있기만 하던 빨간 옷을 입은 인간이 덤불 줄기 사이의 빈공간으로 시커먼 눈을 내밀었다.

재빠르게 커다란 바위 뒤로 몸을 숨긴 너구리와 부우가 가슴을 쓸어내렸다. '휴우...'

쉽은 여전히 엉덩이를 털어대고 있었고 뭘 하나 했더니 갑자기 그 자리에서 똥을 싸대기 시작했다.

개운한 얼굴로 일을 마친 쉽이 말했다. "똥 동무에게 잘 전해주시오. 이미 인민들은 충분히 준비되었다고 말이오. 후후후..." 젊은 돼지는 음흉한 미소를 입가에 매달며 만족스런 얼굴을 했다. '인민...?' 바위 뒤에 숨어서 그 모습을 지켜보던 너구리는 또 한 번 고개를 갸우뚱했다. 아까 까지만 해도 뚜렷했던 쉽의 빨간 별 모양 흉터가 어째선지 반쯤 지워져 있었던 것이다. 쉽의 얼굴은 침과 땀과 콧물이 뒤범벅되어 있었다.

무슨 일이지? 무슨 일이 일어나려는 걸까? 너구리와 부우는 한참 동안 자리를 떠나지 못했다. 결국 너구리와 부우가 고대했던 먹거리는 구경도 못 한 날이었다. 서서히 땅거미가 지고 조용히 밤이 오고 있었다.

너구리는 꿈을 꾸었다.

꿈속에서 너구리는 맛있는 것을 잔뜩 먹고 따듯하고 안락한 보금자리를 가졌으며, 자신의 노동력을 사용하여 그 대가로 무언가를 받을 수 있었고 두려운 포식자들의 위협으로부터 자유로웠다. 꿈이었지만 정말 말 그대로 꿈만 같았다. 그것은 필시 보로리가 알려주었던 '그 숲'의 삶이었다.

후덥지근한 초여름 날의 깊은 밤, 너구리가 잠에서 깨어났다. 경사진 언덕의 고목 곁에 만들어진 좁은 구덩이에는 산그늘이 깊었고 그곳에서 너구리의 얼굴이 빼꼼 튀어나왔다. 깜빡 잠이 들고 말았다. 일찍이 먹이를 구하러 산을 내려간 부모님은 아직 소식이 없었다. 부스럭거리는 소리가 나길래 그쪽을 바라보니 언덕 아래에 동물들이 수없이 많았다. 다들 옹기종기 모여 새근거리는 숨소리로 조용히 자고 있었다. '아, 맞다…' 너구리는 아빠 너구리가 떠나면서 남긴 말을 떠올렸다. 병들고 다친 동물들이 당분간 우리 집 주변에서 지내게 될 것이니 밤중에 주의하라는 말을 했더랬다.

달콤한 꿈이 남긴 여운에 아직 비몽사몽한 너구리는 다시 조용히 고개를 집어넣으며 큼지막하게 하품을 했다. 그때 휘이이─, 더운 열기 사이를 뚫고 어디선가 차가운 밤바람 한줄기가 날카롭게 불어왔다. 좁은 구덩이를 파고든 바람에 절로 새우등이 되었다. 어디선가 부스럭거리는 소리가 났다. 이번에는 전보다 그 소리가 컸다. 시간이 시간인지라 혹시나 하는 마음에 정신을 가다듬고 구덩이 밖을 주시했다. 언덕 아래 한켠 풀숲이 부스럭거리는 소리와 함께 춤을 추고 있었다. 뭐지... 너구리는 침을 꼴깍 삼켰다.

"너구리. 너구리야."

아닌 밤중에 보로리가 나타났다. 풀숲 사이로 튀어나온 보로리는 짙은 갈색빛 큼지막한 도토리 하나를 품에 안고 있었다. 배시시 웃으며 총총히 걸음질했다. 무슨 일이야, 너구리가 구덩이에서 몸을 빼며 맞이했다. 보로리는 쿡쿡거리며 흘러나오는 웃음을 참지 못했다. "이것 봐. 내가 여태껏 본 도토리 중에 제일 크고 먹음직스러워." 과연 그랬다. 먼지 한 톨 없이 윤기가 흐르는 도토리는 흔한 여느 도토리와는 달라 보였다. 은은한 달빛을 받은 도토리가 반짝거렸다.

"이건 내가 오래전에 심은 나무에서 난 거야. 내가 이 녀석을 만들어낸 거라고."

보로리는 눈을 가늘게 뜨며 기쁨에 찬 얼굴로 말했다.

"내가 말했지? 꿈은 굉장한 거라고..."

"꿈..." 너구리는 가만히 도토리를 바라보았다.

꼬르륵...

너구리의 배에서 소리가 났다. 아직 식사를 하지 못한 너구리였다. 너구리의 입가에 주르륵 침이 흘렀다. 도토리... 꿈... 도토리... 꿈... 먹는거... 도토리...

너구리의 넋 나간 얼굴에 보로리는 자신의 등 뒤로 도

토리를 슬쩍 숨기며 다른 이야기를 꺼냈다.

"그나저나 저 아이들은 뭐지?" 보로리가 언덕 아래쪽을 바라보며 말했다.

"으응. 아직 어리거나 아픈 동물들이야. 쟤네들 가족들이 다 같이 어디 일이 있어서 잠시 저렇게 모여서 지내고 있어."

그렇구나, 보로리는 고개를 끄덕이며 언덕을 천천히 내려갔다. 잠이 달아난 너구리도 보로리를 따라 언덕을 내려갔다. 바로 그때.

휘이이익ー.

어두운 밤공기를 날카롭게 가르며 하얀 물체가 날아들었다.

푹ー.

제법 묵직한 소리를 내며 등 뒤의 고목 깊숙이 날아든 물체가 처박혔다.

조개...? 라고 생각한 것과 동시에 보로리가 히익! 숨을 집어삼키며 너구리의 등 뒤로 재빨리 몸을 숨겼다.

"야, 보로리."

흉악한 수달 포노포노였다. 지진이라도 난 듯 달달달 몸을 떠는 보로리. 성큼성큼 육중한 걸음을 옮기는 포노포노가 어느새 너구리 바로 앞까지 다가온 사이, 다리가 풀려버린 보로리는 망연해져서 도망갈 생각도 하지 못하는 듯했다. 포노포노가 또 어디선가 꺼낸 조개를 머리 위로 치켜들며 "너 왜 자꾸 도망가는 거야." 탕. 탕. 탕. 바닥에 박힌 잔돌에 조개를 몇 번 내려치자 입을 벌린 조개에서 끈적끈적하고 투명한 즙이 흘러나왔다. 후루룩, 그 자리에서 맛있게 조개 하나를 비운 포노포노는 꺼억, 시원하게 트림을 하더니 너구리와 보로리를 가만히 내려다보았다.

 "때릴거야?" 너구리의 뒤에 숨어 고개만 빼꼼 내민 보로리는 안 때린다는 포노포노의 말에 안도한 듯 겨우 작은 숨을 뱉어냈다. 그렇게 보로리가 휴우, 안심하고 작은 몸을 드러낸 순간, "안 때릴 줄 알았지?" 포노포노가 일변하며 냉큼 달려들었다. 보로리의 멱살을 움켜쥐고 이리저리 흔들어댔다.

 "이거 놔. 이거 놔. 살려줘 포노포노." 옴짝달싹 못하며 발버둥 치는 보로리.

 "그러다 다쳐. 그만해. 보로리를 때리지마." 안절부절하는 너구리.

 "때리는 거 아냐. 흔드는 거야." 정말 때리지는 않고 들고 흔드는 포노포노.

 "이 숲에서 네가 제일 괴롭히고 싶게 생겼어." 보로리를 옴짝달싹 못하게 끌어안으며 포노포노가 말했다.

 "수, 숨막혀."

 너구리까지 들러붙자 셋은 엉겨 붙어 씨름을 했다. 그러길 한참, 포노포노가 재밌는 것을 알려주겠다며 보로리를 하늘 높이 던져 올리기 시작했다. 보로리는 거의 정신을 잃은 채 공중제비를 몇 번이고 돌았다. 보로리는 기절하다시피 했다. 그렇게 포노포노가 이번이 마지막이라며 보로리를 있는 힘껏 다시 하늘로 던져 올릴 때였다. 어떤 그림자 하나가 짙은 어스름 사이를 재빠르게 가로질렀다. 아니, 하나가 아니었다. 그림자가 무수히 늘어났다. 그 수를 가늠할 새 없이 하나둘씩 재빨리 시야를 지나쳤다. 지상으로 하강하는 보로리를 너구리가 겨우 받아내는 사이 포노포노는 가만히 멈춰선 채 잔뜩 굳은 얼굴이 되어있었다.

그 모습이 한없이 진지했다. 포노포노는 어둠이 짙은 곳을 마주 향해 서 있었고 그곳을 향해 말했다.

"너희들은 뭐야."

포노포노는 태연을 가장하고 말했지만 분명히 목소리 끝이 떨리고 있었다. 뭐지? 너구리는 보로리를 품에 안고서 무심결에 고개를 들었다. 밤이 깊었다. 검고 큰 구름이 어느 사이에 몰려와 하늘의 별과 달을 모두 감추었다. 숲은 조용히 잠들어있었다.

"딱. 딱. 딱."

어둠이 그런 소리를 뱉어냈다. 들어본 적 있는 목소리였다. 다음 순간, 스산하고 조용한 바람이 슬그머니 언덕을 훑고 지나갔다. 소름이 돋은 것은 그 목소리 때문일까 차디찬 바람 때문일까. 너구리와 포노포노는 어둠을 주시했고 곧 그곳에서 목소리의 주인공이 천천히 모습을 드러냈다. 어둠 속에서 검붉은 얼굴이 슬며시 떠올랐다.

"따악ー. 따악ー."

조조? 라고 생각하기 바쁘게 그 옆에서 불쑥 비슷한 얼굴의 따오기 수 마리가 검고 긴 부리를 드러냈다.

딱딱딱, 따악따악, 딱딱딱...

수가 점점 불어났다. 따오기들은 하나둘 연이어 검붉은 얼굴을 어둠 속에서 드러냈고 그 수는 이제 얼핏 봐도 백 마리는 족히 될 듯 싶었다. 원을 그리며 언덕을 감싸듯이 포진한 따오기들은 특유의 딱딱거리는 소리를 나지막이, 그리고 끊임없이 울려댔다. 이 새들이 지금 뭐 하는 거지... 너구리는 조조를 바라보며 묘한 위화감을 느꼈다. 조조는 분명 타고난 성질이 사납고 더럽다. 하지만 이렇게 어둡지는 않았다. 오히려 종알종알 떠들기를 좋아하는 수

다스러운 녀석이었다. 그런데 지금 눈앞의 조조는 예전의 그 새가 아니었다. 그 낯빛은 몰라볼 정도로 다른 분위기를 흘렸고 무슨 가면이라도 쓴 듯 표정 따위는 존재하지 않는 듯했다. 조조는 그저 중얼중얼 끝없이 읊조렸다.

"응...? 어..." 갑자기 너구리가 허둥댄 것은 보로리 때문이었다. 정신을 차린 보로리가 가장 먼저 찾은 것은 자신의 도토리였다. 너구리의 품에서 벗어난 보로리는 도토리를 찾아 허겁지겁 어딘가를 향해 내달렸다. 곧 보로리는 도토리를 소중히 품에 안으며 안도의 한숨을 내쉬었지만 곧바로 무언가 깨달은 듯 얼굴을 들었다. 멍하니 있는 보로리 앞에 우뚝 솟은 듯 선 것은 검붉은 얼굴로 자신을 차갑게 내려다보는 조조였다. 어둠이 좀 더 깊어진 것 같았다. 따오기들은 여전히 소리냈다. 마치 도돌이표가 끊임없이 이어지는 그 노래는 좀처럼 끝날 것 같지 않았다.

그러던 어느 순간이었다. 별과 달을 집어삼킨 거대한 검은 구름이 느닷없이 커다란 벼락을 내뱉었다. 벼락은 숲의 상징과도 같은 오래된 소나무를 내려쳤고 그것과 동시, 따오기 수십, 수백여 마리가 일제히 양 날개를 펼치며 날아오르기 시작했다. 그리고 외쳤다.

*"모든 동물은 **반드시** 평등하다."*
*"모든 동물은 **반드시** 평등하다."*
*"모든 동물은 **반드시** 평등하다."*
*"모든 동물은 **반드시** 평등하다."*
*"모든 동물은 **반드시** 평등하다."*
...

40

마치 지성을 갖지 못한, 의식을 갖지 못하는 기계처럼 외쳐댔다. 너구리는 몸을 떨었고 그것은 보로리도, 포노포노도 마찬가지였다. 혼란스러웠다. 너무나도. 갑자기 숲이 요란스러워졌다. 검은 연기가 피어올랐다. 소나무가 불타올랐다. 불길은 삽시간에 번져갔다. 정신을 차리고 보니 어디선가 괴로운 비명소리가 들려오기 시작했다. 동물들이 울부짖고 있었다. 무언가 커다란 고통에 비명을 내질렀다.

*"모든 동물은 **반드시** 평등하다."*
*"모든 동물은 **반드시** 평등하다."*
*"모든 동물은 **반드시** 평등하다."*
*"모든 동물은 **반드시** 평등하다."*
*"모든 동물은 **반드시** 평등하다."*
  …

따오기들의 외침은 그칠 줄을 몰랐다. 곳곳에서 짙은 연기가 피어올랐고 소나무는 완전히 검붉은 불기둥에 휩싸였다. 눈에 보이는 밤하늘 가득 따오기들이 마구 헤집고 다녔다.

위험하다. 문득 그런 생각 아니, 본능이 그렇게 말을 했다.

"조조."

보로리가 불쑥 그렇게 말했다. 하지만 조조는 여전히 가면 같은 얼굴로 아무런 반응도 보이지 않았다. 조조의 두 눈은 저 먼 곳에서 불타오르는 높다란 소나무를 향하고 있었다. 보로리가 한 걸음 다가가며 다시 불렀다. 친구야, 라고. 그 대답은.

"…"

조조는 말이 없었다. 하지만 반응이 있었다. 조조가 그 눈길을 옮겨 천천히 보로리쪽을 향했다. 보로리는 어째선지 눈물을 흘리고 있었다. 다시 용기를 내어 불러보았다. 조조는 말이 없었다. 가까이 다가선 친구, 작은 다람쥐를 가만히 바라보았다. 마치 친구라는 단어에 대해 깊이 생각하는 것처럼 보였다. 이윽고 그 가면 같은 얼굴이 움직였다. 고개가 천천히 보로리 쪽으로 향했는데 그 분위기, 좀 전까지 뿜어내던, 조조를 감싸고 있던 어두운 그림자가 조금은 사라진 듯했다. 조조가 그런 모습을 보여서일까. 다른 따오기들이 일순 외침을 멈추었다. 보로리는 안심했다. 조조에게 좀 더 가까이 다가갔다. "조조야. 이제 우리랑은 안 노는 거야? 아무리 따오기라지만 전처럼…"

"보로리! 안 돼!"

그 외침은 포노포노의 것이었다. 보로리가 너구리와 포노포노를 향해 잠깐 고개를 돌린 순간, 조조의 얼굴이 무섭게 일그러지며 날카로운 부리를 치켜세우더니 곧바로 그것으로 보로리의 눈을 공격했다. 보로리는 피할 수 없었다. 너무나 갑작스레 한쪽 눈을 잃은 보로리는 비명소리도 제대로 낼 수 없었다. 그저 "어…?" 하며 쓰러지고 말았다. 보로리의 소중한 도토리는 보로리의 품에서 벗어나 더러운 흙바닥을 뒹굴었다.

곳곳에서 끔찍한 비명소리가 터져 나왔다. 너구리는 아연실색하고 말았다. 따오기들이 어리고 병약한 작은 동물들을 부리로 쪼고 발로 마구 짓밟기 시작했던 것이다. 허약한 동물들은 할 수 있는 것이 없었다. 눈도 아직 못 뜬 어린 동물을 아무렇지도 않게 짓밟아 죽였고, 날카로운 발톱으로 낚아채 하늘 높은 곳에서 떨어뜨려 죽이는가 하면 연약한 동물들을 커다란 구덩이 속에 몰아놓고는 불이 붙은 나뭇가지를 던져 넣어 끔찍한 불지옥을 만들었다.

대체 왜...

*"모든 동물은 **반드시** 평등하다. 평등한 것은 **반드시** 옳다."*

조조가 외쳤다. 그리고 다시 한 번 예의 날카로운 부리를 치켜세웠다. 조조의 눈은 싸늘하게 희번덕거리고 있었다.

휘익ー.

포노포노가 던진 조개가 조조의 부리에 명중했다. 조조는 주춤 물러섰고 포노포노가 또 조개를 꺼내 던졌다. 날갯짓으로 가볍게 조개를 튕겨낸 조조에게 터질 듯 성난 얼굴을 한 포노포노가 득달같이 달려들었다. 조조는 날갯짓과 함께 뒷걸음질 쳤다. 발톱을 세운 포노포노의 일격을 가볍게 벗어난 조조는 여유롭게 날아오르며 이렇게 외쳤다.

"이제 동물들을 해방할 시간이다!"

그 순간.

어디선가 빛이 번쩍했다. 온 숲을 뒤덮을 만큼이나 거대하고 밝은 빛이었다. 일순간이지만 낮처럼 환히 하늘을 밝혔고 그 뒤에 따르는 것은 엄청난 폭발이었다. 도저히 숲에서 날 수 없을 것 같은 커다란 굉음과 진동이 숲을 뒤흔들었다. 동물들의 비명 소리는 더욱 걷잡을 수 없었다. 지진이다, 불이다, 재앙이다... 숲이 불탄다... 곳곳에서 그런 소리가 비명과 뒤섞였다. 무슨 일인지 파악할 겨를 따윈 없었다. 갖은 비명소리가 너구리를 전복시켰다. 땅에 두 발을 겨우 붙이고 있을 뿐인 너구리가 할 수 있는 것은 아무것도 없었다. 어리고 병든 동물들이 무참히 죽임을 당해도, 커다란 불길이 치솟아 숲을 집어삼켜도, 바로 눈 앞에서 따오기들에게 포노포노가 공격을 받아도... 너구리는 바라만 볼 뿐이었다. 포노포노가 쓰러졌다. 하지만 쓰러진 포노포노는 무언가 품에 안으며 악을 쓰고 발버둥을 쳤다. 포노포노는 자꾸만 말했다. 일어나라고. 깨어나라고. 공격을 받으면서도 품속의 작은 것을 흔들었다. 포노포노가 감싸 지키고 있는 것은 보로리였다. 보로리는 눈에 피를 흘린 채 의식을 잃었고 포노포노는 따오기들에게 치이고 살을 할퀴고 뜯기면서도 더욱 몸을 말아서 보로리를 지키려 했다. 포노포노는 알아들을 수 없는 소리를 내지르며 따오기들을 쫓으려 했지만 소용이 없었다. 포노포노는 금세 피투성이가 되었다.

'안 돼... 도와야 해...'

그렇게 생각했지만 감히 다가갈 용기가 나지 않았다. 한 발자국만 움직여도 저 흉악한 새들의 표적이 자신이 될 것만 같았다. 포노포노의 털이 점점 더 붉은 빛으로 물들어 갔다. 너구리는 고개를 떨궜다. 주위의 온갖 위험에 대한 공포나 친구들이 아파하는 것이 고통스러웠기 때문만은 아니었다. 나약하기만 한 자신이 너무나 한심스러웠다. 너구리는 스스로를 비난했다. 포노포노도 기력이 다한 것 같았다. 악에 받쳐 소리치던 목소리도 들리지 않았다. 주위에는 고통스런 비명 소리가 여전히 넘쳐흘렀고 밟고 선 땅과 시뻘겋게 물든 밤하늘은 누군가 뒤흔드는 듯 어지러웠다. 주위는 온통 따오기들의 소리로 뒤덮였다.

'무서워... 누가 좀 도와줘. 엄마... 아빠...'

"도망쳐..."

"…"

"거기 있으면… 빨리 가…"

너구리는 이를 악물었다. 턱이 으스러질 만큼. 고개를 땅을 향해 처박고 두 눈을 질끈 감고서 무작정 내달렸다. 포노포노와 보로리 곁으로, 친구들이 있는 곳으로. 익익ー. 저리 사라져. 이 나쁜 놈들아. 무거운 공포가 온몸을 짓누르고 내장이 시릴 만큼 겁이 났지만 그렇게 소리치며 두 다리를 마구 휘저었다. 저리 사라져. 저리 사라져.

그런데 어찌 된 일일까? 정말 너구리의 말 대로 사라진 것인지 아무런 공격을 받지 않았다. 어쩐지 주위도 가라앉은 듯 고요해졌다. 시끄럽던 폭발 소리가 멎고 고통에 울부짖던 동물들의 울음소리도 차츰 잦아들었다.

'뭐지…?' 하지만 너구리는 금방 눈을 뜰 용기가 성큼 나지 않았다. 몸을 숙인 채 기다시피 땅을 더듬어 포노포노와 보로리를 찾았다. 포노포노의 몸에 닿자 왈칵 눈물이 솟았다. 그것은 온통 피에 젖고 억센 힘은 어디 갔는지 축 늘어져 있었다. 너구리는 아무 말도 할 수 없었다. 방울방울 눈물이 끊임없이 흘렀다. 미안하다고, 미안하다고 마음 속으로 몇 번이고 소리쳤다. 피에 젖은 포노포노를 끌어안았다.

"괜찮아. 괜찮아." 포노포노가 말했다.

감고 있던 축축한 눈을 분노로 떴다. 온 힘을 다해 저 나쁜 녀석들에게 저항하기 위해서. 하지만 뒤늦게 눈을 뜬 너구리 앞에 나타난 것은 검붉은 얼굴의 새들이 아니었다.

'하얀… 바람?'

온통 따오기들로 가득 차 있던 곳에 어떤 다른 존재가 있었다. 하늘을 매운 따오기들이 어지럽게 날고 있는 사이로 새하얀 물체 하나가 유유히 궤도를 그리고 있었다. 따오기들은 그것이 대단히 두려운 듯 혼비백산하며 도망치는 것 같았다. 감히 가까이하지 못하는 것 같았다. 이윽고 하얀 새가 부드러운 곡선을 그리며 아주 우아한 동작으로 너구리와 친구들 앞에 착지했다. 멍한 얼굴로 그 모습을 지켜보던 너구리의 입에서 어떤 소리가 흘러나왔다.

"하얀... 까마귀?"

그랬다. 까마귀지만 하얗다. 생김새는 분명 까마귀와 같지만 그 털의 색만은 마치 눈으로 빚은 듯 새하얗다. 무슨 새지...? 그런 생각이 들었고 곧 어떤 이름이 떠올랐다.

"요요?"

하얀 까마귀, 이른바 동쪽 나라의 괴조는 대답 대신 조용히 고개를 끄덕였다. 괴조는 너구리와 포노포노 그리고 보로리를 유심히 바라보더니 어째선지 굉장히 화난 얼굴을 했다. 날카로운 눈은 안광이 형형했고 굳게 다문 입은 어떤 결의를 다짐한 듯했다. 하얀 새가 천천히 고개를 돌리며 하늘을 바라보았다. 검은 새들은 그 시선에 움찔 동요하며 더욱 요란스레 행동하기 시작했다. 괴성을 지르고 약한 동물들을 더욱 집요하게 공격했다.

세상을 집어삼킬 듯 거대하게 타오르는 불길에 붉게 물들어가는 숲.

검은 새들은 어느새 더욱 불어나 그 수가 셀 수조차 없었다. 붉게 물든 하늘에 점점이 검은 새들이 빼곡했고 그 기세는 무시무시했다. 검은 새들이 편대를 이루어 비행하기 시작했다. 수백, 수천 마리의 새들이 거대한 원기둥을 그렸고 어느 순간, 그들의 우두머리가 목청이 터져라 소리쳤다. 다른 나머지 새들도 따라서 일제히 소리쳤다.

"항미원조 보가위국!"
"항미원조 보가위국!"
"항미원조 보가위국!"
"항미원조 보가위국!"
"항미원조 보가위국!"

　　…

　무슨 뜻일까. 너구리는 알 수 없었다. 다만 눈앞에는 어리고 병들었음에도 고통스럽게 죽임을 당한 동물들의 시체가 곳곳에 즐비했고 아직 숨이 붙은 채 고통에 신음하는 불쌍한 동물들이 너무나 많았다. 저들이 외치는 말이 바로 이걸 위한 것인 걸까. 대체 무엇 때문에 이 가여운 동물들이 고통을 당해야 하는지... 도저히 알 수 없었다.

　너구리가 귀를 쫑긋했다. 눈앞의 하얀 새가 분명한 목소리로 말했던 것이다. "거짓말..."

　바로 다음 순간, 요요가 하늘 높이 날아올랐다. 악의 물결 한가운데로 외롭게 뛰어드는 새 한 마리... 요요는 곧바로 검은 새들 사이를 관통하여 가장 높은 하늘로 유유히 날아올랐다. 검은 새들은 또다시 동요했다. 원을 그리던 비행 대열이 무너지고 자기들끼리 부딪혀 땅에 추락했다. 너구리와 따오기들의 시선이 일제히 높은 하늘의 요요에게 향했다.

　"까악ー. 까악ー. 까악ー."

　요요가 울부짖기 시작했다. 하늘 높은 곳에서 울려 퍼지는 까마귀의 울음소리가 밤의 한가운데에서 숲에 메아리쳤다. 여느 다른 까마귀들과 다르지 않은 평범한 울음소리라고 생각한 것도 잠시, 놀라운 일이 벌어졌다. 어디선가 아주 먼 곳에서부터 환성 소리가 오르기 시작하더니 놀라운 기세로 퍼져나가 숲 일대를 뒤흔들었다.

와아아아ㅡ.

숲 곳곳에서 울려 퍼지기 시작한 그 소리는 분명히 저항의 뜻을 담고 있었다.

검은 새들이, 따오기들이 혼비백산하기 시작했다. 이제 대열 따위는 존재하지 않았다. 검은 새들은 이제 길을 잃은 것 같았다. 놀라 기겁을 했다. 환성 소리가 이어져 바로 이곳 근처에서 울리기 시작하더니 어디선가 또 다른 하얀 새들, 커다란 독수리 수십여 마리가 나타났던 것이다. 독수리들은 일사불란하게 움직였다. 방향을 잃은 따오기들을 차례차례 공격하여 하나, 둘, 셋... 계속해서 끝없이 추락시켰다. 따오기들은 줄행랑을 치기 바빴다. 그들이 외치는 평등이나 알아들을 수 없는 말 따위는 이제 더 이상 들리지 않았다. 오직 따오기들의 비굴한 비명 소리와 목숨을 구걸하는 단말마뿐이었다. 따오기들은 어깻죽지가 찢어지고, 부리가 깨져나가면서 같은 동료를 팔아넘기기 바빴다. 독수리의 발톱에 척추가 부러지고 목이 부러지는 마지막 그 순간까지 동료를 팔아넘기며 자신의 목숨을 구걸했다. 하늘을 뒤덮었던 따오기들은 저항은커녕 차례차례 고스란히 목숨을 잃었고 대부분 동료를 버리고 꽁무니를 빼고 사라져버렸다. 독수리들은 도망친 따오기들은 쫓아 나섰고 요요는 부드러운 날갯짓을 하며 다시 천천히 내려오는가 싶더니 너구리 앞에 섰다.

"네가 너구리?"

요요가 대뜸 그렇게 물었다. 너구리는 당황하면서도 천천히 고개를 끄덕였다. 나를 알아...?

48

"지금 내가 하는 말을 잘 들어야 한다." 요요는 아주 진지한 눈길을 하고 잠시 틈을 두고는 말했다. "너희 부모님은 모두 희생되셨어. 우리 숲을 위해서."

...? 희생? ... 희생? 너구리는 희생이라는 단어의 의미를 어렴풋이나마 알고 있었다. 하지만 지금 들은 그 말의 의미를 덥석 받아들일 수가 없었다. 귀에 이상이 있나 싶어 귀를 쫑긋 세웠다. 엄마와 아빠가 갑자기 어째서 무엇 때문에 죽어야 아니, 희생된단 말인가. 숲을 위해서? 거짓말이지... 숲이 뭐라고... 그렇다. 거짓말일 것이다. 잠이 들기 전만 해도 태평한 얼굴로 다녀오겠다 하지 않았었나. 분명히 그럴 것이다...

너구리는 의심의 눈초리로 요요를 바라보았다. 간절한 눈빛으로 요요에게 부탁했다. 하지만 너구리는 고개를 떨어뜨렸다. 사고 의식이 고장 난 듯했다. 마음속으로 거짓말일거야라고 몇 번이나 중얼거렸다. 하지만 정신과 달리 육체는 그 사실을 받아들인 것인지 점점 힘이 빠지더니 곧 망연히 무너져 내려 바닥에 주저앉아버렸다. 다리의 힘이 풀려 일어설 수 없었다. 그만큼 요요의 눈은 진지했고 거짓을 말하는 기색 따위는 없었다. 황망히 슬픔에 잠긴 너구리에게 요요가 소리쳤다.

"정신 차려!"

너구리가 움찔 놀라며 떨구었던 머리를 들었다. 그 눈에는 항의하는 빛이 담겨 있었다. 이렇게나 갑자기 엄마와 아빠를 잃었는데, 이제 부모님을 볼 수 없는데...

너구리는 울먹거리는 목소리로 중얼거렸다.

"하지만..."

요요가 번쩍 한쪽 날개를 펼치며 한곳을 가리켰다. 너구리의 시선이 그곳을 향했다.

"...포노포노. 보로리..."

"그래 맞아." 요요는 그렇게 말하고는 누그러뜨린 표정으로 덧붙였다. "너의 친구들이지?"

너구리는 코를 훌쩍이더니 울먹거리며 고개를 끄덕였다. 눈물이 흘러서 금방 눈앞이 흐려졌다. 부모님이 돌아가셨다는 말은 완전히 현실로 받아들이기 일렀지만 피를 흘리고 쓰러진 친구들은 지금 바로 눈앞에 있다. 또한 눈앞에 펼쳐진 상황에 엄마 아빠를 잃었다는 말이 현실감을 가지기 시작했다. 너구리는 눈물을 그렁그렁 매단 채 포노포노와 보로리 곁으로 엉금엉금 기어갔다.

"미안해. 미안해..." 도와주지 못해서, 지켜주지 못해서 미안해... 난 아무것도 할 수 없었어... 너구리는 흐느끼듯 울었다.

"잠시 기절했을 뿐이야." 요요가 포노포노와 보로리를 살펴보더니 그렇게 말했다. 요요는 잠시 동안 셋을 조용히 내려다보고는 다시 얼굴을 들었다. 어딘가를 향해 굵은 울음소리를 뱉어냈다. 잠시 후, 요요가 소리친 방향에서 커다란 발소리가 들려오기 시작했다. 땅을 박차는 발소리는 점점 더 가까워지는가 싶더니 어두운 수풀 사이를 뚫고 갈색 커다란 소 두 마리가 튀어나왔다. 갈색 소는 망설이는 기색 없이 시체와 잔 불씨 사이를 가로질러 요요 앞에 멈추어 섰다. 요요가 아무렇지도 않은 얼굴로 고개를 한번 끄덕였다. 그러자 두 소가 흐흥, 콧바람을 내뿜으며 마찬가지로 고개를 끄덕였다.

"어?... 어..."

갑자기 요요가 부리로 너구리를 낚아채더니 갈색 소의

등에 태웠다. 너구리는 놀란 얼굴로 소의 허리를 잡았다. "친구들은 걱정하지마. 안전한 곳으로 옮겨놓을 테니까." 요요가 그렇게 말하자 다른 갈색 소가 걱정 말라는 듯이 다시 한번 흐흐흥, 콧바람을 길게 불었다.

너구리는 요요에게 무언가 말을 꺼내려 했다. 묻고 싶었다. 물을 것이 너무나 많았다. 하지만 그럴 새도 없이 너구리를 등에 태운 갈색 소가 땅을 박차며 내달리기 시작했다. 요요의 뒷모습이 멀어지기 시작했다. 요요는 포노포노와 보로리를 안쓰러운 눈길로 내려다보고 있었다. 물을 것이 많은데... 너구리는 속으로 중얼거리며 갈색 소의 등허리를 잡았다.

이 모든 일이 어떻게 된 건지... 앞으로 어떻게 해야 할지... 의문과 고민은 너구리의 머릿속을 짙은 색으로 꽉꽉 채우고 있었다. 소는 무시무시한 속도로 숲속을 질주했다. 마치 무언가에 쫓기는 것 같았다. 모든 것들이 빠르게 뒷걸음질 쳤다. 소의 발굽에 채인 잔돌멩이가 튕기고 잎과 나뭇가지, 줄기와 가시에 살이 긁히고 베였다. 소도 마찬가지였다. 하지만 소는 발걸음을 내딛는 것을 망설이지 않았다. 뒤를 돌아보지 않았다. 그래... 너구리는 소의 등허리를 좀 더 바짝 당기며 어금니를 물었다. 가만히 앞을 응시했다.

시간이 얼마나 지났을까. 어느새 너구리를 괴롭혔던 굉음과 폭음, 동물들의 비명소리는 더 이상 들리지 않았다. 섬뜩한 빛도 번쩍이지 않았다. 너구리가 살던 곳을 벗어나 완전히 다른 영역에 들어섰다. 아직 밤은 어두웠고 숲은 쥐 죽은 듯이 고요했다. 흔한 벌레 소리나 작은 새들의 지저귐 소리 하나 들리지 않았다. 작은 동물이건 큰 동물이건 언젠가부터 그림자도 보이지 않았다. 오직 들소 한 마리가 잡목림 사이를 가로지르는 메마른 발굽 소리만이 깊은 밤 가운데 단조로운 리듬을 새겼다.

후욱후욱, 들소의 거친 숨소리가 조금씩 잦아들기 시작했다. 끝없이 뒷걸음질 치던 풍경이 천천히 그 속도를 늦추는가 싶더니 드디어 완전히 멈추었다. 너구리가 조심스럽게 상체를 일으켰다. 대뜸 눈앞에 나타난 것은 기다란 첨탑이 뾰족이 솟은 낡고 하얀 건물이었다.

칠흑 같은 밤하늘과 어두운 주변 숲을 배경으로 그 윤곽이 두드러졌다. 제멋대로 자란 수풀 위에 덩그러니 솟은 듯한 건물은 하얀 회칠이 군데군데 벗겨졌고 창이 하나도 없어서 왠지 으스스했다. 하지만 건물의 하얀색이 어찌나 밝은지 까만 어둠 속에서 자그맣게 빛이 나는 것 같았다.

갈색 소가 풀을 뜯어 먹으며 휴식을 취하는 것도 잠시,

다시 천천히 걸음을 뗐다. 소가 정문을 향하자 꼭 참았던 것처럼 주위 어딘가에서 온갖 벌레들이 우짖기 시작했다. 다시 한번 사방을 둘러보니 멀쩡하다고 생각했던 풍경 속에는 상처 입은 듯 파헤쳐진 땅과 무너진 토담이 즐비했다. 무성한 억새가 그 위로 기다랗게 고개를 내밀고 있었는데 하얀 얼굴을 한 듯 밤중에도 어디선가 빛을 받아 윤기가 돌았다. 소가 기다란 아치형 나무문 쪽으로 다가가더니 그 앞에 멈춰 섰고, 잠시 동안 가만히 기다렸다. 너구리는 침묵하고 있는 문을 주시했다. 그런데 갑자기 안에서 기척이 났다. 꽁꽁 싸맨 듯한 건물 안에 누군가가 혹은 무언가가 있는 모양이었다. 안쪽에서 부스럭거리는 기척이 나더니 문 너머에서 이런 소리가 들렸다.

"침묵은?"

갈색 소가 문을 향해 대답했다.

"포기한다는 것."

그러자 안쪽의 기척이 유난스러워졌고 굳게 닫혀있던 문이 움직이기 시작했다. 내부의 알 수 없는 수런거림과 함께 아치형 문이 조금씩 안쪽으로 향했다. 천천히 열리기 시작했다. 그 사이로 빛이 조금씩 새어 나왔다. 문이 완전히 다 열리자 눈이 부셔서 눈을 제대로 뜰 수 없을 만큼 커다란 빛이 너구리의 두 눈으로 뛰어들었다. 너구리는 눈을 질끈 감고 턱을 소의 등에 처박았다. 이윽고 너구리가 조심스레 고개를 들며 빛을 받아들이자 놀라운 광경이 바로 앞에서 펼쳐졌다. 아니 어쩌면 끔찍한 광경이.

그것은, 곰이었다. 커다랗고 검은 곰. 언젠가 보았던 바위산을 떠올리게 만드는 거대한 곰은 두 다리로 우뚝 선 채 앞발로 줄을 잡고 서 있었다. 잘은 모르지만 줄을 통해 문을 여닫는 것일까... 오금이 저리고 온몸이 덜덜 떨렸다. 또다시 땅이 흔들리는 걸까. 숲에 곰이라는 동물이 있다는 소리는 수없이 많이 들어왔다. 하지만 실제로 이렇게 본 것은 처음이었다. 그도 그럴 것이 곰을 두고 하는 이야기들은 항상 '곰을 보면 이미 죽었다 생각해라'부터 시작했던 것이다.

"무시무시하지."

"그 흉악한 발톱은... 어휴. 나는 그냥 바닥에 머릴 처박고 죽을 거야."

"그냥 죽은 척해, 죽은 척. 괜한 짓거리 해봐야 의미 없으니까말이야. 그편이 짧게 끝나고 서로에게 깔끔해."

갈색 소는 망설이는 것도 없이 천천히 걸음을 뗐다. 지진이 났다. 달달달... 덜덜덜... 갈색 소는 태연한 얼굴을 하고서 너구리를 곁눈으로 살폈다. 그런 와중에도 소는 걸음을 멈추지 않았다. 나는 금방 기절해버릴 것 같은데 이 소는 겁도 없나? 속으로 소에게 저주를 퍼부었지만 소는 매정했다. 너구리는 절박한 심정으로 몸을 좀 더 바짝 붙이기만 했다. '엄마, 아빠... 이제 다시 만날 수 있는 거겠지...' 너구리는 포기한 듯 눈을 감았다.

소와 너구리가 검은 곰의 바로 옆을 스쳐 지나가는 순간, 질끈 감은 두 눈 사이로 그만 보고야 말았다. 그 발톱을... 곰의 발톱은 실제로 보니 정말 어마어마했다. 그 크기가 너구리의 다리 한쪽만 했고 나무통만 한 다리에 달린 저 날카로운 발톱이 자신을 갈기갈기 찢어놓으리라는 생각에 너구리는 기절 직전에 이르렀다. 정신이 아득해진 사이, 끼이익, 문이 닫히는 소리가 났다.

"웬 너구리?"

"아직 새끼잖아."

"써먹지도 못하겠어."

"식량이야?"

"누가 물 좀 받아놔."

"소금이 어디 있더라."

너구리가 갈색 소의 등허리에 매달린 채 정신이 해롱해롱한 사이 주변에서는 등골이 오싹해지는 대화가 오갔다. 기척만으로도 적지 않은 수의 동물들이 있음을 알 수 있었다. 낯선 곳에 대한, 낯선 동물들에 대한, 그리고 검은색 커다란 곰에 대한 두려움이 너구리를 뒤흔들었다.

"알파의 뜻이야."

갈색 소가 누군가에게 나지막이 말했다. 알파...?

뜻 모를 그 간단한 한마디는 곧바로 효과를 발휘했다. 너구리를 두고 이러쿵저러쿵 떠들던 웅성거림이 사그라들더니 수긍한다는 듯이 "그렇다면." "어쩔 수 없지." 등의 말을 했다.

그 하얀 새를 말하는 걸까. 여기는 어디지, 나는 살아서 나갈 수 있을까. 너구리는 불안한 마음으로 조심조심 게슴츠레 눈을 떠보았다. 하얀 빛이 왈칵 쏟아지면서도 주변을 살펴보려는데 별안간 무엇인가가 너구리의 뒷목을 홱, 잡아챘다. 허공에 들어 올려진 너구리는 버둥거릴 틈도 없이 바닥에 수직으로 내팽개쳐졌다. 놀란 가슴에 짧은 신음을 흘렸지만 그다지 아프지는 않았다.

아야야... 엉덩이를 바닥에 찧은 채 고개를 들어보니 검고 긴 막대 두 개가 똑바로 서 있는데, 이게 뭐지, 하고 좀 더 고개를 들자 거뭇한 부리를 곧게 뻗은 하얀색 두루미가 고개를 갸웃거리고 있었다. 두루미가 그 부리를 가까이하자 너구리는 겁을 집어먹고 흐익, 소리 내며 양 앞발을 허우적거리니 두루미는 도리어 놀라서 뒷걸음질 쳤다.

너구리는 황급히 주위를 둘러보았다. 두루미, 사슴, 살쾡이, 들개, 여우, 토끼, 다람쥐, 양, 돼지, 족제비, 꿩, 비둘기, 부엉이, 뱀, 원숭이, 도마뱀과 곰... 그 밖에도 그 이름을 알지 못하는 여러 동물들이 너무나 많았다. 그런 수많은 동물들 가운데에 너구리가 덩그러니 있었던 것이다. 너구리를 향한 동물들의 표정은 제각각이었다. 들개나 늑대는 느닷없이 굴러 들어온 어린 너구리 따위에겐 관심 없다는 듯 고개를 휙 돌려버렸고, 토끼나 여우, 사슴 같은 동물들은 궁금한 얼굴로 웬 작고 어린 너구리가 왔냐며 조용히 키득거렸다. 다른 동물들도 호기심 짙은 얼굴을 하고 있는 것은 마찬가지였다.

반면 예의 커다란 곰과 갈색 소는 자기들끼리 무슨 얘기를 하는지 둘이서 대화를 나누면서도 너구리를 몇 번이나 흘깃 쳐다보며 곁눈질했다.

어쩌지... 너구리는 너무나 난감했다. 일단 잡아먹히지는 않는 걸까? 목숨을 보전하고 있는 시간이 쌓여갈수록 그런 안도감을 느꼈지만 대체 이곳에 자신이 왜 왔는지 알수가 없었다. 자신에게 쏟아지는 수백 개의 시선이 부담스러웠다. 이러지도 저러지도 못해서 바닥에 망연자실 주저앉아 아주 멍청하고 어린 너구리의 얼굴을 한 채로 저들의 처분을 기다렸다.

둘의 대화가 끝난 눈치였다. 갈색 소는 대화를 끝내고 건물 한구석에 자리 잡아 휴식을 취하기 시작했고 곰은 혼자 좀 더 골똘히 생각하는 듯 고개를 외로 꼬며 고민하더니 곧 결정을 내린 듯 다시금 너구리에게 시선을 옮겼다.

'아마 잡아먹진... 않겠지...?'

거대한 곰이 무시무시한 눈길을 주자 너구리는 등골이 오싹하고 내장이 마비되는 것만 같았다. 너구리는 애써 시선을 피하며 최대한 불쌍하고 비굴한 얼굴을 만들어 보였다.

"이봐, 너."

"네... 네?"

너구리의 네 다리가 달달 떨렸다. 곰이 한 걸음 한 걸음 육중한 다리를 이끌고 다가오자 거대한 그늘이 너구리 위로 드리워졌다. 턱이 너무 무거워서 감히 고개를 들 수 없었다.

"네 역할은 기억이다."

곰은 알 수 없는 말을 했다. 기억? 너구리는 고개를 갸우뚱했다.

"기억해주어야 해, 네가. 우리들을 말이야."

줄곧 고개를 처박고 있던 너구리가 불쑥 고개를 들었다. '뭐지...'

거대하고 흉포한 곰의 목소리가 왠지 모르게 떨리고 있는 것처럼 느껴졌던 것이다. 아니, 분명히...

작은 너구리의 눈길과 거대한 곰의 눈길이 스쳤다. 천장에 달린 조명의 역광을 받고 서 있는 곰의 얼굴은 분명 두려움이 깃들어 있었다. 대체 무엇에? 이 커다랗고 무시무시한 곰이 뭐에 겁을 먹어 이런 얼굴을 하고 있는 것일까.

너구리는 새삼 주변을 빙 둘러보았다. 어째서일까... 처음에 보았을 때는 미처 느끼지 못했지만, 다들 겁을 먹고 있었다. 태연하게 숨겨보려 해도 이곳에 모인 동물들은 두려움을 완전히 감추지 못하고 있었다. 겁에 질린 듯한 눈빛과 가늘게 떨리는 어깨, 무거운 한숨과 초조한 목소리로 알 수 있었다.

"내 이름은 초바. 기억... 해 줄 수 있겠니?"

곰은 다리를 굽혀 너구리에게 조금 더 가까이 다가서며 전에 없이 부드러운 목소리로 그렇게 말했다. 무시무시하다고 느껴졌던 그의 눈빛에서 어째선지 상냥함이 느껴졌다.

"슈미트!"

"앨리!"

"피비."

"마큐시오."

"조세핀!"

"마리."

"셜리."

...

별안간 주변 동물들이 득달같이 달려들며 너구리에게 외쳤다. 그것은 분명 그들의 이름이었다. 너구리는 당황해서 눈을 동그랗게 떴지만 감히 뭐라 말할 수가 없다. 그들의 눈에 비친 무언가가 너구리를 숙연하게 만들었다. 너구리는 잠자코 그들의 이름을 들었다.

"우리는 이제 곧 전장에 나간단다."

작은 소란이 일단락되고 한쪽 구석에 자리해 앉아있는데 나이 지긋해 보이는 당나귀가 말을 걸어왔다. 속눈썹이 기다랗게 자란 당나귀는 속눈썹 때문에 자신의 까만 눈을 다 가릴 지경이었다. 너구리의 옆에 자리 잡은 늙은 당나귀는 자신의 이름을 루돌프라고 소개했다.

"전장에 나가요?"

"여기는 후방이야. 그래서 아직까지 평화롭지만 저기 먼 곳에서는 치열한 전투가 벌어지고 있지. 우리도 날이 밝으면 이곳을 떠나 전선에 합류할 예정이야."

"대체 누구랑... 아니, 정말 북쪽이 쳐들어온 거예요?"

흐흥, 루돌프가 한숨을 내쉬며 너구리를 내려다보았다.

"너는 어려서 아직 아무것도 모르겠군. 그런 건 어른들의 이야기니까."

"저는 남쪽이니, 북쪽이니 숲이 나뉜 것도 몰랐어요. 다 같은 숲의 동물들인데..."

"숲은 하나였지만, 어리석은 이념과 사상이 숲을 갈라놓은 것이지. 저 북쪽 돼지의 탐욕이 한몫을 했단다."

"그런 어려운 말은 몰라요... 그냥 사이좋게 지내면 안 돼요? 싸우지 말고... 화해하는 거예요."

너구리는 제법 진지한 얼굴을 하고 말했지만 루돌프는 대수롭지 않다는 듯 콧바람을 불며 가볍게 웃어 보였다.

"그렇게 간단한 이야기라면 얼마나 좋을까. 하지만 이건 그런 영역의 문제가 아니란다. 화해를 떠나서 우선, 저 녀석들이 먼저 기습적으로 쳐들어온 것이고 우리는 다만 우리의 숲을 지킬 뿐이지."

"왜 쳐들어왔어요?"

"왜?"

루돌프가 생각에 잠겼다. 곰곰이 생각하더니 이윽고 답을 찾은 듯 입을 열었다.

"속고 있어."

루돌프는 먼 곳을 바라보는 눈길로 허공을 응시했다.

"모두들 속고 있어."

루돌프는 씁쓸한 얼굴로 그렇게 중얼거리듯 말했다. 그 분위기가 전과 사뭇 달라서 감히 더 이상 물어볼 수 없었다.

뿌우ー.

"?"

너구리는 귀를 쫑긋 세우며 자리에서 벌떡 일어났다. 부우였다. 아기 코끼리가 언제 이곳까지 온 걸까. 너구리와 부우는 바로 서로를 알아보았다. 둘은 마냥 신기하고 반가워서 방방 뛰어올랐다. 실내에 가벼운 먼지가 피어올랐지만 어느 누구 하나 타박하지 않았다. 가라앉았던 분위기가 조금은 누그러졌다.

"이렇게 먼 곳까지 웬일이야?"

너구리가 부우의 코를 만지며 말했다. 기다란 코를 다정하게 쓰다듬으며 궁금한 얼굴을 했다.

"나도 우리 숲을 지키기 위해서 왔어." 부우는 어딘가 의젓한 목소리로 말했다. 아직 앳돼 보이는 어린 코끼리가 진지한 얼굴을 하고 그런 말을 하자 너구리는 작지 않은 위화감을 느꼈다.

"너도... 전쟁이라는 걸 하는 거야?"

너구리가 걱정스러운 목소리로 머뭇머뭇 물었다.

"응. 우리 숲이니까 지켜야지."

"난..."

너구리는 망설였다. 조금 전 초바가 너구리에게 말했던 것이다. 너구리 너는 남쪽 숲의 동물로서 이곳에 있는 이들의 이름을 기억하고, 북쪽 숲의 기습적이고 불법적인 남침에 대한 증인이 되어 당장 날이 밝으면 동쪽 나라에 가서 지원을 요청하는데 도움이 되라는 것이었다.

즉, 너구리는 숲을 지키기 위한 전쟁에 빠져서 이들을 뒤로하고 자신만 안전한 곳으로 도망가는 꼴이었다. 이러한 모든 상황 자체가 너무나 갑작스럽고 받아들이기 힘든 것이었지만 초바는 진지한 목소리로 말했다.

"모든 동물들이 두려워하는 이 숲 제일의 동물, 무시무시한 곰. 그것이 바로 나야. 그런 나도 싸우는 것이 두렵고 죽는 것이 무서워..." 초바가 잠깐 말을 멈추고 주변을 둘러보았다. 다들 애써 듣지 않는 척하거나 대수로운 일이 아니라는 듯 내색하지 않았다.

"녀석들의 날카로운 발톱과 이빨에 내 살은 찢기고 베이고 물리겠지. 뼈가 부러지고 많은 피를 흘릴 거야... 하지만, 그렇지만, 우리 숲이잖아. 우리가 사는 이 숲을 저 나쁜 놈들이 마음대로 빼앗으려 하고 있어. 아무것도 모르는 순진한 동물들을 마구잡이로 잔인하게 죽이고 감히 자신들이 맞다고, 자신들이 정의라고 큰소리치고 있어. 이건 말이 안 되는 거야. 말도 안 되는 일이라고…"

초바의 목소리가 가늘게 떨리고 있었다. 무심코 고개를 들자 시선이 맞닿았다. 감히 무서워서 제대로 눈을 바라보지 못했는데… 초바의 눈은 너무나 맑고 투명했다. 그 눈에서 작은 물방울이 떨어져 내려 너구리의 볼을 적셨다. 너구리는 볼을 움찔거렸지만 여전히 초바의 두 눈을 바라보았다.

"그러니까, 도와줘. 우리 숲을 위해서. 단지 맡은 역할이 다를 뿐이야. 넌 도망치는 것이 아니야. 꼭 필요한 일이야. 우리 힘만으로는 지킬 수 없을지 몰라. 그래서 도움이 필요해. 숲 밖의 세상에 지금 이 숲에 일어난 끔찍한 일들을 전해줘. 지금도 불쌍히 죽임당하는 동물들을 위해서, 숲을 지키고자 하는 동물들을 위해서, 감히 정의를 지껄이는 저들에게 그 진정한 의미를 빼앗기지 않도록… 그리고 꼭 기억해줘. 여기 있는 모두를." 초바는 그렇게 말했다.

"말하지 않아도 괜찮아. 뿌우ー."

무언가 망설이는 너구리에게 부우는 다시 전처럼 천진하게 웃음 지으며 말했다.

주변이 어수선해졌다. 시간이 다가오고 있는 것이다. 문틈 사이를 비집고 빛이 새어 들어왔다. 동물들은 긴장한 기색을 감추지 못했다. 이제 몇몇은 아주 벌벌 떨거나 초조한 얼굴을 하고선 자꾸 무어라 중얼거리고 있었다. 다들 불안해 보였다.

너구리와 부우 역시 긴장한 얼굴로 그들을 바라보는데 여태껏 조용히 잠을 자던 갈색 소가 몸을 일으키더니 너구리에게 눈짓해 보였다. 때가 됐다는 듯했다.

너구리는 가만히 고개를 저었지만, 갈색 소는 쳐다보지 않았다. 부우는 애써 모르는 척 태연히 콧노래를 부르기 시작했다.

"부우... 난 잠시 숲을 떠나야 해."

너구리가 조심스럽게 말했다.

"응. 나중에 다시 만나자."

부우는 웃으면서 말했다.

그 모습에서 두려움이나 공포 같은 부정적인 감정은 한 조각도 느껴지지 않았다. 그것이 너구리의 마음을 조금이나마 편안하게 해주었다. 너구리가 무거운 발걸음을 떼며 다시 갈색 소의 등에 올라탔다.

갈색 소는 움직이지 않았다. 마치 잠시 기다려주겠다는 듯이. 너구리는 다시 한번 주변을 빙 둘러보았다. 스미스, 피비, 앨리, 조세핀, 아놀드, 그리드, 피터볼, 케이트, 타이런, 차카... 모두의 시선이 자신을 향해 있었다. 그들의 눈에선 분명 어떤 빛이 반짝였다. 공포나 두려움, 긴장과 불안, 불행 그리고 슬픔... 그런 것이 아니었다. 말을 하지 않아도 너구리는 분명 알 수 있었다.

틀림없이 모두들 "다시 만나자."라고...

갈색 소가 움직이기 시작했다. 너구리는 허둥지둥 소의 등을 잡았다. 자신도 모르게 힘이 들어갔다. 눈시울이 뜨거워지고 앞이 흐려졌다. 시야가 불투명해서 앞이 보이지 않았다. 그 불완전한 시야에 검은색 커다란 형체가 나타났다. 너구리는 눈가를 훔치며 허둥댔다.

봐야 하는데... 기억해야 하는데... 끼이익 소리와 함께 바깥으로 향하는 문이 열리기 시작했다. 너구리는 혼자 버둥거리며 애를 썼지만 소용이 없었다. 앞은 점점 더 보이

지 않았다. 이윽고 검은 형체가 천천히 옆을 지나쳐 가려
했다.

기억할게. 기억할게. 꼭 기억할게... 잊지 않을게. 절대로
잊지 않을거야...

문밖은 빛이 가득 쏟아져 내리고 있었다. 천천히 하얀
빛 속으로 향하는 너구리는 결국 울음을 터뜨렸다. 마치
어린아이처럼. 도저히 참을 수가 없었다. 갈색 소가 멈춰
서려했다. 그런데 바로 그때, 누군가의 목소리가 날아들었
다. 목소리는 말했다. "걱정마.", 라고.

갈색 소는 다시 하얀 빛을 향했다. 너구리는 여전히 울
먹이고 있었다.

너구리가 빛을 향해 뛰어든 순간, 검은 형체가 등 뒤에
서 분명히 말했다.

"다시 만나자."라고.

동 물 의 숲

불어오는 바람이 아직 찬 4월의 어느 날이었다. 광장에
가까워지자 어느새 인파가 눈에 띄게 늘었다. 아직 해가
높이 떠 있는데 벌써부터 손에 촛불을 들고 있는 사람들이
적지 않았다. 아직 그 수가 많지 않지만, 해가 완전히 지
면 이곳에 있는 사람들 모두 분명 하나같이 촛불을 들어
올릴 것이다. 북적이는 인파 속에서 휩쓸리듯 발걸음을 재
촉하는데 누군가 널찍한 연단 위에 서서 마이크를 잡고 연
설이라도 하는 듯 장엄한 목소리로 무어라 떠들어대고 있
었다. 주변 소음에 정확히 무슨 말을 하는지 알아들을 수
는 없지만 유독 '국민'이나 '정의'라는 단어 만은 몇 번이
고 들려왔다. 목청을 돋워 외치는 목소리에는 분노가 담겨
있었다. 호응하는 사람들이 많은 것일까, 큰 박수 소리가
뒤따랐다. 사람들이 환호성을 질러댔다. 손에 촛불을 든
사람들은 그 촛불을 하늘 높이 치켜들며 호응했다. 머리
위로 솟은 촛불은 사람들의 환호성에 호응하는 것 마냥 기
세 좋게 타올랐다. 분위기가 한껏 고조되었고 마이크를 든
연사가 다른 쪽 팔을 힘차게 공중에 휘저으며 우렁차게 외
쳤다.

"람다를 내쫓자! 뮤를 대통령으로!!"

그러자 광장 전체가 떠나갈 듯했다. 사람들은 손이 터져라 박수를 쳤고 목이 터져라 함성을 질렀다. 사람들은 연단 위의 연사를 따라 자신의 팔을 높이 치켜들고 마치 몽둥이나 칼처럼 허공을 마구 휘젓고 휘둘러댔다. 어떤 이들은 자신의 가슴을 아주 터져라 치며 분을 푸는가 하면 닭의 모형 혹은 커다란 닭 인형 따위를 아주 짓밟거나 때려 부수는 이들도 있었다.

> *"닭년 때문에 나라 꼴이 이 모양이야!"*
> *"닭을 잡으러 당장 청와대로 쳐들어가자!"*
> *"독재자의 딸은 당장 하야하라!"*
> *"나라를 팔아먹은 쥐새끼, 나라를 팔아먹은 닭년.*
> *너희 두 년놈이 우리나라를 헬조선으로 만들었어!!*
> *세모녀를 살려내!!"*
> *"하야하라!"*
> *"하야하라!!"*
> *"하야하라!!!"*
> *...*

그야말로 분노와 증오의 도가니였다. 람다가 마치 부모를 죽인 원수라도 되는 것처럼 사람들은 성이나 있었다. 분노하고 있었다.

벤자민이 아연한 눈길을 거두고 외면하듯 목을 움츠리며 걸음을 재촉하는데 인파에 밀려 그만 누군가와 부딪히고 말았다. 고개를 들자 무거운 인상의 중년 남자, 40대 혹은 50대로 보이는 남성이 얼굴을 구기며 자신의 외투 깃을 살피고 있었다. 그의 손에는 아직 불을 붙이지 않은 초가 들려있었다. 벤자민은 난처한 얼굴로 고개를 꾸벅 숙이며 사과했다. 그러자 남자는 인상을 풀고 마찬가지로 고개를 숙여 보였다. 서로 죄송하다며 사과의 말을 건넸다. 남자의 목소리는 인상과 달리 부드러웠다. 남자를 지나치고 잠시 뒤 벤자민은 무심코 뒤를 돌아보았다.

"국민을 조롱한 닭년을 찢어 죽이자!!"

남자의 입에서 나온 우렁찬 소리에 벤자민은 가만히 고개를 저었다.

묵묵히 걸음을 옮기며 광장의 중심과 멀어지자 주변에 사람들이 줄어들고 시끄러운 소리도 조금씩 줄어들었다. 벤자민이 도착한 곳은 한 카페였다. 카페에 들어서서 익숙한 듯 2층으로 올라가 주위를 둘러보니 창가 쪽 자리에 약속한 상대가 와 있었다. 그 맞은편 자리에 앉았다.

"음료는?"

회색 털모자를 쓴 윌슨이 반가운 표정으로 물었지만 벤자민의 반응은 시원치 않았다. 표정 없이 대답도 않고 시선을 창가 너머로 향했다. 예의 광장이 비쳐 보였다. 광장의 사람이 점점 늘어나고 있었다. 안 보이던 버스까지 몇 대나 늘어선 참이었는데 거리가 가깝지 않아도 버스 한쪽 면에 큼지막하게 내걸린 현수막들, 희망버스나 탄핵버스와 같은 문구들은 그 글씨가 피처럼 새빨간 탓에 아주 잘 보였다.

건조한 눈빛으로 그대로 시선을 못 박은 채 벤자민이 입을 열었다.

"그래서 할 말이라는 게 뭐야? 굳이 만나자고 불러서는."

윌슨은 밭은기침을 하더니 목을 가다듬으며 슬며시 말을 꺼냈다.

"저기 사실, 이번에 또 모일 생각이야. 말하자면 긴급회의랄까..."

윌슨이 말을 끝맺지 못한 것은 벤자민이 엄한 눈길을 자신에게 던져온 탓이었다. 윌슨은 쭈뼛거리며 테이블 위의 음료를 홀짝거렸다. 그리고 다시 한번 넌지시 입을 열었다.

"아니, 저..."

"그 이야기라면 다 끝난 일이야. 나는 이제 그런 일은 하지 않아."

"어떻게 그렇게 쉽게 말해? 넌 우리 동물 해방 위원회와 역사를 함께 했고 우리 위원회는 공화국과 역사를 같이 하다시피하며 우리나라의 위기 때마다 발 벗고 나서서 힘써왔잖아. 이렇게 또 위기를 맞은 지금, 이럴 때일수록..." 준비라도 한 듯 줄줄이 말이 나왔다.

"어차피 공식적인 자리도 아니었어. 이번 일로 많이 생각해봤어. 난 이제 좀 쉬고 싶은 마음이야."

"그렇지만 하필이면 우리 각하가 이렇게 힘들어하고 계시는 시국에..."

"말했지. 이번 일이 원인이기도 하다고. 애초에 이런 사태가 벌어진 원인이 누구에게 있다고 생각해?"

윌슨은 선뜻 대답하지 못했다. 약점을 찔린 듯 얼굴을 구기며 땀을 삐질 흘렸다. 주머니에서 손수건을 꺼내 촉촉이 젖은 이마를 훔쳤다.

"그렇지만, 하지만... 공식적인 자리고 아니고를 떠나서 항상 어울려왔잖아. 정기 회의에 곧잘 참석했었고... 최근 들어서는 얼굴 한번 비추지 않더니 또 갑자기 완전히 그만둔다니..." 윌슨이 한숨을 섞어 말했다.

"그 회의라는 게 문제야." 벤자민이 혀를 차며 말했다. "회의 때마다 본 안건은 제쳐두다시피 하며 늘상 어떻게 끝나지? 나라 걱정은 이만하면 됐으니 어디 가서 다 같이 친목이나 다질까요?" 벤자민이 그렇게 말하며 술잔을 기울이는 시늉을 해 보였다. 입으로 꿀꺽꿀꺽 소리도 냈다.

"같은 뜻을 함께하는 동지끼리 한잔하는 게 뭐 어때서. 그게 다 나랏일..."

"이것 봐. 논점이 틀리다고." 벤자민이 바짝 세운 검지 손가락으로 윌슨을 가리키며 말했다. 그리고 그 검지손가락을 그대로 창밖을 향해 옮겼다.

"저게 현실이고."

윌슨의 시선이 벤자민의 손끝을 따라가더니 곧 무거운 한숨과 함께 깊이 고개를 숙였다.

"어떻게 해야 좋을지..."

윌슨의 침통한 목소리와는 상반된 가벼운 목소리로 벤자민이 말했다.

"어떻게 하긴 뭘 어떻게 해. 그냥 지켜보는 수밖에." 그러자 윌슨이 발끈했다. "너 알고도 하는 소리야? 그가 어떤 자인지는 누구보다 네가 잘 알잖아. 언젠가 네가 분명 '위험한 사람'이라고 말했던 걸 잊은 거야?"

벤자민이 가만히 입을 닫은 채 잠시 무언가 생각하는 얼굴을 했다. 테이블을 향한 눈길을 들면서 말했다.

"그래서. 막을 수 있어? 그가 대통령이 되는 것을?" 진지한 어조였다.

윌슨도 뾰족한 수가 없는지 미간을 좁히며 아랫입술을 깨물었다.

"지금 언론의 모든 조사와 각종 통계에서 그는 이미 압도적이야."벤자민이 무표정한 얼굴로 말했다. "그 정도면 뒷산의 너구리도 다음 대통령이 누가 될지 알고 있지 않을까. 아마 본인 스스로도 이미 벌써 대통령이 된 기분을 만끽하고 있을 거야."

"가증스러운 놈..."테이블 위 부르르 떨리는 손으로 주먹을 그러쥐며 윌슨이 신음했다. 그리고 스마트폰을 켜서 잠깐 조작하더니 그 화면을 벤자민에게 보여주었다. 화면에는 각종 파업을 주도하고 사회 기반 시설 파괴를 계획하는 등, 내란을 꾀한 죄로 현 정권에서 무거운 징역형을 받은 스톤에이지라는 인물에 관한 기사가 나와 있었다. 스톤에이지는 한 언론사와의 인터뷰를 통해 범민주당의 대통령선거 후보인 뮤를 지지함과 동시에, 자신의 억울함을 주장하며 가석방을 기대한다는 의견을 밝히고 있었다.

"정의를 되찾는다..."벤자민이 인터뷰 내용 일부를 조용한 목소리로 읽었다. 스톤에이지는 기자에게 정의를 되찾는 날이 올 것이라고 말했다.

"이자식들 정말 미쳤어... 감히 누가 정의를 운운하는지. 저기 저 촛불을 든 사람들을 좀 봐. 시간이 지나면 분명 후회할 거야. 분명히."

윌슨은 열이 오른 듯 손부채질을 몇 번 하더니 못 참겠는지 모자를 휙 벗어버렸다. 그러자 둥근 민머리가 반짝 나타났다.

"와. 눈부셔."

"그 정도는 아니거든!"자신의 머리를 부여잡으며 윌슨이 소리쳤다.

카페에 들어서고 처음, 아니 아마 오늘 처음으로 작게나마 웃음 지은 벤자민의 눈길이 천천히 창밖을 향했다. 밖에선 아직도 시위가 한창이었다. 창 너머, 아무런 소리도 들리지 않았지만 사람들의 불만 가득한 얼굴이 멀리서도 훤히 보이는 것 같았다. 사람들이 들어 올리고 있는 촛불의 숫자가 또 늘어났다. 벤자민에게 잠깐이나마 머물렀던 미소가 서서히 등을 돌렸다.

벤자민이 윌슨과 헤어진 뒤 향한 곳은 내과 병원이었다. 최근 들어 속 쓰림이 심해졌다. 아침저녁 할 것 없이 목구멍 바로 아래까지 위액이 역류하는 것 같았고 삼키면 쓴맛이 났다. 아니나 다를까 주름진 얼굴의 내과 의사는 굉장히 사무적인 어조로 식도염이라고 진단 내리며 내복약을 처방해주었다. 약봉지를 손에 들고 교차로 앞에 섰다. 왕복 8차선 도로 위는 회색빛의 여러 차들이 바쁘게 움직이고 있었다. 눈앞에서 차들이 뱉어낸 매캐한 매연이 뭉게뭉게 피어오르더니 공기 속으로 녹아들며 사라졌다. 그걸 보자 문득 생각이 나서 바지 주머니에서 마스크를 꺼내 썼다. 조금 전에 약국에서 처방받은 약과 같이 산 것이다. 옆에 있던 몇 사람이 흘깃거리는 눈길을 보냈다. 마스크를 쓰는 것이 유난이라고 생각하는 걸까. 시선이 위로 향했다. 짙은 회색 하늘은 보는 것만으로도 우울해진다. 최근 맑은 하늘을 본 것이 손에 꼽을 정도다. 공기가 몹시 안 좋아졌다. 바로 미세먼지 탓이다.

뉴스를 비롯한 언론기관에서는 원인을 알 수 없다느니 지구온난화와 더불어 새로운 전 지구적 재앙이니 떠들어대고 있지만 사람들은, 국민들은 다 알고 있다. 바로 서쪽 나라다. 서쪽 나라의 동쪽 끝, 그러니까 우리나라와 인접

한 지대에는 대규모 공업지역과 화력발전소를 비롯한 각종 시설들이 커다란 띠를 이루고 있다. 그곳에서 배출되는 각종 환경오염 물질들이 공기로, 바다로 매일 24시간 쉴 틈 없이 우리나라로 흘러들어오고 있고 그것이 이 미세먼지의, 이 우울한 하늘의 원인인 것이다. 미세먼지는 연구소나 공장 등의 산업 피해뿐만 아니라 우리 국민의 몸에 원치 않게 쌓여서 암이나 폐렴을 비롯한 각종 심각한 병을 유발하고 사람의 수명에 치명적인 영향을 끼친다. 보이지 않는, 아주 천천히 진행되는 폭력과 살인이라 할 수 있다. 그것과 조금도 다르지 않다. 우리나라 국민이라면 정말 화가 날 수밖에 없는 일이다.

그런데 그 모든 원흉인 저 서쪽 나라의 태도는 뻔뻔하기 짝이 없다. 보상을 이야기하는 것이 아니다. 적어도 사람이라면, 사람이 살고 있는 나라라면 이 심각한 문제에 대해 방지책을 마련하는 태도는 취해야 할 것이다. 하지만 저 불량 국가는 전혀 그럴 생각이 없다. 고개를 빳빳이 세우고 오히려 타박하며 우리가 주장하는 인과관계를 허무맹랑한 이야기라며 모른 체하고 있다. 사람의 얼굴을 하고서 어떻게 그럴 수가 있을까.

매연을 연상시키는 두터운 잿빛 구름들이 높은 빌딩 숲 위에서 유유히 떠돌았다. 보기 싫어서 시선을 떨어뜨리자 바닥 배수구 위에 전단지 따위가 버려져 있었다. 빨간색 전단지에는 서쪽 나라의 글자가 많았는데 우리나라의 글자도 쓰여 있었다. 가만히 살펴보았다.

'사드 배치 결사반대, 대국에 반항하는 역적 랐다'

"...버러지 같은 놈들."

목을 가다듬으며 침을 모은 뒤 마스크를 제치고 퉤 뱉어
내자 빨간색 바탕에 별이 다섯 개가 그려진 촌스런 깃발
위로 탁한 액체가 정확히 떨어졌다. 신호가 바뀌고 차들이
멈춰 섰다. 고개를 똑바로 들고서 걷자 바로 맞은편에 커다
란 현수막이 걸려있는 것이 보였다. 가로수와 가로수 사이
에 걸린 현수막에는 이런 문구들이 커다랗게 적혀 있었다.

미세먼지 없는 공화국
존중, 소통, 화합
국민이 먼저다

문구 옆에는 '기호 2번 뮤'라는 글자와 함께 이목구비가
뚜렷한 초로의 남성의 얼굴 사진이 있었다. 현수막 속 맑
은 하늘을 배경으로 가볍게 웃어 보이고 있는 뮤는 겉으로
보기에는 멀쩡하고 제법 인자해 보이기까지 했다. 벤자민
은 미소 짓는 그 얼굴을 머릿속에 새기듯 바라보았다. 정
말 저자를 믿어도 되는 걸까. 하지만 막을 수도 없다. 지
켜보는 수밖에는... 스스로를 납득시키려고 해보아도 쉽지
가 않다. 그는 이미 이전 정부에서 요타와 함께 나라를 어
지럽힌 경력이 있고 여러 발언을 통해 공산정권을 옹호하
고 사회주의를 추종하는 태도를 보여 왔으며 지금도 그러
하다. 그런 위험한 사상을 가지고 있음에도 불구하고 그는
현재 압도적인 대권 주자이다. 무력감이 뱃속을 파고들었
다. 속 쓰림이 다시 찾아왔다. 얼핏 귓가에 그의 얼빠진
웃음소리가 들리는 것 같았다. 훠훠훠...

길가에서 잠시 배를 잡고 멈춰 섰는데 바로 옆 가게 내

부 TV에서 방송이 흘러나오고 있었다. 창 너머로 때마침 뮤의 모습이 나타났다. 진행자의 질문에 대답하는 뮤. 소리가 들리지 않아 어떤 대답을 하는지 알 수 없는데, 그 대답이 이상한 걸까? 진행자가 당황하는 기색을 보인다. 그리고 다시 한번 확인하듯 진행자가 재차 묻는데 그 대답 또한 다르지 않은 듯했다. 진행자의 표정이 어두운 데 갑자기 광고가 시작됐다.

마침 가게에서 나오는 사람이 있었다. 나이가 지긋한 노인이었다.

"저... 혹시 방금 뮤가 TV에서 뭐라고 했는지 보셨나요?"

심기가 불편한 듯한 노인은 한숨을 쉬며 말했다.

"우리의 주적이 누구냐는 말에 대답하지 못했어. 곧 대통령이 될 자신은 그런 질문에 대답할 수 없다면서 말이야."

노인은 설레설레 고개를 저으며 등을 돌렸다. 노인은 걸어가며 "아직 투표도 안 했는데 국민들을 무시하는 거야 뭐야? 벌써 지가 대통령이 된 줄 알고 있는 거야?"라고 짜증을 드러냈다. 그사이 짧은 광고가 끝이 났다. 다시 뮤가 화면에 나타났는데 갑자기 주변이 시끄러워졌다.

"역시 대통령감이셔. 저 잘생긴 얼굴 좀 봐."

"정말 미남이야. 그렇지?"

"저런 사람이 대통령이 돼야 국격이 살지. 다음 대통령은 무조건 우리 달님이야."

"1번 하고 비교하면 진짜. 어휴."

"아, 그 발정제?"

깔깔깔, 웃음이 터져 나왔다. 중년의 주부 무리였다. 그런데 파안대소하는 사람들 사이에 얼굴이 어색하게 굳은 여자가 한 명 있었다. 억지로 웃으려 했으나 실패한 듯 어정쩡한 표정이었다. 사람들의 웃음이 가라앉자 표정이 굳었던 여자가 슬며시 입을 열었다.

"그런데 다들, 대선 공약은 봤어?"

그러자 몇 초간의 짧은 정적이 내려앉았다. 다들 멍한 표정을 짓는가 싶더니 이제 다른 사람들이 어정쩡한 태도를 보였다.

"응. 알지 알지."

"당연한 걸 묻네."

"모를 리가 있어? 없지 다들?"

말은 그렇게 하면서도 어딘지 자신 없어 보이고 말에 힘이 없었다. 사람들은 뭐 그런 걸 묻냐며 혹시 다른 사람을 찍는 거 아니냐며 가볍게 웃어넘기는 듯했지만, 여자는 어색하게 굳은 얼굴을 펴지 못했다.

여자를 바라보며 벤자민은 생각했다.

'그녀는 나와 다르지 않다.'

그녀는 분명 저들에게 말하고 싶어 하고 있다. 정말 공약을 제대로 알고 있는 것이 맞냐고, 그저 겉으로 보이는 이미지와 잘 꾸며낸 이야기에 현혹된 것이 아니냐고, 공약을 제대로 알고 있고 그가 어떤 사람인지 정말 잘 알고 있다면 그렇게 쉽게 말할 수 없는 것이 아니냐고.

하지만 드러내놓고 말할 수는 없다. '그들'이 결코 용납하지 않으니까. 그들은 자신을 절대 선이라고 생각하고 또 믿는다. 예외는 있을 수 없다. 그렇기에 자신들에게 반하는, 자신이 추종하는 것을 부정하는 것을 결코 용납하지 않으며 때때로 그 신념 비슷한 것을 위해 목숨을 던지기도 한다. 정치적 의견 차이를 이해하지 못하며 그에 대한 불만을 숨기지 않는다. 그러한 자가 있다면 개인 관계로, 사회관계로까지 끌어들여 철저히 배제를 시도하며 정신적인, 사회적인 제재를 가한다. 심한 경우 물리적인 공격도 서슴지 않는다.

그들은 최면이라도 걸린 것처럼 광기에 사로잡혀 있다. 논리와 이성을 뒤로하고 감성과 감정을 앞에 내세우며 충동적이며 무엇보다도 위선적이다.

이러한 성향은 어떤 한 가지 이유만으로 설명할 수 없지만, 무엇보다도 그들이 다수라는 것에서 기인한다.

하지만 여기서 중요한 점은 그들이 다수라는 '사실'은 중요하지 않다는 것이다. 그들이 다수일 수도 있다. 아니, 실제로 사회적, 정치적 커다란 사건이 발생함에 따라 그들이 다수일 때도 있었을지, 있을지 모른다. 하지만 그러한 사실은 역시 중요하지 않다. 앞서 말한 그들의 성향, 그들의 태도에 '절대적' 수치 같은 건 사실 조금도 중요하지 않기 때문이다.

중요한 것은 믿음이다. 그들은 언제나 절대 선이며 언제나 절대다수를 자부한다. 고로 사회 곳곳에 득세하는 그들에게 반하는 것은 일반에 반하는 것으로 여겨지며 비상식적, 비도덕적, 비윤리적 집체라는 누명을 뒤집어쓸 각오를 해야만 한다.

벤자민과 그녀는 이렇게 생각하고 있다.

'아직 국정농단이라고 판단할 만한 근거가 부족하다, 재판 결과를 끝까지 기다려 봐야 한다.'

이것은 국정농단이라는 커다란 사건에 관한 검찰 조사와 법원의 판단이 아직 제대로 이뤄지지 않았음과 무죄추정의 원칙에 근거하는 어찌 보면 아주 당연한 사고이다. 하지만 국회에서는 오직 군중심리만을 근거로 탄핵소추안을 가결시켰다. 헌법재판소 또한 적법한 절차를 무시한 채 섣부른 판결을 내렸다.

국민들이 분노하기 때문에, 국민들이 원하니까, 국민들을 위해서...

누군가가 어떤 나쁜 의도로 더러운 수단을 이용해 민의를 부풀리고 있다. 모두가 속고 있는 것일지 모른다. 추잡한 바람을 집어넣으며 민의는 점점 팽창하고만 있다. 마치 언제 터질지 모르는 커다란 고무풍선처럼.

몇몇 국민들은 지금도 꿋꿋이 소리치고 있다. 사람들을 설득하고 있다. 아직 기다려야 한다고. 하지만 스멀스멀 뒤통수에서 검은 손이 뻗쳐와 그 입을 막는다.

검은 손은 자신들이, 나아가 국민들이 대법원의 대 판사이며 정의의 큰 사자, 법의 절대적 수호신이라고 생각하며 추측과 추정에 불과한 일련의 가십들을 람다의 원죄로 판단 내리며 아직 있지도 않은 죄에 형량의 무게를 더하고 있다.

과거에도 이러지 않았던가. 벤자민은 어렵지 않게 그 일들을 떠올릴 수 있었다. 반미 운동 때가 지금과 비슷하고 광우병 사태는 지금과 아주 흡사하다. 그 결과가 어땠으며 지금은 어떻게 기억되고 있는가. 그리고 그것을 주도했던 자들은... 벤자민은 저도 모르게 어금니를 악물었다.

벤자민이 그들과, 그리고 그녀를 지나쳐 가는데 그렇다고 발정제를 뽑을 수도 없지 않느냐며 누군가 말하는 소리가 들렸다. 또다시 박장대소가 터져 나왔다. 뒤를 돌아볼까 생각했지만 그 모습이 눈에 선해서 벤자민은 그저 터벅터벅 발자국을 새겼다.

벤자민이 살고 있는 곳은 나라에서 운영하는 임대주택이
다. 참전용사를 비롯해 공익을 위해 헌신하고 희생한 이들
을 위해 수십 년 전부터 국가에서 운영하는 곳으로 임대료
가 저렴하다. 하지만 건축한 지 오래된 만큼 건물 자체가
투박하고 세련미가 없으며 건물 내외부 곳곳은 회칠이 벗
겨졌으며 또 그 위로 아무렇게나 덧댄 흔적이 티가 난다.
시설보수도 주기적으로 해야 하는 만큼, 산업화와 함께 역
사를 시작한 낡고 초라한 옛날 아파트 중 하나라고 할 수
있다.

문을 열고 들어서자 깜깜한 어둠 아래에서 희끄무레한
바닥이 자그맣게 빛을 발하고 있었다. 손을 뒤로해서 닫자
낡은 문이 요란한 소리를 내며 닫혔다.

약봉지를 거실 좌식탁자 위를 향해 슬쩍 던지자 힘이
셌던 걸까, 스르르 미끌리며 그만 넘어가 버렸다. 재킷을
벗은 후 군데군데 헤지고 때가 타 얼룩덜룩한 갈색 소파
가운데에 털썩 주저앉았다. 급속히 방전되듯 온몸의 맥이
탁 풀렸다. 몸이 저절로 옆으로 누이기 시작했다. 일자로
뻗으며 팔을 베고 누운 채 피로한 눈을 감는데 금방 떠오
르는 것이 있었다. 아마 여기 있겠지, 옆구리에 느껴지는
미세한 감각에 기대 꼼지락꼼지락 TV 리모컨을 찾아냈다.

속눈썹을 움찔거리며 누르는 버튼은 전원 버튼이다. TV 로는 뉴스 채널만 보다시피 해서 전원을 켜자 화면에는 뉴스 스튜디오가 나타났다. 여자 아나운서의 귀에 익은 목소리가 고막을 자극했다. 닫혀있던 눈꺼풀이 서서히 열리기 시작하자 낯익은 아나운서가 나타났고 아나운서는 어젯밤에 있었던 크고 작은 사건 사고를 또렷한 목소리로 전달했다.

'정치 뉴스는 지나갔나...'

집에서까지 그 꼴을 보고 싶지 않았다. 하지만 그런 생각을 하기 무섭게 시사 경제 프로그램이 시작되더니 경제 전문가로 보이는 패널이 나타나 현재 취업률과 실업률 등 국가 경제의 전반적인 문제점들을 국정농단 사태와 연관지어 비판하는 목소리를 내뱉기 시작했다. 정장 가슴께에 노란 리본을 달고 있는 중년 패널은 격정적인 어조로 현재 우리나라가 당면한 문제점들을 지적했고 진행자는 흥분한 패널을 진정시키느라 진땀을 뺐다. 무념무상을 마음속으로 한참 동안 중얼거리자 중간 광고가 시작되었다. 이윽고 바뀐 화면에서는 곧 새로 개봉하는 영화 예고편이 흘러나왔다. 그때 띵동, 현관 벨이 울렸다. 누구지, 하며 뻣뻣해진 몸을 힘겹게 일으켰다. 눈은 아직 화면을 향해 있었다. 영화 제목이... '원자력 발전 너무 나빠요' 응? 머릿속에서 물음표가 떠올랐지만 몸은 이미 현관문으로 향했다. 밖의 상대는 재촉하듯 벨을 한 번 더 누른 참이었다.

띵동―.

손목시계를 보았다.

또 이 시간에... 따로 확인할 필요도 없을 것 같아 바로 문손잡이를 잡았다.

"소크라테스 부인?"

나이가 들면 자연히 주름이 늘게 마련인데 그걸 막는 방법이 있다면 미친 듯이 먹어서 살을 찌우는 것도 한 가지 방법일까. 벤자민의 시야를 꽉 채우며 선 중년 여성이 그렇게 알려주는 것만 같다.

신장도 보통 이상인 부인은 가로 너비까지 감안한다면 보통 체격인 벤자민보다 덩치가 두 배는 큰 것 같다. 적지 않은 나이에도 팽팽한 얼굴 살은 주름 하나 없이 탱탱한데, 다만 목과 그 주변만큼은 숨을 쉬기 위한 선택적 본능인지 처진 목살이 보기 흉했다. 그 목살 위로 드러내 보인 큼지막한 진주목걸이는 목 아래로 차려입은 오렌지색 원피스와 썩 잘 어울려 보였지만 기장이 긴 원피스는 그 끝이 바닥에 살짝 닿아 은근히 신경 쓰였다.

역시 이 정도 사이즈면 따로 제작해야겠지? 그런 생각을 하는데 부인이 두꺼운 어깨를 가늘게 들썩이더니 금방 눈시울을 붉혔다. 통통한 볼살 위로 방울방울 투명한 눈물을 주르륵 흘리며 훌쩍거리기 시작했다.

"그이가... 그이가 집에 돌아오지 않고 있어요."

벤자민은 애써 상냥한 표정을 만들며 말했다.

"어제도, 그제도 그랬지 않았나요? 아마 기다리면 올 거예요. 아직 그렇게 늦은 시간도 아니고..."

"그래도요..." 부인은 잔뜩 울상을 지었다. 입술을 삐죽 내미는데 그 아래 가슴께에 달린 노란 리본이 눈에 들어왔다.

"선생님도 하나 드릴까요?"

벤자민의 시선을 알아채고 부인이 말했다. 벤자민이 멋쩍은 얼굴로 가만히 고개를 젓자 부인은 입술을 좀 더 툭 내밀고는 뾰로통한 표정을 지었다.

"오늘같이 촛불 시위에 가기로 약속했는데..." 한숨을 쉬며 그렇게 말하더니 무언가 생각난 듯 아, 작은 탄성을 흘렸다.

"선생님. 그거 보셨어요? 샬롯 말이에요. 제가 자주 보는 방송이 있는데요. 거기 긴급 특종이라면서 하는 말이 글쎄, 샬롯의 비밀 자산이 무려 300조라는 거 있죠. 정말 어마어마하지 않아요?"

300조라... 정말 엄청나다.

부인의 목소리가 다소 가벼워졌지만 열이 오른 듯한 얼굴엔 붉은빛이 돌았다.

"자기 뱃속만 가득 채운 것도 모자라서 아이들을 인신 공양까지 하다니... 진짜 어떻게 그럴 수가 있어요. 우리 국민들을 우습게 알아도 정도가 있지. 나라를 정말 엉망으로 만들어놨어요." 벤자민은 별다른 대꾸도 하지 않았지만 부인은 쌓인 것을 풀 듯 하소연했다.

"자식을 잃은 부모 마음은 대체 어떨까요. 정말 슬프겠죠? 전 상상도 못하겠어요." 부인은 그렇게 말하고 덧붙이듯 중얼거렸다. "그때 아이가 지금 그 또래일 텐데..."

소크라테스 부부 사이에는 현재 자식이 없지만 언젠가 유산을 경험한 적이 있다는 것을 들은 기억이 있다. 민감한 부분이라 생각해 벤자민은 자신의 볼을 긁적거리며 눈치를 살폈고 부인도 아차 싶었는지 조금 당황하는 기색이었다.

벤자민이 난처한 마음으로 멀뚱히 서 있기만 하는데 갑자기 무언가 복받치는 것이 있는지 부인은 상체를 들썩거리더니 그 자리에 풀썩 주저앉아버렸다. 두 손에 얼굴을 파묻고 (얼굴이 너무 커서 반 정도밖에 들어가지 않지만) 돼지 멱따는 소리 비슷하게 꺽꺽대며 울부짖기 시작했다. 그 모습이 과장되어 보여서 왠지 연극의 한 장면을 보는 것 같았다. 혹시나 숨이라도 넘어갈까 봐 걱정되었다. 그 울음소리가 점점 증폭하기 시작했다. 조울증인 걸까... 큰일이다. 부인이 제대로 울기 시작하면 재앙이다. 성량이 어찌나 큰지 주변에서는 큰일이 난 줄 알고 신고 전화를 걸지 모른다. 질량이 클수록 소리도 커지는 건가? 그런 생각을 스치듯 하며 벤자민이 한쪽 무릎을 꿇고 앉아 마지못해 말을 건넸다.

"아무튼 전화를 안 받는다는 거죠? 알겠어요. 제가 전화해볼게요."

그러자 흑, 흑 흐느껴 울던 울음소리가 거짓말처럼 뚝 그쳤다.

파묻던 얼굴(어디까지나 반만)을 들자 어느새 눈물 콧물이 범벅되어서 화장기 진한 얼굴이 물을 부어버린 유채화처럼 되었다. 벌겋게 달아오른 얼굴로 인조 속눈썹을 달랑거리며 부인이 말했다.

"정말이죠? 그럼 선생님만 믿을게요."

부인이 그렇게 말하며 몸을 일으켜 세우는데 한번 기우뚱하더니 하마터면 벤자민이 밑에 깔릴 **뻔**했다. 부인은 노련한 몸짓으로 무게중심을 바로 잡아 서고는 어디선가 꺼낸 손수건으로 코를 팽, 풀더니 벤자민에게 꾸벅 기우뚱 인사를 해 보였다. 벤자민이 가슴을 쓸어내리고 나니 이미 건너편 문으로 쏙 들어간 뒤였다.

벤자민이 그 문에 원망스런 눈길을 보냈지만 닫힌 문은 대답이 없었고 벤자민은 한숨과 함께 돌아섰다. 거실로 향하자 아까 대충 벗어 던진 재킷과 양말 두 짝이 바닥에 아무렇게나 널브러져 있었다. 재킷을 집어 들고 주머니 속의 휴대폰을 꺼내 연락처를 찾아 전화를 걸었다. 몇 번의 신호음이 들린 끝에 상대방이 전화를 받았다. 벤자민은 그 사이 재킷을 침실 옷장에 걸고 양말을 집어 들어 세탁 바구니에 넣으려는 참이었다.

"이봐, 왜 전화를 안 받아? 내가 전화는 좀 받으라고 어제 분명히 말했잖아."

바로 대답이 돌아오지 않고 대신에 난잡한 기계음들이 어수선하게 들려왔다. 얼핏 레버 따위를 돌리는 것도 같았다.

"...으응. 미안하네. 하지만 전활 받고 가지 않으면 우리 자기가 더 걱정한단 말이야."

후우, 허공에다 짜증을 담아 거세게 입바람을 불은 뒤 휴대폰을 고쳐 잡았다.

"자네 또 거기야?"

"자네가 생각하는 거기는 아니야."

벤자민이 어이없다는 듯 잠자코 있자 소크라테스가 덧붙였다.

"아니, 내 말은... 그런 곳은 맞지만 엄밀히 따지자면 전에 거기는 아니란 말이지..."

"난 자네가 뭘 하든 상관 안 해. '저명한 사회철학자 소크라테스, 알고 보니 바닷가 이야기 중독', 요컨대 이런 기사가 나오든 말든 아무 상관도 안 한단 말이야."

"아아! 알았네. 안 그래도 지금 막 가려고 했어. 전화는 내가 바로 하지. 참, 정말 바로 하려고 했는데... 우리 자기가..."

벤자민은 신경질적으로 전화를 끊어버렸다. 자기 같은 소리하네. 저놈의 집구석은....

주방으로 가서 냉수를 들이켰다.

진이 빠진 벤자민은 절로 나오는 한숨과 함께 소파에 다시 몸을 던졌다.

"...람다가 국정을 농단하고 있는 동안 우리 삶이 얼마나 힘들었습니까? 헬조선, 헬반도, 3포 세대... 이런 말들이 왜 생겼겠어요. 21세기인 지금, 우리나라, 이 공화국에서 생활고 때문에 우리 국민이 자살하는 사건이 일어난다는 것이 말이나 됩니까? 그 불쌍한 모녀를 사지로 내몬 것이 바로 람다와 그 일당들입니다! 그들이 죽인 거예요! 우리 국민이 살기 힘들어서 자기 목숨을 스스로 끊는 참극이 일어난 그 순간, 대체 람다는 뭐 하고 있었습니까? 성형수술을 받고, 굿판 벌이고, 수백조씩 비자금 조성하고... 기가 차서 말도 안 나와요. 초 단위로 그 행적을 밝혀야만 합니다. 사실 말이죠. 이거 전부 따지고 보면 뽑은 것부터가 문제라고 볼 수 있어요. 제대로 된 이성을 가진 사람들이 조금만 더 있었더라면 애초에 닭 같은 인물이 대통령에 뽑힐 일도 없었겠죠. 이게 다 나이 많은 사람들이나 특정 지역에서 생각도 안 하고 1번 찍은 결과란 겁니다. 70퍼센트라니... 70퍼센트면 저 옆 나라 흑인 대통령의 흑인 득표율보다 높다 이 말이에요. 쯧쯧... 정말 뇌가 어떻게 된 건지... 감마의 딸이라는 이유로 나라를 잘 이끌 거라고 믿는다고 하질 않나. 정말 21세기 공주가 따로 없습니다. 공주! 그 결과가 좋으면 말도 안 해요. 독재자 딸 아니랄까 봐 똑같은 짓이나 하고, 정말 그 핏줄은 어디 안 가나 봅니다."

제멋대로 자란 장발과 턱수염이 덥수룩한 자칭 기자는 비슷한 논조로 발언을 이어갔다. 벤자민은 TV에서 시선을 거두고 소파에서 몸을 일으켰다. 거실 너머 베란다 창가로 다가섰다. 창문 너머, 거무튀튀한 하늘이 벤자민을 기다리고 있었다. 밤이 이슥한 시각, 조각 조각난 채 하늘을 떠도는 잿빛 구름들이 거센 바람에 떠밀리듯 각기 흩어지고 있었다.

빼곡한 나무숲과 풍성한 덤불, 그리고 나무줄기, 굴곡지고 굽이진 긴 강과 크고 깊은 호수, 무성히 자란 푸른 들판과 높이 솟은 우람한 산, 응달진 비밀 토굴과 미로처럼 얽히고설킨 좁다란 오솔길들… 그 옛날의 숲은 그야말로 과거가 되었다. 지금 눈앞에 있는 이 나라가, 이 땅이 정말 그곳이 맞단 말인가… 벤자민은 하루에도 몇 번씩이나 눈을 비비며 그런 생각을 한다.

"람다는 반역자, 역모자예요! 당장 끌어내려 저 광장 한 가운데에…"

시끄러운 TV를 끄고 다시 돌아서서 그 밖을 향했다. 저 너머 광장에 모인 사람들은 낮과 비교해 그 규모가 엄청났다. 그야말로 인파다. 지금도 발 디딜 틈이 없는데 어디선가 사람들이 물결치듯 끊임없이 몰려들었다. 광장 전체가 람다를 비난하는 시위로 들썩였고 분노한 사람들의 손에는 하나같이 초가 들려있었다. 낮과 달리 전부 불이 붙어 있었다.

유리창으로 가로막혀있지만 어째선지 분노한 저들의 목소리가 생생히 들리는 것만 같았다.

하야하라, 처벌하라, 국정농단의 주범.

정의를 되찾자.

'정의를 되찾는다...'

벤자민은 입안에서 그 말을 중얼거렸다.

"정의를 되찾는다..." 곳곳에서 쏟아지는 연설과 찬조들, 그 소리가 광장과 주변에서 일렁이는 듯하더니 벤자민을 향해 날아들었다. 국민들의 목소리.

"정의를 되찾자!"
"정의를 되찾자!!"
"정의를 되찾자!!!"
    ...

불현듯 찌릿한 두통과 함께 귓속에서 이명이 들리기 시작했다. 한 손으로 머리를 지탱하고 다른 손바닥으로 유리창을 짚으며 사람들을 바라보았다.

잃어버린 정의를 되찾자는 목소리와 함께 작은 촛불들이 빼곡히 모여 마치 하나의 거대한 촛불처럼 보였다. 저것이 국민들의 염원인 것인가. 정말 그들이 올바른 선택을 하고 있는 것일까. 벤자민은 저들의 생각이 맞고 자신이 틀렸으면 하고 바랐다. 그것이 이 국가를, 이 나라를, 우리나라를 위한 길이니까. 하지만 어째서일까. 뱃속에 다시금 복통이 찾아왔다. 부들거리는 손끝에 유리창의 차가운 표면이 닿았다. 뿌옇게 어둠을 버텨내는 촛불은 불안하기 그지없어 보였다. 벤자민은 분명히 느꼈다. 분연히 일렁거리는 촛불들을 향해 보이지 않는 스산한 그림자가 스멀스멀 어둠의 밑바닥을 기어오고 있다는 것을.

9

"...그렇게 쉽 개인의 야욕과 서쪽 나라의 절대적인 지지를 통해 발발한 동물전쟁은..."

"선생님."

벤자민의 직장, D고등학교 역사 수업시간이었다. 수업이 한창 진행 중인데 한 학생이 손을 들었다. 등을 보인 채 칠판에 수업 내용을 분주히 쓰던 벤자민은 분필을 움직이던 손을 멈추고 고개만 돌려 자신의 어깨너머로 뒤를 돌아보았다. 화장실이라도 가려는 것인가 싶었는데 자신을 부른 것으로 보이는 여학생은 화장실이 급해 보이진 않았다.

손을 번쩍 든 채 똘망똘망한 눈을 크게 뜬 학생은 눈을 한번 깜빡이고는 "질문해도 되나요?"하고 말하며 슬며시 팔을 내렸다. 가운데 자리에 위치한 학생의 바로 옆자리 짝은 아까부터 엎드려 침을 질질 흘리며 자고 있는 중이었다.

벤자민이 이제 몸을 돌리고 두 손으로 교탁 양 끝을 짚었다. 하얀 분필은 손가락 사이에 끼우고 있었다.

"그렇게 하렴."

"그 전쟁이란 거 말이에요. 동물전쟁. 정말 북쪽이 일으킨 것이 맞나요?"

이게 무슨 소리인가. 벤자민은 정말로 당황, 아니 황당해서 몇 초간 사고 기능이 정지된 듯했다. 졸음에서 깨듯 정신을 차린 벤자민은 눈을 몇 번인가 깜빡이고 관자놀이를 손가락 끝으로 지그시 눌렀다. 스스로를 진정시키기 위해서였다. 고개를 살짝 숙이고 티 나지 않게 작은 한숨을 쉬었다. 고개를 천천히 들고 몸을 교탁에 바짝 붙이며 또박또박 말했다.

"그럼, 그렇고말고. 그 전쟁은 북쪽이 우릴 쳐들어와서 시작되었지. 사전에 어떠한 예고도 없이 말이다."

여학생은 벤자민의 눈길을 피하지 않고 다시 입을 열었다.

"하지만 역사라는 건 승자가 기록한다고 흔히들 말하잖아요. 북쪽이 쳐들어왔다는 기록은 우리가 기록한 역사이니만큼 다시 한번 그 사실을 따져볼 수도 있는 것 아니에요?" 당돌한 어조였다.

"어째서 그런 생각을 하는지 물어도 될까?" 벤자민이 물었다.

여학생은 수그러지는 기색 없이 고개를 빳빳이 세우고는 말했다. "어제 TV에서 봤어요. 유력한 대통령 후보가 북은 우리의 주적이 아니라는 뉘앙스로 말을 하던데... 그리고 또 제가 어떤 기사를 봤는데 동물전쟁은 미제 앞잡이들이 일으킨, 민족을 구원하기 위한 전쟁이었으며 남침도 사실이 아니라고..."

"북은..." 벤자민이 여학생의 말을 잘랐다.

"북은 나라가 아니야. 우리 헌법이 그렇게 명시하고 있지. 저들은 우리의 영토를 불법적으로 점거하고 있는 테러집단에 지나지 않아. 반국가단체이며 저들이 하는 말은 죄다 거짓말이고 저들이 하는 행동은 우리나라에 해가 되는 것밖에 없어." 벤자민이 입 안에 고인 침을 한차례 삼키고 말을 이었다. "그리고 무엇보다도, 우리는 그 전쟁에서 아직 승리하지 않았어. 아주 오랜 기간 동안 쉬고 있을 뿐이지. 그리고 그 기록에 대해서만큼은, 그 역사는 절대적 사실이고 누군가에 의해, 누군가가 정치적 목적을 가지고 수정한 것도 아니야. 역사는 분명 잘못 쓰여지고, 잘못된 부분을 고칠 수는 있어. 내 말은, 네가 말한 것처럼 무언가 불순한 의도가 섞일 수도 있다는 말이지. 그 말 자체를 부정할 순 없다고 나도 생각해. 이 역사책만 해도... 하지만 그 전쟁에 대해서만은 믿어도 좋아. 그들은 방심하고 있는 우리나라에 불법적으로 쳐들어와 약하고 병든 자들과 노인들, 그리고 아이들을 집중적으로 죽이는 등 악행을 자행한 것도 모자라 침략을 위해 이웃 나라를 끌어들여 같은 민족을 죽이는 앞잡이로 내세웠어. 지금은 당연한 듯 평화로운 우리의 일상은 누군가 거저 준 것이 아니야. 지금 네가 아무렇지 않게 북침을 이야기하고 북이 우리의 주적인가에 대해 이야기하는 그 순간에도 주적으로부터 나라를 지키기 위해 헌신하는 군인들과 전쟁이 남긴 상처에 아직까지도 고통받는 나날을 보내는 사람이 많이 있단다."

최대한 담담한 어조로 말했지만 벤자민은 동요하는 감정을 주체하기 위해 애를 써야만 했다. 자기도 모르게 귀가 빨개졌다. 교탁을 짚은 손에 힘이 들어가 피가 돌지 않았는지 손끝이 새하얘졌다. 질문했던 학생은 벤자민의 대답이 마음에 들지 않는 모양이었다. 입을 툭 내밀고 고개를 돌려버렸다. 교실이 어수선해졌다. 조용하지 못한 분위기 속에 몇몇 학생들이 단잠에서 깼고 흩어졌던 학생들의 이목이 벤자민에게 집중되었다.

하지만 다행히도 수업을 다시 진행할 필요는 없었다. 수업 종료를 알리는 종이 울렸다. 벤자민은 차분히 교과서를 옆구리에 끼고 교실을 빠져나왔다.

평정심을 잃지 않으려고 마음을 가라앉히려는데 발걸음마다 자꾸만 무언가가 부딪혀 마음을 어지럽혔다. 그 무언가를 잊으려는 듯 슬며시 눈을 감고 길게 이어진 복도를 천천히 걸었다. 학생들이 시끄럽게 오가는 복도 한가운데에서 우뚝 멈춰 섰다. 나는 지금 어디에 있는 것인가. 불현듯 그런 생각이 들었다. 어딘가 열린 창문 사이로 산들바람이 불어왔다. 봄날의 가벼운 바람, 그 속에는 이제는 멀어진 숲의 아스라한 냄새가 스며있었다. 바람은 잊었던 그 날 밤의 기억을 불러오는 듯했다. 이윽고 선명한 어떤 목소리가 귓가에서 속삭였다.

"나를 기억해주겠어? 내 이름은..."

"선생님. 선생님? 벤자민 선생님?"

벤자민을 깨운 것은 루나였다. 길을 막은 것일까. 벤자민은 목덜미를 만지며 고개를 숙여 보였다. 루나는 괜찮다고 말하며 싱긋 웃어 보이고는 교무실로 향했다.

"선생님. 무슨 고민이라도 있으세요?"

교무실 자신의 자리에 앉아있는데 루나가 의자를 끌어와 앉으며 물었다. 루나는 이제 막 교직에 들어선 신입 여선생이다. 벤자민의 바로 옆자리를 쓰고 있다.

"아니에요. 별거 아닙니다. 그냥 수업시간에 좀 별난 일이 있었어요."

"뭔데요?"

루나가 궁금하다는 얼굴을 했다. 화장이 조금 두껍지만 하얀 피부에 큼지막한 눈, 오밀조밀한 이목구비, 젊은 나이답게 세련된 옷차림을 한 루나는 눈을 반짝였지만 벤자민은 애써 그 눈길을 피했다.

"아... 정말 별일이 아니라서요." 그렇게 말하는 벤자민의 시선이 루나의 책상 쪽을 향했다.

루나의 자리에는 뮤의 사진이며 뮤를 캐릭터화한 달력, 텀블러, 스티커, 볼펜 등 이른바 굿즈가 한가득이었다. 루나는 뮤의 열렬한 지지자인 것이다. 외모가 수려한 뮤는 특히나 여성들에게 인기가 유독 많다. 그 인기는 유명 아이돌에 뒤지 않을 정도다.

언젠가 동료 교사가 어떤 공약 때문에 뮤를 그렇게 좋아하냐고, 지지하냐고 루나에게 물은 적이 있다. 루나는 그 질문에 잠시 멍한 표정을 짓더니 곧 새침하게 말했다. "전 진보적인 사람이에요. Progressive. 보수는 썩은 물이고... 진보가 더 정의롭잖아요."

벤자민이 어물대며 얼버무리자 루나는 칫, 특유의 애교 섞인 소리를 내더니 자신의 자리로 돌아갔다.

"역시 집을 사는 건 잠시 보류일까요?"

여선생인 조이스가 자신의 옆자리에 있는 남선생 맥도날드에게 물었다. 조이스는 곧 결혼을 앞두고 있다며 신혼집 마련에 대해 고민을 하소연했다.

"그렇지. 지금 집값은 고점이야. 집을 사는 것도 단순히 생각할 일이 아니야. 전략적으로 접근해야지, 전략적으로. 풍수지리다, 역세권이다, 이런 것은 어디까지나 부차적인 것이고 가장 중요한 것은 정부의 정책이야. 정부에서 각종 정책으로 집값을 좌지우지해 버리니까 말이지."

맥도날드는 전문가 마냥 젠체하며 말했다. 가슴을 한껏 펴며 설교를 이어갔다.

"지금 보수정권이 몇 년 동안 이어진 사이 집값은 하락은커녕 횡보나 상승을 반복해왔잖아. 강남에 아파트 한 채가 무려 10억이라고 10억. 직사각형 콘크리트 하나에 10억이라니. 10억이 무슨 옆집 개 이름도 아니고, 말이 된다고 생각해? 하지만 말이야. 이번에 대통령이 될 뮤는 분명히 몇 번이나 강조했어. 서민들을 위해서 집값만큼은 반드시 잡겠다고. 어느 누구와는 다르게 서민들을 위해서 말이야. 분명 각종 규제를 펼쳐서 투기꾼들을 몰아낼 테니까 지금은 투자 적신호가 뜬 셈이라고 할 수 있지. 지금은 일단 전세나 월세를 구해서 관망한 후에 돈을 좀 더 모으고, 그 사이 가격이 하락한 집을 구하는 게 바로 전략적 접근이라고 할 수 있다 이 말씀이지. 나도 이번에 우리 집을 팔아서 더 싼 곳으로 전세를 구할 생각이니까 말이야."

"역시... 우리 뮤님 밖에 없네요." 조이스는 맥도날드보다도 아직 아무것도 하지 않은 뮤에게 감탄한 듯했다.

"하하. 그렇다니까. 정말 다르지. 3백조씩이나 해 먹으며 호화스럽게 청와대에서 빌어먹고 사는 누구와는 달리 동물광장에 집무실을 꾸린다고 공언했잖아."

조이스가 짝짝짝, 박수를 치며 감동해 마지않았다. "역시 여느 정치인들과는 달라요. 대통령이 되더라도 딱딱하고 틀에 박힌 권위를 벗어던지고 국민과 가장 가까운 곳에서 국민과 함께하겠다는 뜻이겠죠? 정말 '국민이 먼저다'라는 말이 딱이에요."

"국민에 의한, 국민을 위한, 국민의 대통령. 그게 바로 뮤야."

점심시간이 되어 식사를 마치고 돌아온 교무실에서 오후 수업 자료를 정리하는데 누군가 어깨를 톡톡 두드렸다. 누구지, 슬쩍 돌아보니 후줄근한 감색 정장에 빨간색 넥타이를 바로 맨 버피가 쭈뼛대며 서 있었다.

"네, 교감 선생님. 무슨 일로...?"

버피는 돈에 대한 관심이 많고 또 그만큼 욕심이 많아서 벤자민에게 말을 거는 경우 무조건이라고 해도 좋을 만큼 돈과 관련된 이야기밖에 꺼내지 않는다.

"자네 혹시 아직까지 나 때문에 마음 상해 있는 건 아니겠지...?"

버피가 쓴웃음을 만들며 말했다. 교감이 일전에 추천한 주식 이야기다.

이야기의 시작은 수년 전으로 거슬러 올라간다. 교감이 아직 교감이기 이전의 이야기다. 버피가 문득 이런 이야기를 했다.

"벤자민 선생, 역시 앞으로 게임은 별로겠지?"

"네? 게임요?"

"컴퓨터 게임 말이야. 아니, 사실 다른 게 아니라 내가 주식을 좀 하는데 게임회사 주식을 샀거든. PC 게임회사. 그런데 도통 이놈이 오르질 않아. 아니, 사실 손해야. 내

주변 친구 놈들은 죄다 팔라고 한단 말이지. 요새 누가 컴퓨터로 게임을 하냐면서, 대세는 휴대폰 게임이라고. 그런데 손바닥 뒤집듯이 쉽게 팔 수가 있나. 내가 이것 때문에 손해 본 게 얼만데. 아주 눈 돌아갈 일이지."

"그럼 팔지 마세요."

"뭐?"

"안 팔면 되는 거 아니에요? 그냥 다시 오를 때까지 갖고 있으면 되는 것 아닙니까?"

"하하하. 이봐, 주식이 그렇게 쉬운 게 아니야. 그냥 둔다고 다 제자리 찾아가면 누가 돈을 잃겠나. 세상 사람 다 주식으로 부자 되게?"

"그 회사 이름이 뭐죠?"

"응? 엠씨소프트..."

"그렇담 정말 팔지 마세요. 지금은 과도기일 뿐이죠. 스마트폰 보급으로 PC 게임이 사양길로 접어드는 것 같아 보여도 그 회사 게임은 그야말로 철밥통이에요. 아니, 그것보다도 곧 있으면 그 회사 대표 게임이 휴대폰 게임으로도 출시 될 거예요. 그러면 돈은 갈퀴로 쓸어 모을걸요?"

"아니, 그게 정말인가? 그런 고급 정보는 어디서 얻었나?"

"아니, 아니. 어디서 얻은 게 아니라 그냥 제 생각이에요. 제가 뉴스만 보고 살아서 그럴 것 같다 생각하는 것뿐이니 흘려 들으셔도 좋습니다."

"호오..."

그때 그 일이 화근이 되었다. 벤자민은 주식의 지읒자도 모른다. 단순히 사고파는 것, 회사가 돈을 많이 벌면 주식이 오른다는 것 정도 밖에. 그런데 그냥 생각을 말한 것이 정말 그대로 되었고, 대박이 터져버렸다. 그 일이 있은 뒤로 버피는 벤자민을 '학교 선생' 보다는 '주식 선생님'으로 보게 됐다. 하지만 벤자민이 아는 것이라고는 고작 TV 뉴스를 통해 주워듣는 정보가 고작이니 더 이상 나올 것이 없었다. 버피가 하도 따라다니며 주식 이야기를 하자 벤자민은 주식에 대해 모른다고 선언하듯이 말했다. 그저 운이었다고. 그러자 교감은 이제 자신이 주식을 추천하며 사라고 종용하기 시작했다. 처음엔 사지 않는다고만 말했지만 주식 귀신이라도 씌었는지 만날 때마다 이 주식을 사라고 아니, 사야만 한다고 벤자민을 붙잡고 적어도 100가지 이유를 갖다 댔다. 결국 사겠다고 마지못해 말하면 "역시 잘 생각했어!" 하고 엄지를 치켜들었고 한사코 안 사겠다고만 말하면 가자미눈을 뜨고 쯧쯧 혀를 차며 세상 가장 한심한 사람 쳐다보듯 하고서는 '왜 돈을 준다는데 안 받지?'라는 논리로 끝까지 놓아주질 않았다. 끝끝내 태어나지도 않은 손주 녀석 고등학교 급식비는 어떻게 낼 것이냐 까지 고문이 이어지고 마는 것이다. 그러니 적당히 듣다가 알겠다고, 꼭 사겠다고 둘러대는데 정작 실제로 벤자민이 주식을 샀는지 안 샀는지는 확인도 하지 않는다. 그리고 한 가지, 교감이 추천한 주식이 올랐는지 내렸는지는 따로 찾아볼 필요가 없다. 만약 주식이 오르면 교감은 며칠간은 싱글벙글한 얼굴을 하고 벤자민을 볼 때마다 "하하하. 이봐, 역시 내 말이 맞았자? 내가 뭐라 했어. 하하하. 역시 주식은 머리야 머리."라고 너털웃음을 지으며 저녁이나 한번 사라고 정답게 어깨를 토닥이는데 정말 저녁 약속을 잡으면 벤자민이 계산할 것도 없이 호탕한 목소리로 이까짓 것 내가 산다며, 호기를 떤다.

하지만 반대로 주식이 떨어질 경우, 몇 달 아니, 적어도 1년 내내 죽상이 돼서는 세상 다 산 얼굴을 하는데, 눈가엔 그늘이 지고 눈은 그 빛을 잃어버린다. 눈에 띄게 말수가 적어지고 불안한 듯 손과 발을 사시나무처럼 떠는데 이따금씩 연못 속의 잉어처럼 입을 끔뻑거려서 무슨 말을 하는 걸까 가까이 다가가 보면 "고려젠... 고려젠..." 하고 입 안에서 중얼거린다. 그리고 벤자민을 빚쟁이나 저승사자로 여기는지 그 윤곽만 보여도 등을 돌려 피해 다니고 어쩌다가 피할 수 없는 상황이 닥치면 무릎을 꿇다시피 하며 "내가 그럴 줄 알았나... 이 사기꾼 놈들. 내가 정말 미안하네. 정말로." 같은 말을 한다.

그러니까 벤자민은 어느 쪽이 되었든 크게 상관하지 않았다. 그저 참 재밌는 사람이구나, 하고 생각할 뿐이었다.

"하아... 고려젠은 정말..."

벤자민이 열이라도 나는 듯 한 손으로 이마를 짚으며 무거운 숨을 내쉬었다.

"미안해! 내가 이렇게 사과함세."

교감이 양팔을 옆구리에 딱 붙이고 차렷 자세로 고개를 숙였다. 그 얼굴은 비굴하다 못해 처량하기까지 했다. 이 정도면 용서해줘야할 것 같다.

"흐음... 뭐 괜찮습니다. 그때 제 전 재산을 넣겠다 말씀드렸지만 사실 전날 꿈에서 돌아가신 작은 외삼촌이 나와서 절 말리셨어요. 그래서 그렇게 큰 손해를 본 건 아닙니다."

"뭐? 정말인가? 그렇담 정말 다행이네."

교감은 일순 환한 얼굴이 되었지만 1초도 안 되어서 다시 그늘이 드리워졌다. 누가 누굴 격려한단 말인가.

"그래서... 이번엔 뭐죠? 제가 교감 선생님만 믿고 주식 거래하는 건 아시지 않습니까."

"와하하, 그렇지, 음. 이번엔 정말 백 퍼센트일세. 아니 백일프로. 적어도 손해 볼 일은 절대 없어. 주식이 아니거든. 저번 고려젠 건은 우습게 복구하고도 남을 거야." 교감은 들뜬 표정을 지었다. "이건 절대 1급 기밀이야. 연결고리가 확실하니까 입조심 꼭 해야 하고."

괜히 듣는 사람은 없는지 주변을 살피고는 귓가를 가까이 대보라고 손짓했다. 뭐길래?

"펀드일세, 라임옵티머스 펀드라고..."

탄핵기념 생맥주 500CC 공짜
탄핵기념 PC방 이용시간 무료
탄핵기념 노래방 이용 시간 2배, 아니 3배!

벤자민은 손에 잔뜩 쥐어진 전단지 뭉치를 한 장 한 장 훑어보다가 두 손으로 꼬깃꼬깃 뭉쳐 공처럼 만들었다. 그리고 그 공을 손안에서 꾹꾹 누르다가 곧 신경질적으로 바닥에 내던져버렸다. 바닥에 튕겨진 전단지 뭉치는 또르르 굴러가더니 신문 가판대 아래에서 멈췄다. 벤자민의 시선이 신문 가판대에 고정됐다.

'람다 탄핵!'

진열된 신문들 1면의 공통된 헤드라인이다. 정도의 차이는 있지만 모든 신문 언론들이 탄핵을 긍정하고, 축하했다. 언론들은 이 중대한 사건을 '촛불혁명'이라 명명했다.

촛불로 이루어낸 혁명, 민주주의의 등불 촛불, 아직 살아있는 민주주의, 진정한 민주주의.

신문 속에 사진이 있었다. 람다와 국민들, 그리고 촛불.

신문 속 람다는 비참한 얼굴로 고개 숙였지만 국민들은 아주 밝게 미소 짓고 있었다. 국민들의 손에 담긴 촛불은 활활 타올라 어둠을 밝히며 마치 사람처럼 환하게 웃음 짓는 듯 보였다.

벤자민이 있는 곳은 서울시 최대 번화가 중 한 곳인 M
동 이다. 중심거리는 발 디딜 틈도 없었는데 파도에 휩쓸
리듯 사람들의 행렬을 따라 걷자 자신도 모르는 새에 홍보
전단지들이 몇 장씩이나 손에 쥐어져 있었다. 주말도 아닌
평일이다. 거리는 그 어느 때보다 사람들로 붐볐고 잠시라
도 한눈팔면 꼼짝없이 길을 잃고 말 것 같았다. 거리는 곳
곳의 상점에서 흘러나오는 최신 유행가가 시끄럽게 메아리
쳤고 사람들의 행복한 웃음소리와 왁자지껄 떠드는 소리가
한데 뒤섞였다.

한 술집 앞에서 치킨 조각을 나누어주며 판촉 행사를
벌이고 있었다. 또 곁의 다른 곳에서는 얼굴에 피가 묻은
닭 탈인형을 쓰고 탄핵 기념행사 전단지를 나누어 주고 있
었다. 행인 몇몇이 닭 탈인형에게 다가가 장난스레 때리는
시늉을 하며 지나갔다.

"닭년 꼴좋다."

"속이 다 시원하다."

"이제 네가 갈 곳은 감방이야."

탈인형은 과장스레 쓰러지거나 잘못했다고 고개를 숙이
는 것도 모자라 아주 넙죽 엎드려 사죄하는 몸짓을 했다.
하하 호호, 웃음소리가 끊임없이 터져 나왔다.

그런 일련의 모습들이 하나의 축제 같았다. 오늘은 축제
구나... 벤자민은 허탈한 웃음과 함께 그렇게 생각했다.

이미 예상한 일이었고 어쩌면 아주 당연한 결과다. 아
니, 적어도 거스를 순 없다.

그런데, 그런데...

벤자민을 비참하게 만드는 것은 탄핵 사실 자체와 곧

마주하게 될 정권교체 따위가 아니었다.

저들의 태연자약한 웃음. 이제 곧 평등하고 정의로운 나라가 될 것이라고 웃고 떠들며 말하는 저들. 사람들을 바라보는 사이 기온이 떨어진 걸까. 밤기운이 쌀쌀하게 스며들었다. 몸을 가늘게 떨며 턱을 숙이고 걸음을 뗐다.

그러다 얼마지 않아 누군가 여기야, 라고 갑자기 부르는 소리에 우뚝 멈춰 섰다. 소리가 나는 쪽을 바라보니 얇은 테의 안경을 코 위에 걸친 게이츠가 한 건물 입구에 서서 손을 흔들어 보이고 있었다. 상업용 건물이 아니어서일까, 건물 안쪽에 사람이 별로 없어 보였다. 신장이 작은 게이츠가 지나가는 행인들 사이로 보였다 안 보였다 했다. "길을 헤매느라 조금 늦었어." 벤자민이 시간을 확인하며 말했다.

"하하. 그럴 것 같아서 내가 이렇게 나왔지. 어서 들어가자고."

게이츠가 안쪽으로 인도하는 손짓을 하며 앞서 걷기 시작했다. 그를 따라 도착한 곳은 건물의 꼭대기인 4층이었다. 자동문이 소리를 내며 열리자 짐작과는 달리 넓은 실내 안에서 웬 파티가 벌어지고 있었다. 음식이 차려진 긴 테이블이 몇 개나 도열해있고 그 사이사이에 사람들 수십여 명이 먹고 마시며 떠들어대고 있었다. 시끌벅적했다. 당황한 얼굴로 "이게 뭐야?"라고 벤자민이 물었지만 게이츠는 못들은 척하며 어디선가 호두파이 조각을 가져와 건넸다. 갑자기 호두파이를 손에든 벤자민의 눈길이 어떤 곳에 닿아 멈추었다. '저건...'

그곳에는 '탄핵을 기념하는 자영업자 축하연'이라고 커다란 현수막이 걸려있었다. 현수막 주변에 조잡한 장식 같은 것들이 난잡하게 붙어 있었다.

"축하 파티야. 탄핵 기념이지." 동그란 안경을 밀어 올리며 게이츠가 태연하게 말했다.

"자녀 입시 상담을 해달라며?" 벤자민이 눈썹을 꿈틀거리며 물었다. 게이츠의 딸이 대학 입시를 준비하는 수험생이라 그에 관한 상담을 부탁했더랬다. '그런데 왜 하필 이런 곳에서...?'

"날이 딱 맞았지 뭐야. 이런 좋은 날, 우리 상인들이 기쁜 마음으로 갹출해서 자리를 마련했어. 맛있는 것도, 기쁨도 함께 즐기고 나누는 거지. 좋지?" 싱글벙글 얼빠진 소리를 잘도 해댄다.

불퉁한 얼굴로 파이를 테이블 아무 곳에 내려놓는데 누군가 갑자기 주목, 주목, 하고 외치며 이목을 끌었다. 염소수염을 한 40대 혹은 50대 남자가 마이크를 잡고 현수막 바로 앞에 서서 마이크 테스트, 마이크 테스트, 하며 마이크를 톡톡 두드려댔다. 상태가 괜찮은지 웃음을 띠고는 입을 크게 벌렸다.

"이 얼마나 좋은 날입니까! 우리가 얼마나 바라왔던가요? 오늘이 바로 그날입니다. 아직 이 나라가 살만한 나라라는 것을, 아직 법이 제대로 작동하고, 국민이 주권을 가지고 있는 나라라는 것을, 정의가 아직 살아있음을, 나는 정말로 감사하게 생각합니다. 역사적인 오늘을 여기 모인 우리는 절대 잊지 않을 것이며 전국 수백만 자영업자 중한 사람으로서 평등과 공정을 이야기하는, 정의를 바로 세울 뮤가 멋진 세상을 만들 것을 믿어 의심치 않습니다. 자, 오늘 모두 코가 꿰어지도록 먹고 마시고 즐겨봅시다!"

박수와 함성이 터져 나왔다. 곳곳에서 잔을 부딪치는 소리와 건배 소리가 들끓었다. 누군가 람다를 욕하는 소리를 툭 던지자 기다렸다는 듯이 따라 욕을 하고 조롱 섞인 커다란 웃음소리가 터져 나왔다. 장내는 하하하하, 웃음바다가 되었다.

"하하하. 그나저나... 어떤가? 우리 딸아이 말이야." 맥주잔을 든 게이츠가 넌지시 물어왔다.

"글쎄, 사실 전화로 말하지 않은 이유가 있어. 나보다는 아무래도 전문 컨설팅 업체를 찾는 게 나을 것 같은데."

수시 전형에 대해 게이츠의 궁금증이 깊었다. 이거는 어떠냐, 저거는 어떠냐, 벤자민도 처음 들어보는 이야기를 많이 알았다. 벤자민이 담임을 안 맡은 지 오래된 사이 수백, 수천 가지의 수시 전형이 생겨났다. 물론 학교에 나름 전문가가 있고 벤자민 자신이 일단 교직에 있는 만큼 신경을 써줄 수는 있다. 하지만 자녀의 입시는 역시 민감한 문제다. 그리고 또 한 가지, 평등이나 공정을 그렇게나 좋아하는 게이츠가 수천만 원도 부담할 용의가 있으니 무슨 방법이 없겠냐고 부탁하는 것이 너무나 아니꼬웠다. '나는 입시 비리 교사가 아니라고...'

"흐음... 내가 아는 누구는 시험 한 번 치지 않고도 딸을 의사가 되도록 만든 것도 모자라 대리 시험을 쳐서 아들을 저 외국 명문대에 보냈다던데..." 게이츠는 아주 부러운 눈치로 말했다.

"와하하. 자, 맘껏 먹고 놀자고." 호쾌한 웃음소리와 함께 염소수염이 사람들과 이야기를 나누고 있었다. 이미 거나하게 취한 듯 코가 딸기코가 되었다. 염소수염은 누군기와 시끄럽게 떠들다 말고는 입가를 가리고 목소리를 낮췄다. 자기 딴에는 잘 들리지 않는다고 생각했는지 모르시만 너무나 잘 들렸다.

"이따가 2차 알지? 이번에 예쁜 애들 새로 많이 들어왔다더라." 아주 음흉한 얼굴을 했다. 혀를 잔뜩 내밀고 입맛을 다셔댔다.

벤자민이 다시 호두파이를 손에 들고 멀뚱히 있는데 등 뒤에서 염소수염이 나타났다. 그는 게이츠와 인사를 나누었다. "보리스 씨. 이쪽은 벤자민, 제 친구이자 학교 선생님입니다. 벤자민, 보리스 씨는 이곳 상인회 회장님이셔." 벤자민이 꾸벅 고개를 숙이자 염소수염의 보리스가 취기를 띤 얼굴로 딸꾹 소리를 연발하며 고개를 기울이는 둥 마는 둥 했다.

"그런데 귀하신 분이 이런 누추한 곳에 무슨 일로?"

"아, 사실 제 딸아이가 고3 수험생입니다. 오늘은 입시 상담차..." 게이츠가 멋쩍은 웃음을 달고 말했다.

"어이구 이런, 그랬어? 입시는 사실 내가 전문간데."

보리스가 은근한 어조로 말했다. 여전히 딸꾹거리면서.

"입시요? 정말입니까?" 게이츠의 눈이 동그래졌다.

"하하하. 그럼 그럼. 내 이래 봬도 딸이 셋 있는데 전부 SKY에 보냈지. 각각 하나씩 말야."

"와... 대단하십니다. 저도 비법 좀 알려주시면 안 될까요?"

"하핫, 참. 별것 없네. 요즘은 무작정 공부만 잘한다고 다 되는 게 아닌 거 알지? 나도 돈 좀깨나 썼지." 보리스가 그렇게 말하며 은근히 벤자민의 눈치를 살폈다. 선생이라는 직업을 얕잡아 보는지도 모른다.

"자세한 이야기는 내가 나중에 따로 알려주지." 무슨 이야기를 하려고? 벤자민이 고개를 기울이는 사이 보리스가 다시 마이크를 잡았다. "자, 자. 다들 잔들 들자고. 모두

잔 채워. 꽉꽉."

벤자민을 제외한 모두가 잔을 하나씩 높이 들었다. 염소 수염이 만족스레 둘러보며 가장 높이 잔을 치켜들었다.

"자, 다 함께 건배 한번 해봅시다. 우선, 람다 이 씨발 년!"

하하하, 하하하.

"국민의 대통령! 평등과 공정 그리고 정의의 대통령! 그 가 바로 누구인가?"

뮤! 모두가 신이 나서 외쳤다. 뮤!!

"약자를 위한 대통령! 서민을 보살피고 언제나 우리와 함께할 대통령! 그건 누구?"

뮤!!

"위대한 촛불혁명으로, 우리들의 손으로 직접 만들어 낸 대통령! 바로바로?"

뮤!!!

"자, 우리나라의 빛나는 미래를 위해! 차기 대통령님 뮤 를 위해서 다 함께 건배!"

대통령 선거가 치러졌고, 뮤가 대통령이 되었다.
대통령 취임식, 국민들 앞에 선 뮤는 말했다.

기회는 평등할 것입니다.
과정은 공정할 것입니다.
결과는 정의로울 것입니다.
한 번도 경험하지 못한 나라를 만들겠습니다.

사람들은 열광했고 감동하다 못해 복받쳐 눈시울을 붉히

는 이들도 적지 않았다.

드디어 제대로 된 대통령이 나왔다. 평등을 바로 세울 대통령, 국민을 위한 대통령, 정의로운 대통령, 우리의 프레지던트 뮤...

북의 지도자인 키들은 함박웃음을 지었다. 아주 쌍수를 들며 뮤에게 축전을 보냈고 뮤는 감격해 마지않았다. 대통령에 취임한 뮤는 곧바로 여러 정책들을 쏟아냈다.

영화를 보고 원전의 위험성을 다시금 느꼈다며 탈원전을 선언했고 스스로를 페미니스트 대통령이라 자처하며 여성부에 수십조 원의 예산을 책정했으며, 부동산 투기세력을 반드시 척결하겠다고 부동산 안정화를 선언하는가 하면 가계와 노동자의 소득을 국가가 개입해 인위적으로 늘린다면 소비가 증대되고 절로 국가 경제가 성장할 것이라며 소득주도성장이라는 경제 정책을 내놓았다.

거리 곳곳에는 파란 깃발들이 나부꼈다.

파란 깃발에는 다음과 같은 문구가 적혀 있었다.

국민이 선택한 정의

사람들은 또다시 엄지손가락을 치켜들었다.

대통령이 바뀐 것만으로도 삶의 질이 이렇게나 향상될 수 있다니, 믿을 수 없다는 말까지 나왔고 나라의 수많은 국민들은 람다의 탄핵 때만큼이나 뮤의 당선을 축하하고 서로 얼싸안으며 마음껏 기쁨을 표했다.

그리고 그렇기 때문에 뮤가 자신의 제1 공약이었던 대통령이 되면 집무실을 동물광장으로 옮기겠다는 것을 지키지 않는 것에 대해서 사람들은 크게 신경 쓰지 않았다.

동 물 의 숲

μ

12

"저 삶은 소대가리 새끼…"

주말 휴일이었다. 모처럼 번화가에 들러 점심 식사를 하는데 식당 사장으로 보이는 염소수염 남자가 TV 화면을 바라보며 푸념했다. 화면에는 대통령 뮤가 나와 불퉁한 얼굴로 무어라 지껄이고 있었다. 소리가 켜져 있지 않아 들리지 않았지만, 곧 기다란 자막이 아래에 나타났다.

'현재 우리나라의 모든 문제는 카파와 람다 탓, 잃어버린 9년 뼈아파. 되찾으려면 아직 멀었다. 무엇보다도 적폐청산과 검찰개혁, 공수처 설치를 한시바삐 서둘러야.'

원래부터 저런 얼굴이었나? 로저는 화면 속 늙은 남자를 바라보며 생각했다. 옛날과는 인상이 많이 바뀐 것처럼 느껴졌다. 얼굴 전체에 살이 붙고 턱이 심술 맞게 두꺼워 보였다. 인상을 쓰고 이따금 입을 꾹 다문 모습은 TV 드라마나 영화에서 흔히 보이는 말 안 통하는 노인의 전형과 다르지 않다. 대통령이 되기 전과 얼굴이 바뀌었다는 로저의 생각을 방증하듯 염소수염이 또 한마디를 날렸다. "저 새끼 인상 사악하게 바뀐 것 좀 보소. 얼굴에서 다 드러나네."

염소수염이 문득 생각난 것이 있는지 리모컨을 집어 들었다. 에어컨 리모컨이었다. 전원을 끄는데 로저와 시선이 마주쳤다. 로저가 궁금한 얼굴을 하자 사장이 말했다.

"정부에서 지침이 내려왔어요. 전기를 최대한 아끼라고 해서..."

사장이 미안하다는 듯 뒷머리를 긁적거렸다. 먹고 있는 돼지국밥은 거의 다 비운 상태라 곧 나갈 참이었다. 로저가 가벼운 미소로 답했지만 사장은 깊은 한숨을 내뱉었다.

탈원전 이후 전력 수급에 차질이 생기자 정부에 의해 전력 통제가 실시되고 있다. 그 대상은 기업의 생산 시설을 포함할 뿐만 아니라 일부 민간에까지 해당된다. 사장은 지침이라고 말했지만 말이 좋아 지침이지 어길 경우 구청에서 공무원이 나온다. 강제하다시피 하고 있다.

탈원전 이후 많은 것이 바뀌었다. 물론 전부 안 좋은 쪽이다. 원전과 관련한 회사들이 줄줄이 도산하는 것은 당연히 예견된 일이었고 기존에 원전 수출 계약을 맺었던 국가들은 줄줄이 계약을 파기하기 시작했다. 탈원전을 하는 나라의 원전 기술을 어떻게 믿느냐고 말하는데... 정말 맞는 말이다. 어떻게 믿겠는가. 엔지니어들이 국내를 떠나 해외로 유출되는 것도 정말 막대한 피해다. 그것은 그대로 기술 유출과 이어지고 만다.

그런데 정부는 오히려 탈원전에 박차를 가하고 있다. 계획되었던 원전 건설 개발을 취소시키고 기존 원전을 해체하는 데 온 힘을 쏟고 있다. 정부는 대신에 태양광 발전과 풍력 발전에 막대한 자금을 투입하고 있는데... 태양광 발전과 풍력 발전은 우리나라의 환경과 맞지 않다고 전문가들이 입을 모아 말하고 있지만 정부는 들은 척도 하지 않고 있다. 지난해 태풍에 태양광 패널이 줄줄이 박살이 나고 연쇄 효과로 산사태가 발생했을 때, 정부 기자 회견에서 한 기자가 질문했다. 혹시 서쪽 나라로부터 뒷돈을 받았느냐는 당돌한 질문이었다. 태양광과 풍력 발전에 들어가는 부품들 대부분이 서쪽 나라 업체의 것이니 그런 소리가 나오는 것이다. 질문한 기자는 대답을 들을 수 없었다. 그 자리에서 대변인은 기자 회견을 중단시켜버렸다.

가게는 로저를 제외하고는 손님이 하나도 없었다. 수많은 테이블과 좌석이 썰렁했다. 로저는 그릇을 마저 비우고 계산서를 집었다가 문득 가격 표시를 다시 보았다. 가게 밖에 쓰여 있는 가격과 계산서의 가격이 달랐던 것이다. 벽면에 있는 큰 메뉴판을 바라보았다. 두꺼운 사인펜으로 몇 번이나 덧칠된 사선이 여기저기 처져 있어 난잡하기 그지없었다. 그 흔적이 지저분했다. 사인펜으로 가장 선명하게 칠해진 가격 표시가 계산서와 일치했다. 메뉴판 맨 아래에 '거듭되는 인건비 상승과 물가 상승으로 가격 인상이 불가피합니다.'라는 문구가 표기되어 있었다.

로저는 스마트폰을 켜서 인터넷에 접속했다. 실시간 검색어를 볼 생각이었다. 하지만 그럴 수 없었다. 버릇처럼 익숙하게 스마트폰을 조작했지만 실시간 검색어 자체가 최근에 사라졌기 때문이다. 로저는 아, 맞다, 하고 속으로 작게 한숨을 쉬고는 뉴스를 찾아보았다. 한눈에 띄는 기사가 있었다. '더욱 살기 좋아진 우리 공화국'이라는 제목과 함께 정부와 여당 유명인사들이 자축 파티를 벌였다는 기사였다. 사진은 고급스런 파티장에서 샴페인 잔을 높이 치켜들고 있는 모습이었다. 로저는 혀를 차면서 손가락을 움직여 스크롤을 내렸다. 이런 류의 기사의 경우 내용은 볼 것도 없다. 어떤 통계나 수치 따위를 눈이 휘둥그레지게 나열하며 전보다 나아졌음(전보다 나아졌다는 말은 언제나 빠지지 않는다. 전이라는 말은 말할 것도 없이 정권이 바뀌기 전을 말한다)을 전하고 국민들의 행복과 삶의 질이 나날이 좋아지고 있다는 내용일 것이 뻔하다. 길고 긴 스크롤을 내리자 댓글들이 나타났다.

'대체 무슨 소리를 하는지 모르겠네.'
'저들이 사는 곳은 다른 나라인가.'
'국민들의 더 행복해졌다는 것을 증명해봐라. 말도 안 되는 조작을 하지 말고.'

다소 점잖은 댓글도 보였지만 꽤나 과격한 댓글도 적지 않았다. 아니 사실 대부분이.

'개새끼들'
'이런 씨발놈들이 무슨 개소리를 길게 하냐. 개소리 안 해도 너거들 개인거 다 안다.'
'친일파 소굴인 버민즈(vermins)당이 친일파를 척결한다고? 어처구니가 없구나. 아니 좋다. 응원한다. 내가 아는 친일파를 신고할 테니 좀 잡아넣어 줘라. 그놈 아비가 일제시대에 농업 과장이었는데 아주 악질 중에 악질이었다.'

수많은 댓글들이 있었다. 하지만 곧 하나둘 차례차례 사라지기 시작했다. 실시간으로 댓글들이 사라지고 새로운 댓글들이 나타났다.

'우리 대통령님 응원합니다!!'

'역시 국민 걱정해주는 우리 뮤님. 칭찬해.'
'아무리 욕해도 역시 여당인 범민주당 밖에 없다.
야당은 도저히 정이 안 간다.'

추천수가 가장 높은 것은 '개새끼들'이라는 댓글이었지만 어느새 다른 것으로 바뀌어있었다.

'오늘도 행복한 하루들 보내세요.'

이런 느닷없는 댓글의 추천수가 수만 개를 넘고 있었다. 불과 1분도 채 되지 않는 사이에.

로저는 다시 한번 혀를 찼다. 자판을 눌러 무언가 썼다. 버튼만 누르면 댓글이 올라갈 것이었다. 하지만 망설였다. 손가락 끝이 허공에 걸렸다. '하아...'

이유는 정부의 검열 탓이다. 정권이 바뀌고 이후 여러 법안들이 통과되었다. 여론에 막대한 영향을 끼치는 인터넷 실시간 검색어가 사라지고 일부 기사에 댓글 기능을 제한하더니 아예 댓글 기능이 사라질(이미 일부 시행 중이다. 곧 모든 기사에 대한 댓글 기능 자체를 없앤다는 법안이 최근 통과되려 하고 있다)예정이었다. 뿐만 아니다. 사실을 말하더라도 명예훼손(대체 그 기준은 알 수가 없다)에 해당할 경우 심한 중형으로 다스릴 뿐만 아니라 인터넷 사이버 공간에서 남을 비방해도 중형으로 다스린다는 법안들이 잇달아 통과됐다. 최근에 인터넷 검열 법까지 통과됐다.

모든 법안들은 모두 그럴싸한 좋은 말로 시작해 결국 법률이 되었다. 여론을 조작할 우려가 있다(놀랍게도 여당이 직접 그런 말을 했다), 험한 인터넷 풍토가 현실 세계에 악영향을 끼친다, 남을 비방하는 것은 아무리 인터넷 공간이라도 옳지 않다, 사실을 말하더라도 상대방에게 상처를 준다면 옳은 일이 아니다, 성범죄를 할 우려가 있으므로 사전에 차단하기 위해 좋은 의미로 국민들을 살피는 것이다... 모두 그럴싸하게 포장한 듯하지만 그런 법률들이 국민들의 자유를 훼손하고 권리를 침해한다는 것은 명명백백한 사실이다. 그렇다면 항의하고 원래대로 되돌릴 수 있는가? 아니, 그럴 수 없다.

검열을 하는 것은 절대 옳은 일이 아니다. 국민의 고유한 자유와 권리를 명백히 침해한다, 라고 국민 한 사람이 말하면 누군가 나타나 그에게 우습다는 듯이 말한다. 지금 설마 성범죄자를 옹호하는 것이냐고. 의견을 꺼낸 사람은 당연히 고개를 흔들지만 소용없다. 그는 곧 성범죄자를 옹호하는 사람으로 낙인찍히고 만다. 그에게는 자신을 비난하는 손가락질만 남을 뿐이다.

이제 국민들은 여론을 형성할 방법을 잃어버렸다. 국민들의 의견, 여론이란 이제 누군가 꾸며낸 대로 움직이는 꼭두각시 인형극에 지나지 않는다. 로저는 최근 TV 화면에서 보았던 어떤 시민의 얼굴을 떠올렸다. 해맑게 웃으며 정부를 응원한다는 시민 '한 사람'은 엄지손가락을 치켜들며 화면을 향해 뮤와 여당을 응원한다고 소리쳤다. 이윽고 그 화면에는 이런 자막이 달렸다.

'온 국민들의 성원을 한 몸에 받는 우리 대통령!'

로저는 자신이 쓴 내용을 모두 지우고 다시 써서 댓글을 달았다.

'나쁜 새끼들'

그러나 얼마 안 가 자신의 댓글이 바뀌어있었다.

'나쁜 사람들'

그 밑에 알림 표시가 떠 있었다.

'그런 말을 사용하지 말아요. 상대방의 기분을
상하게 할지 몰라요.'

상대방의 기분 때문에 개인의 표현할 권리를 박탈하는
게 맞는 것일까? 로저는 답답한 듯 콧잔등을 세게 긁으며
무겁게 스마트폰을 내려다보았다. 욕지거리를 쓰고 싶은 충
동이 일었지만 역시 검열 때문에 행동으로 옮길 수 없었다.
로저는 다른 기사들을 살폈다. 화면 메인에는 현 정부를
찬양하는 기사들이 줄을 이었고 그밖에 현 공화국이 얼마
나 살기 좋은지 설명하는 기사들도 적지 않았다. 욜로와
소확행이라는 단어가 자주 보였다.
'현재의 삶을 어둡게 바라보지 마세요. 결국 한 번뿐인
삶, 현실의 어려움에 얽매이지 마세요!' 한 기사의 내용
중 일부였다. 비슷한 기사가 수도 없이 많았다. 어느 나라
의 살인율이 우리나라보다 몇 배나 높다, 다른 어떤 나라
는 배를 굶어 하루 한 끼도 제대로 먹지 못한다, 또 어떤
나라는 아직도 움막집을 짓고 산다... 이런 기사들이 넘쳐
났다. 마치 세뇌를 하는 것 같았다. 기사들은 하나같이 지
금의 현실에 만족하고 살라고 말하고 있었다. 스크롤을 한

참을 내려 그 끝에 닿자 들어본 적도 없는 신문사에서 작성한 기사들이 화면 바닥을 이루고 있었다. 대개 사진도 하나 없이 내용도 짤막했는데, 그 내용이란 어느 일가족이 생활고로 동반 자살을 했다, 취업이 힘들어(취업난이라는 말은 보통 사용하지 않는다. 사용하지 못하는지도 모른다) 어떤 청년이 자살을 했다, 공무원 일자리만 넘쳐나고 있다, 남녀 갈등이 극화되고 있다, 출산율이 너무 낮아 이러다간 나라가 멸망할지 모른다...

로저는 생각했다. 진실은 이곳에 있다고. 하지만 하나같이 댓글을 작성할 수 없는 기사들이었고 사람들의 관심을 받지 못한 채 외따로 떨어져 있을 뿐이었다.

TV 화면을 다시 한번 바라보니 다른 인물, 아마도 정부의 고위 관료로 보이는 사람이 거만한 표정으로 입을 열고 있었다. 화면 아래에 긴 자막이 달려 있었다.

'소득주도 성장의 성과는 둔감한 국민들이 아직 느끼지 못할 뿐, OECD 각종 통계에서 소득주도 성장 효과 증명됐다, 늦어도 내년에는 국민들이 분명히 효과 체감할 것'

"저 미친 새끼 저 소리만 3년째 하네."

사장이 푸념했다.

답답한 마음으로 자리에서 일어났다. 값을 치르고 밖에 나왔다. 밖으로 나오자 코끝에 무언가 닿는 느낌이 들었다. 로저는 불쾌한 얼굴로 주머니에서 마스크를 꺼내 썼다. 마스크 끈을 귀에 걸자 귀가 당겨지고 입가가 불편했다. 고개를 들자 절로 눈가에 주름이 졌다. 나타난 하늘이 샛노랬기 때문이었다. 미세먼지와 모래 먼지가 온 하늘을 묵직하게 뒤덮고 있어 불투명한 막이라도 씌운 듯했다. 끈적끈적한 공기가 피부에 달라붙는 감각이 느껴졌다. 그 탓에 늦여름의 햇빛까지도 어쩐지 시원찮게 느껴졌다.

주변을 살펴 바라본 번화가 거리는 과거가 무색하게 을 씨년스럽기 짝이 없었다. 거리에 사람이 적은 것은 둘째 치고 폐업이나 임대 딱지를 붙여 놓은 가게가 줄을 이었다. 창 너머로 비치는 내부는 손님이 없어 한산하고 태평한 사람의 가벼운 표정과는 달리 속에 뭔가 얹힌 듯한 사람의 무거운 표정이 대조되어 누가 직원이고 누가 사장인지 바로 알 수 있었다. 여기가 언제부터 이렇게 되었더라... 로저가 신기한 얼굴로 보고 있는데 어디선가 목소리가 들렸다.

"짱깨들이에요."

앞치마를 두른 남자였다. 손에 물뿌리개를 들고 있었다. "짱깨들이 또 무슨 무슨 이유로 보복 조치랍시고 제재를 걸었어요. 덕분에 그 나라 손님들이 뚝 끊겼죠. 아무리 그래도 이 정도는 아니었는데..." 남자는 혼잣말처럼 말했다. 남자의 시선이 어느 한 곳에 멈추었다. 시선을 따라가자 폐업한 가게들이 즐비한 가운데 홀로 성업 중인 가게가 하나 있었다.

"저 짱깨놈들..."

남자는 부들거리며 치를 떨었다. 그 가게는 다름 아닌 마라탕 가게였다. 신장개업 행사 중인듯한데 간판이 어째 우리나라 말이 아니었다. 찾는 손님들의 외모나 들려오는 시끄러운 말소리로 보아 그들은 우리나라 사람들이 아니었다. "저 새끼들 하나둘씩 이 거리에 세를 불리고 있어요. 불매운동 탓에 우리나라 가게는 파리를 날리는데..." 남자는 물뿌리개에 남은 물을 짜증스레 텅 빈 가게 앞에 마저 뿌리고는 가게 안으로 들어가 사라졌다.

로저는 그제야 사정을 이해했다. 불만스레 입맛을 다셨다. 수많은 기사들을 봤지만 그런 내용은 보지 못했다. 언제 또 저들의 불매운동이 시작되었지... 대개 이런 식이다.

로저는 좀 전에 보았던 한 기사를 떠올렸다. 제목이 아마 '공화국 지난 한 해도 무역수지 흑자 기록, 경제 대통령 뮤의 대성과'였다. 우리나라는 수십 년째 무역수지 흑자다. 그마저도 올해 들어서는 수십 년 만에 적자로 돌아섰다.

이제 통계나 수치 따위는 도저히 믿을 것이 못 된다. 현 정부와 친정부 언론들은 통계를 나타내는 그래프를 교묘하게 조작하여 나타내고 그것도 모자라 통계 자체를 조작해 사람들을 속인다. 전문가들의 목소리는 묵살하고 관련성 없는 일을 그럴싸하게 꾸며 정부의 정책에 힘을 실으며 관련성 있는, 정부의 정책에 반하는 내용은 논점을 흐려버린다.

최근 '뮤케어'로 국민 3700만 명이 10조 원에 육박하는 의료비 혜택을 받았다는 기사가 많았었다. 기사에서 정부는 국민들의 성원에 감사하며 더욱 힘을 낼 것이라고 말했다. 하지만 그런 막대한 수치에도 결국 사람들이 피부로 느끼는 것은 높아진 의료 보험료, 지나인들이 꼼수를 써서 우리들의 의료 보험비를 훔쳐 쓰고 있으며 의료 보험의 재정이 급속도로 악화(의료 보험 뿐만 아니라 나라의 각종 기금들이 무서운 기세로 고갈되고 있다. 다만 가계 부채는 해마다 수백 조씩 늘고 있다)되고 있다는 소문뿐이다. 정부는 여러 통계를 들이밀며 현재 나라의 사정을 긍정하지만 실제로 사람들이 느끼기에는 자신의 삶뿐만 아니라 눈에 보이는 사회의 경제는 분명히 나빠지고 있다.

문산과 도라산을 잇는 고속도로 건설에 관한 것도 여론 조작과 관련한 한 가지 예다. 언론과 정부는 남북 교류 사업이며 평화를 상징하는 사업이라고 말하고 있다. 하지만 실상은 그렇지 않다. 애초에 바로 그 옆에 사용하지도 않는 멀쩡한 도로가 있으며 여러 이유로 사업성이 없는 것이 명백하다고 전문가들은 입을 모아 말한다. 하지만 정부는 이례적으로 예비타당성 조사를 면제시키고 건설을 강행하고 있다. 생태계 파괴를 걱정하는 주민들의 반대와 관련 전문가들의 목소리(한 전문가는 전쟁이 나면 북이 쳐들어올 때 쓸 고속도로를 만들어주는 거냐고 분통을 터뜨렸다)는 당연히 묵살당할 뿐이었다.

　언론이 제 기능을 하지 않고 정부가 내보내라는 내용만을 보내고 있는 것이다.

　로저는 검은 화면을 바라보며 답답함을 느꼈다. 사람들의 생각을 알 수 없으니 자신의 생각이, 의견이 맞는지 의구심이 든다. 누가 보아도 정말 저건 아닌데, 라는 말이 나올만한 기사를 접해도 과거의 경우 자신의 의견과 다른 사람의 의견을 견주어보며 그 생각에 확신을 가졌지만 이제는 그럴 수가 없다. 답답함을 느끼고, 아주 잠깐 화를 내고, 그뿐이다.

　폐업 스티커가 나붙은 텅 빈 가게 앞에서 무겁게 고개를 숙이고 있는 사람이 있었다. 우울한 그 모습과 함께 가로수 사이로 걸린 파란 현수막이 함께 보였다.

**경제 정당 범민주당으로
서민 경제 우뚝 세우자!**

시선을 옮기자 뿌옇게 노란 하늘을 향해 뻗은 건물 외벽에 또 다른 커다랗고 파란 현수막이 있었다.

미세먼지 없는 공화국
범민주당이 답이다!

주변을 둘러보니 폐업한 가게에 너저분하게 붙어있거나 바닥 곳곳에 지저분하게 나뒹구는 전단지와 포스터가 셀 수도 없이 많았다. 파란색 바탕 위로 불퉁한 얼굴을 하고 있는 늙은 남자가 이죽거리는 시선을 거리 곳곳에 던지고 있었다. 그 아래에 무언가 적혀 있었다.

국민이 선택한 정의

로저는 포스터가 정의연대의 흔적일 것이라 생각했다. 그들이 뿌려놓은 것일 것이다.

정의연대란 평등단, 평화단, 민주단 이 세 정치·사회적 집단의 연합을 뜻한다. 행정적, 법적, 정식 집단은 아니지만 현재의 대통령으로 바뀌면서 현 정부의 정책, 성향과 상충하며 수면 위로 부각되었다. 현재는 공공연하게 활동하며 커다란 집단을 이루고 있다.

평등단은 말 그대로 평등을 추구한다. 단, 그들이 추구하는 평등은 성평등에 국한된다. 평등단의 대부분은 20, 30대 여성이며 그들이 관심을 가지고 추구하는 것이 오직 성평등이기 때문이다.

평등단은 평등을 좇으며 사회 전방위적으로 막강한 영향력을 과시한다. 평등을 말하며 각종 여성 우대정책—여성

할당제, 여성 수당, 여성 가산점, 여성 전용 아파트, 여성 전용 도서관, 여성 전용 계단, 여성 전용 엘리베이터, 여성 전용 대중교통 좌석, 여성 전용 주차장, 여성 전용 대출 서비스, 여성 전용 국가 지원금 등... 셀 수 없이 많다―에 눈에 불을 키고 달려들며 자신들이 말하는 '평등'을 위해 대단한 집단력을 과시한다. 각종 시위를 통해 위력 행사를 벌이는 것도 모자라 인터넷 게시 글과 각종 SNS, 관련 서적을 출판, 활용해서 자신들의 사상을 곳곳에 전파시킨다. 그리고 자신들에 반하거나 방해가 되는 존재에 대해서는 지인이나 관련자뿐만 아니라 그 가족까지 들먹이며 인신공격을 일삼고 허위사실을 무차별적으로 유포하여 사회에서 매장되게끔 한다. 이러한 모든 것들은 그들만이 공유하는 인터넷 거점을 통해 비밀리에 그리고 체계적으로 계획과 지시가 이루어지며, 그들은 그들에게 유리하게끔 국민들의 여론을 조작하고 그들에게 불리한 부분은 더러운 수단을 통해 철저히 호도한다.

그들이 말하는 평등은 평등이 아니다. 평등을 가장한 불평등 혹은 차별, 이기심과 억지. 그들은 철저히 집단 이기주의로 똘똘 뭉쳐 오직 자신들의 편의만을 좇고 책임 따위는 지지 않는다. 당연하다는 듯이 자신 이외의 다른 사람들이 당하는 불평등 앞에서는 쉽게 눈을 감으며 보이지 않는 척하거나 겨우 그까짓게 무슨 불평등이냐고 쉽게 말한다.

평화단은 평화를 신봉한다.

그들은 평화주의를 내세우며 공화국의 주적인 북쪽의 괴뢰집단에게 호의적인 태도를 보이고 북에 대해 무조건적인 원조와 지원(식료품과 생필품뿐만 아니라 도로와 철도, 공업 단지, 관광 단지 건설 등)과 우리 국군의 축소, 주한미군의 철수를 주장한다.

한민족이지 않느냐, 같은 민족이다, 우리는 한반도의 같은 일원이다... 그들이 늘 하는 말이다.

북이 미사일을 마구 쏘아대도

한민족이다.

북이 몰래 핵실험을 단행해도

같은 민족이다.

북이 우리 국민을 죽여도

우리는 언젠가 통일해야만 한다.

그들은 언제나 민족이라는 단어를 입에 달고 민족을 걱정하는 척하지만 정작 괴뢰집단에게 수탈당하고 농락당하고 있는 가여운 민족의 진짜 아픔은 외면한다.

진심으로 같은 민족을 걱정하는 것이 아니기 때문이다. 그들은 그들이 믿고 따르는 사상을 추종하기 위해 민족이라는 단어를 '사용'하는 것이다.

그들은 사회 전 영역에 걸쳐 좀벌레처럼 숨어 기생한다. 그들은 방송과 선전, 출판물, 교육, 정치, 정책 등 갖가지 방법으로 북에 대한 호감을 가지도록 하거나, 하다못해 부정적인 생각을 하지 못하도록 교묘하게 세뇌한다. 가장 잘 쓰는 말 중 하나가 국력이다. 북의 지하자원의 막대함을, 2천만 인력을, 광활한 국토를 생각해보라며 통일만 하게 된다면 곧바로 막대한 국력을 가지게 될 것이라 말한다. 물론 북의 지하자원은 자산가치가 하나도 없는 허무맹랑한 것이며 2천만 인구가 사상적으로 세뇌되어 적어도 수십 년 동안 분리와 교육이 필요하다는 말은 절대 하지 않고 통일 이후 초래될 엄청난 혼란과 부정적 효과는 최대한 과

소평가한다.

그들은 과거부터 간첩, 빨갱이, 빨치산, 종북 좌파, 공산주의자 등으로 불려왔다.

하지만 이제 정권이 바뀌자 간첩이라는 꼬리표를 숨기고 평화단이라는 그럴싸한 그늘막을 만들어 그 아래에서 평화를 원하는 척, 정말로 공화국을 걱정하는 척하며 불량한 사상을 추종하고 있는 것이다.

민주단은 민주라는 단어를 훔쳐 사용한다.

민주단은 이른바 대깨문, 여당인 범민주당의 극성 지지자들을 말한다. 그 구성원은 40, 50대의 기성세대가 주를 이룬다. 그들은 스스로를 깨어있는 시민, 진보성향의 참된 국민이라고 생각한다. 정말 터무니없는 소리다. 그들의 사고방식은 일반인의 것과 정반대다. 보통 사람이 당의 정책을 보고 당에 대해 지지하는 마음을 가진다면, 이 대깨문들은 당을 보고 무비판 아니, 무지성(생각을 하지 않는다)으로 당의 정책과 행보를 지지한다. 그들은 굉장히 감성적이며 단순하고 또한 이해타산적인데, 범민주당이 일반적인 사건과 사고를 감성이 담긴 목소리로 굉장히 부풀려 그럴싸하게 이야기(범민주당의 특기는 정치쇼다)하면 곧바로 눈시울을 붉히며 거리로 뛰쳐 나와 대규모 시위를 벌이고 뜬금없이 가만히 있는 야당에게 칼날을 **겨눈다**. 도저히 진보라고 할 수 없는 그 행태를 보고도 **미명뿐인** 진보라는 단어에 얽매여 자신은 진보적인 사람이라**며** 자부심을 가지고, 지역주의와 세대 갈등을 비난하지만 누구보다도 지역주의에 매몰되고 특정 세대(범민주당을 지지하지 않는 세대)를 얕잡아본다. 있지도 않은 '민주'와 '진보'의 그림자를 좇으면서도 자신들의 이해를 위해 오직 한 정당에 개처럼 충성을 다한다.

이 세 집단, 정의연대는 현 정권과 긴밀한 상호 관계를 가지며 사회 곳곳에서 온갖 패악질을 일삼는다. 하지만 사람들은 그에 대한 불만을 쉽게 꺼낼 수가 없다.

사실 적시 명예훼손, 사이버 모욕죄, 차별 금지법과 같은 법률들이 사람들의 입을 막고, 실시간 검색어 폐지와 인터넷 사용의 검열과 각종 규제가 사람들의 눈과 귀를 막으며, 평등, 평화, 민주, 그리고 정의라는 간판을 내건 이 집단들이 언제나 '다수'를 차지해 사람들의 목소리를 빼앗아 위력을 행사하기 때문이다.

우물거리며 겨우 새어 나오는 한 명의, 소수의 목소리는 쉽게 꺼져들 뿐이다. 조금이라도 모여 제대로 된 소리를 가지려고 하면 정부의 부름을 받은 무수한 경찰 병력이 나타나 불씨를 차단하고 언론의 보도를 통제함과 동시에 그 반대 시위를 벌여서 타다 만 잔해까지 밟아 뭉개버린다.

정의연대를 구성하는 세 단은 각각 고유의 색을 가진다.

평등단은 분홍, 평화단은 초록, 민주단은 파랑. 각 색의 깃발에 평등, 평화, 민주, 정의라는 이름을 자랑스레 덕지덕지 바르고, 그 기치를 마음껏 휘젓고 다닌다. 단, 그들은 하나같이 노란 리본은 절대 빼놓지 않는다. 그것이 어떤 유대감을 형성하는 것일까.

로저는 생각했다. 그래도 가장 악질은 연변족이라고. 정의연대 이외에 또 다른 집단을 구성하는 존재들이 있다. 바로 연변족과 지나인, 이른바 짱깨들이다. 정의연대는 그래도 공화국의 한 사람으로서 자신들만의 믿음, 자신들만의 신념을 가지고 행동하며 자신들의 이해를 추구한다. 하지만 짱깨들은 그런 것이 없다. 짱깨들은 애초에 공화국의 구성원이라는 생각 자체가 없으며 자신들이 살던 곳에서 제대로 된 대우(그들은 사람 취급을 못 받는다)를 못 받은 것은 깡그리 잊고 멀고 먼 공화국까지 굳이 와서는 서쪽 나라를 그리워하며 서쪽 나라를 치켜세우고 자신들이 현재 살고 있는 공화국을 아래로 보고 깔본다. 심지어 공산당의 비밀 지령을 수행하는데, 우리나라 인터넷 공간 곳곳에서 우리나라의 국민인 척하며 각종 여론 조작을 일삼는다. 조작을 위한 프로그램을 따로 개발하여 사용할 정도로 악랄하다. 그들이 하는 생각이라고는 어떻게 사기를 칠까, 어떻게 범죄를 저지를까, 어떻게 공화국 국민들에게 피해를 줄까, 따위밖에 없다. 그들은 국내에서 사기를 비롯하여 각종 중범죄를 일삼고 심지어 암암리에 인신매매를 한다. 자신들이 필요할 때만 선택적으로 동포라는 단어를 사용하고 아무런 의무도, 책임도 지지 않으며 각종 혜택(민주당은 짱깨들을 위해 온갖 정책들을 쏟아내고 있다. 심지어 투표권까지 주었다)을 누리고 국민들의 세금을 빨아 먹고 산다.

13

　로저의 시야 끝에서 커다란 깃발들이 나타났다. 분홍색
이었다. 대로변으로 이어지는 길 위에서 분홍색 티셔츠를
맞춰 입은 평등단이 모여 시위를 하고 있었다. 덩치가 장
사 못지않은 사람들과 **삐삐** 마르고 키가 작은 사람들이 지
나가는 일반 시민들에게 선전 내용을 담은 전단지를 나누
어주고 있었다. 더운지 땀을 삐질 거리며 붉게 상기된 얼
굴로 확성기를 손에 들고 있었다. 확성기를 입에 대고 짜
증이 담긴 새된 목소리로 고래고래 소리를 질렀다.

　"국가는 여성의 태아 처리권을 보장하라!! 우리는 마음
대로 섹스할 권리가 있다!!"

　대체 왜 남자가 여성의 권리를 주장하는지 이해할 수
없다.

　평등단 사이를 지나가는데 앞을 가로막고 누군가 전단지
를 내밀었다. 숏컷을 하고 군청색 청바지에 달라붙는 분홍
색 티셔츠를 입은 남자는 입을 굳게 다물고 있었다. 왠지
고집스럽고 불만 있어 보이는 하관이었다. 검은색 뿔테 안
경 너머로 좁은 눈을 치뜨며 올려보는데 손을 거둘 생각이
없어 보였다. 받지 않으면 곱게 보내줄 것 같지가 않았고
때마침 누군가 옆에서 *"한남 다 죽어!!"*라고 소리를 치는
통에 남자로부터 전단지를 받았다. 전단지에는 우리나라의

성평등 지수는 인도, 파키스탄보다 낮은 세계 최하위라며 여성의 권리 확대가 필요하다는 내용이 적혀 있었다.

산만 한 덩치에 각진 이목구비를 가진 남자가 왜 여성은 몰래카메라의 두려움에 24시간을 벌벌 떨어야 하냐며 소리를 쳤다. 주위 남자들이 박수를 치며 호응하는데, 여자친구나 여자 형제에 대한 걱정이 깊은 듯했다.

주위에 분홍 옷을 입은 평등단의 숫자가 줄어들자 이번에는 또 다른 사람들이 나타났다. 색색이 조끼를 유니폼처럼 맞춰 입고 다들 머리에 띠를 두르고 있었다. 수많은 사람들이 대로를 점령하고 있었다. 아스팔트 위에 자리 잡고 앉아 있거나 서서 팔을 하늘 높이 휘두르고 있었다.

"급여 인상! 정규직 전환! 고용 세습!!"

뭔가 했더니 파업 시위였다. 차들이 다녀야 할 도로 위에 사람들이 가득하고 임시 무대가 설치되어있었다. 시위대를 주도하는 듯, 무대 위에 올라선 사람이 확성기를 들고 소리쳤고 그에 따라 시위대가 열띤 호응을 보냈다.

"회사 사정 따위 내 알 바 아니다! 내 월급 빨리 올려줘!"
"와아아아아아아!!"
"네가 고생해서 정규직 됐는데 뭐 어쩌라고? 빨리 나도 정규직 시켜줘!!"
"와아아아아아아!!"
"내 아들, 내 딸도 호의호식하게 해 줄 거야. 빨리 우선 채용시켜줘!!"
"와아아아아아아!!"
"여러분 혹시라도 걱정할 것 없습니다. 지금 우리가 이곳에서 파업을 하는 시간도 다 일한 것으로 쳐서 보상을

받아낼 것입니다. 우리가 이곳에 왜 나왔는지 잊지 마십시오. 와이파이 비밀번호 참을 수 있습니까? 유튜브 봐야 하잖아요!!"

"와아아아아아아!!"

"야! 빨리 크레인 가져와. 크레인 가져오면 다 돼. 지붕 높은데도 찾아서 두세 명 올려보내고."

난장판이 따로 없었다. 더러운 길바닥에 자기 집 안방마냥 드러눕는가 하면 근육 단련이라도 하는지 양팔을 열심히 올렸다 내렸다 했다. 하나같이 뭐가 그리 불만인지 얼굴에 짜증을 새겨놓고 아이처럼 떼를 쓰듯 소리 질렀다. 해줘, 해줘, 시켜줘, 시켜줘...

손에 팻말을 들고 빠르게 걸어가던 남자의 바지 주머니에서 무언가 떨어졌다. 허둥지둥 뒤돌아서며 허리를 숙이다가 그만 손에든 것을 놓쳤다. 떨어뜨린 초코바와 팻말을 주섬주섬 챙긴다.

팻말에 뭐라 쓰여 있다.

'단식 농성 99일 차'

'무사고 100일 같은 건가...'

최근 들어 시위가 아주 잦아졌다. 정의연대뿐만 아니다. 파업 시위, 정규직 전환 요구 시위, 무슨 찬성 시위, 무슨 반대 시위... 유명 기업뿐만 아니라 크고 작은 기업들이 그에 대한 어려움을 호소하고 있다. 하지만 정부와 적지 않은 수의 노동자들은 무신경하게도 그것을 외면하고 자신들의 입장만을 살피고 있다. 시위는 언제나 일어나고 있다. 별다른 이유를 찾아볼 것도 없다.

떼를 쓰면 들어주기 때문이다. 노력을 하지 않아도 거리로 나와 시위를 벌이면 정규직이 될 수 있고, 임금이 낮아도 거리로 나와 시위를 벌이면 임금을 높여준다. 거리로 나와 손을 높이 쳐들면 원하는 것을 얻을 수 있는 것이다.

정부가 제대로 된 일 처리를 하지 않기 때문일까? 그렇지 않다. 정부는 오히려 이것을 장려하고 있다. 비정규직을 정규직으로 무분별하게 전환 시킨 것이 정부와 여당이고 노동자들이 대규모 파업을 벌이자 중재 역할을 맡아서는 일방적으로 노동자들의 손을 들어주는 것이 정부와 여당이다. 애초부터 정부와 여당이 그것을 장려하고 있는 셈이다.

정부와 여당은 말한다. 적폐를 청산하자, 재벌을 개혁하자 아니, 재벌을 해체하자.

그들은 말한다. 노동자들은 언제나 선이고 자본가들은 언제나 악이라고.

경제가 기우는 가운데 부동산 시장과 주식 시장, 가상화폐 시장은 한없이 과열되고 있다. 빈부격차가 극대화되고 있으며 양극단 사이의 갈등은 점점 골이 깊어지며 또 하나의 사회문제가 되었다. 그런 둘 사이에서 정부는 한쪽의 편만 들며 각종 증세 정책을 펼쳐나가고 있다.

간단히 말해 갖은 방법으로 돈을 뜯어내고 있다는 말인데, 그러한 정부의 횡포 탓에 몇몇 대기업들이 본사를 해외로 이전한다는 소문이 돌고 있으며 적지 않은 수의 사람들이 국적을 포기하고 이민을 선택하고 있다. 막대한 상속세(65%)에 멀쩡한 우리 기업이 외국 자본에 넘어가기까지 한다.

"적폐 청산! 재벌 개혁!!"

시위대가 목청껏 외치며 파란 깃발을 하늘 높이 휘저었다.

"부의 재분배를 쟁취하자!!"

"와아아아아아아!!"

"재벌들은 우리가 가진 것을 빼앗고 있습니다. 그들이 막대한 부를 축적한 것은 그들이 부정한 방법으로 우리 것을 가지고 있기 때문입니다. 아주 부당하지 않습니까? 이제는 우리가 그들이 가진 것을 빼앗을 차례입니다. 되찾아야 합니다! 재벌들은 영원히 우리의 적입니다!!"

"와아아아아아아!!"

어지러이 나풀거리는 파란색 물결과 함께 먼지 구름이 폴폴 피어올랐다. 한낮의 햇볕이 무겁게 내려앉았다. 태양 아래 해변의 모래알처럼 허공 속에서 반짝 빛이 났다. 깃발을 높이 쳐들은 사람들의 가슴팍 위로 파란색 배지가 햇빛을 반짝 반사하고 있었다.

"재벌을 해체 시켜야 합니다! 부를 독차지한 그들의 재산을 국민이 공평하게, 평등하게 나누어 가지면 더 많은 사람들이 행복을 누릴 것이며 그것이 진정한 정의를 실현하는 것입니다. 대기업은 재벌이 우리를 착취하는 도구에 지나지 않습니다. 그들의 손에서 우리를 옥죄는 끔찍한 채찍을 빼앗아야만 합니다. 대기업 하나가 사라지면 그 자리에 천 개, 만 개의 작은 기업들이 생겨날 것입니다!!"

"와아아아아아아!!"

14

    시위대 규모는 점점 불어나는 것 같았다. 겨우 차가 다니는 도로에 닿아서 버스를 타려는데 버스 기사들도 파업을 하고 있었다. 할 수 없이 택시를 탈까 하는데 도무지 택시가 보이지 않았다. 고집스럽게 차도를 바라보는데 옆에서 사람들이 수군대는 말이 들렸다. 택시기사들도 파업에 들어갔다고 한다.

    결국 대중교통을 포기하고 한참 동안 걸어 도착한 목적지는 동물광장이었다.

    '노란색...'

    광장 인근에 다다르자 저 끝에서부터 노란색이 보였다. 하늘뿐만 아니라 지상이 노란색 일색이었다. 노란색 천막과 노란색 현수막, 노란색 옷을 입은 사람들, 노란 리본... 몇 년 만에 찾은 광장은 아직도 노란색으로 잠식되다시피 했다. 과거에 이곳에 찾았던 것은 아마 대통령이 바뀌기 전, 한창 촛불 시위로 나라가 떠들썩했던 때였다.

    '잊지마세요호'의 진상을 밝혀라, 그들의 희생을 잊지 말고 그들을 죽음으로 내몬 악인들의 죄를 샅샅이 파헤쳐 단죄하자, 로저도 언젠가 그런 마음으로 이곳을 찾은 적이 있다. 물론 한 손에 촛불을 들고서. 하지만 지금은 어떤가...

"잊지마세요호를 잊지 마세요. 아직 우리가 밝혀내야 할 진실이 깊은 어둠 속에 파묻혀 있습니다. 새롭게 특별조사단을 또 한 번 꾸려서..." 전단지를 나눠주며 그렇게 말하는 사람이 있었다. 노란색 옷을 입고 노란색 머리띠를 둘러맨 채 노란색 리본을 가슴팍에 달고 있었다. 그 너머로 '잊지마세요호를 잊지 마라. 진실을 인양하라.'라고 적힌 커다란 현수막이 보였다. 얼마나 오랫동안 그 자리에 있었던 것인지 미세먼지가 덕지덕지 붙은 현수막은 원래의 하얀색을 잃고 누렇게 오염되어 있었다.

수년 동안 조사가 이루어졌다. 그 결과 배의 과적과 선장을 비롯한 선원들의 안일한 대응 탓이라고 결론 지어졌고 과거 범민주당 측에서 람다와 결부시켜 만들어낸 갖가지 중상모략은 전부 허무맹랑한 이야기로 밝혀졌다.

단순한 해상 교통사고임에도 불구하고 수조 원의 세금을 들여 특별조사단을 꾸렸고 굳이 침몰한 배를 인양했다. 또 이례적으로 피해지원금을 지급했다. 하지만 이곳은 여전히 제자리걸음을 걷고 있을 뿐이었다.

뮤가, 참사 당시 고급 한정식집에서 만찬을 즐기던 뮤가 무어라 말했던가. 대통령이 되면 그들의 억울함을 풀어주겠다고 호언하지 않았나. 어째서 아직도 그 억울함을 풀지 못한 것일까. 그에게 잊지마세요호는 그저 수단에 불과했던 걸까.

"이런 미친 새끼가. 너 제정신이야 지금?" 누군가 그렇게 소리쳤다. 천막 앞에 설치된 간이 게시판 앞이었다. 노란 옷을 입은 사람이 어떤 사람의 멱살을 잡아채며 소리쳤다.

"아이 정신병자 새끼야. 죽은 아이들보고 고맙다니? 방

명록을 쓰랬더니 무슨 개소리를 싸질러 놓는 거야. 너 싸이코패스지?"

정말 미친 정신병자인가. 로저는 쯧쯧 혀를 찼다. 노란색 천막 사이를 지나자 무언가 큼지막한 것이 시야에 뛰어들었다. 그것은 거대한 탑이었다. 거탑. 광장 한쪽 끝에 아파트 이삼십 층 높이의 거대한 인공 구조물이 넓은 자리를 차지하고 있었다. 그것이 반대편 끝에서도 선명히 보였다.

'저것은 분명...'

뮤가 취임과 함께 설치를 지시한 것으로 기억이 났다. 광장에서 집무를 보겠다는 약속을 어긴 대신이라는 듯 저 거대한 탑을 세웠다. 뮤는 탑을 통해 국민의 행복지수(어떤 방법으로 그 지수를 계산하는지는 수수께끼다), 청렴지수(도통 알 수 없는 말을 만들어내는 것이 정부의 특기 중 하나다), 취업률, 출산율 등... 별의별 다양한 수치들을 한눈에 보기 좋게 표시하여 국민들을 인도하고 나라를 잘 이끌어보겠다고 말했었다. 저 거탑의 정확한 이름은 기억이 나지 않았다. 아마 로저 뿐만 아니라 대부분 사람들이 그럴 것이다. 정부의 바람과는 달리 나타나는 수치들이 하나같이 점점 안 좋은 쪽으로 향하자 화면 속 숫자들이 요동쳤더랬다. 어지러운 나라의 사정처럼 그 수치들이 어지러이 오락가락하는가 싶더니 이내 고장이 나버렸다. 이제는 그 용도가 까맣게 잊혀진 채 흉물스레 미세먼지와 모래 먼지를 뒤집어 쓴 채 방치되어있다.

희망, 미래, 아니 꿈이라는 단어도 들어갔던 것 같은데... 로저는 먼 곳에 우뚝 선 거탑을 한심스럽게 쳐다보았다.

그때 어디선가 열렬한 박수갈채가 터져 나왔다. 호기심

이 동해 소리를 쫓아 트인 공간으로 나오자 광장 한켠에 설치된 가설무대 위에 누군가 마이크를 들고 서 있었다. 그 앞에 많은 좌석에 사람들이 도열해 앉아 있었는데 다들 박수치기 바빴다. 얼마나 대단한 사람이길래, 얼마나 멋진 말을 하길래 저러는 걸까. 가까이 다가가니, 아니나 다를까 TV에도 곧잘 출연하는 유명 연예인이었다. 연예인이 마이크를 잡고 말했다. 법관의 법봉과 목수의 망치가 같은 가치를 지녀야 한다고 유창한 말발로 웅변조로 말하는데, 로저는 고개를 갸웃했다. 이 무슨 북의 사상 같은 발언인가, 본인은 일반인은 꿈에도 못 꾸는 막대한 출연료를 받고 있지 않나. 그런 생각을 하는데 객석에서 열화와 같은 반응이 터져 나왔다.

"속이 뻥~!"

"대단하다. 과연 헌법 마스터!"

사람들이 소리 지르며 박수를 쳤다. 더욱 고개가 기우는데 뺨 위로 투둑투둑 물방울이 떨어져 내렸다. 아차, 하며 두리번두리번 비를 피할 곳을 찾았다. 천막 옆으로 차양이 쳐진 곳이 있어 그곳에 들어갔다. 소나기처럼 보였지만 빗줄기가 금방 거세졌다. 사정없이 땅을 두들겨댔다. 로저는 비를 쏟는 하늘을 망연히 올려보았다. 그런데 바로 그때 불현듯 등줄기를 훑고 지나가는 섬뜩함을 느꼈다. 이상한 소리 탓이었다. 신음소리였다. 성인의. 소리는 바로 옆에 있는 천막 텐트 안에서 나고 있었다. 소리는 한 명의 것이 아니었다. 남녀가 뒤섞여있었다. 절로 귀가 쫑긋 서는 것은 로저만이 아니었다. 문득 뒤를 돌아보니 노란 옷을 입은 네댓 명의 사람들이 하나같이 엉거주춤한 자세로 귀를 쫑긋 세우고 있었다. 소리가 나는 천막 텐트 안에서 검은 형체 세 개가 비치고 있었다.

"야! 차에 가서 빨리 천 쪼가리 좀 갖고 와!" 흩뿌리는 빗줄기 사이로 그런 소리가 날아들었다. "몽키 몽키~!"

곧이어 여성들이 그렇게 외치는 데 이어서 누군가 시장님, 시장, 몽키 시장, 하고 소리쳤다. 아무래도 서울시 시장인 몽키가 이곳 광장에 온 것 같았다. 바로 앞에서 돌돌만 파란색 방수천을 겨드랑이에 끼고 달리는 사람이 지나 갔다. 로저는 천막에 귀를 대고 있는 사람들을 뒤로하고 두 손으로 머리를 덮으며 소리가 나는 쪽을 향해 달려 차양이 둘러쳐진 다른 천막으로 자리를 옮겼다. 그런데 깜짝 놀랐다.

'이건 또 뭐야.'

광장 한가운데에 웬 논밭이 있었다. 그 곁에 수많은 사람들이 밀집되어 있었는데, 방송 촬영 장비에 서둘러 방수천을 씌우느라 애를 먹고 있는 촬영진과 일반 시민들이 많았다. 그 사이로 몽키 시장이 보였다. 몽키는 딱 봐도 고급스러워 보이는 정장을 입고 유명 브랜드의 구두를 신고 있었다. 비서로 보이는 사람이 옆에서 공손히 우산을 받쳐 들고 서 있었고 우산이 미처 닿지 않는 비서의 한쪽 어깨가 빗물에 흠뻑 젖어 있었다.

몽키와 비서가 둘이서 조용히 대화를 나누는 모습이었는데 몽키가 뺨을 긁적거리며 돌연 짜증스레 얼굴을 구겼다. 입 모양이 얼핏 심한 욕설을 하는 것도 같았다. 그리고 어딘가로 가는가 싶더니 얼마간 지나자 차림새를 바꾸고 돌아왔다.

"어머 어머, 어쩜... 우리 시장님 어떡해." 로저 옆에서 누군가 그런 소리를 내뱉었다.

다시 나타난 몽키는 한눈에도 추레해 보이는 옷차림으로 바뀌었다. 당장 헌 옷 수거함에서 주워온 듯, 품이 지나치게 남고 어깨가 처지는 재킷에 갈색 코르덴 바지는 무릎이 잔뜩 늘어나 있었다. 광이 나던 구두는 어디 가고 뒤축이 다 까진 낡은 구두로 갈아 신었다.

"어쩜 저리도 청렴하실까..." 시민의 말은 이해할 수 없었지만 언뜻 올라가는 몽키의 입꼬리에 로저는 조용히 마음속에서 혀를 내둘렀다.

비는 그 기세가 한풀 꺾였지만, 여전히 내리고 있었다. 몽키는 자신의 손목에 찬 은빛 피아제 시계를 바라보며 언짢은 기색을 드러냈고, 비서와 촬영진들은 그 눈치를 살피며 서로 상의를 하는 모습이었다. 이내 이야기가 끝나자 무언가 시작하는 듯 사람들이 분주히 움직이기 시작했다. 비서가 어디선가 물뿌리개를 가져와 몽키에게 건넸다. 여전히 비가 내리고 있었지만, 촬영이 시작되었다. 몽키는 물뿌리개를 들고 성큼성큼 밭에 다가서더니 그것을 기울였다. 물을 뿌렸다. 여기저기서 플래시가 터지고 카메라가 돌아갔다. 누군가 소리쳤다.

"*친환경 시장 몽키!!*" 몽키는 브이 자를 그리며 웃음 지었다. 비에 흥건히 젖은 새싹이 쏟아지는 물에 완전히 잠겨버렸다. 싹은 차오르는 흙탕물에 아무 소리도 못 내고 잠겨가는데 몽키 시장은 그따위 것은 안중에도 없다는 듯 사진 포즈를 열심히 바꾸는 데만 열중이었다.

15

　카페의 문을 밀어 열고 들어서자 아직도 소맷단에서 물이 뚝뚝 떨어졌다. 편의점에서 급히 수건을 구해 되는대로 닦았는데 아직 물기가 완전히 마르지 않았다. 어깨에 대충 두른 수건으로 다시 마저 물기를 닦아냈다. 주섬주섬 수건을 재킷 안쪽에 욱여넣는데 카페 한가운데에 특이한 장식이 눈길을 끌었다. 왜 이런 것을 장식이라고 두었는지 그 맥락을 이해할 수 없었지만 그냥 아이스 아메리카노를 주문했다.

　음료를 받아들고 2층으로 올라가자 창가 끝자리에 찾는 사람들이 나란히 앉아 있었다.

　"하마터면 늦을 뻔했어요. 비 맞은 것 좀 보세요." 로저가 으슬으슬 몸을 떨며 말했다. 아직 채 마르지 않은 옷이 검게 얼룩져 있었다.

　윌슨이 자신의 민머리를 찰싹 때리며 호들갑을 떨었다. "물바다야 물바다." 그 옆의 소크라테스는 조용히 손수건을 꺼내 로저에게 건네주었다. "감사합니다."

　자리를 잡고 앉으며 로저가 말했다. "근데 1층에 그건 뭐예요? 보셨어요? 검은색 쪼가리를 정성스럽게 장식해 놨던데."

　"아, 그거. 뭐더라..." 윌슨이 입술을 만지작거리며 눈썹을 모았다. 쉽게 생각나지 않는 듯 애를 먹고 있자 옆에서 소크라테스가 나섰다. "그건 소나무 조각이야."

"소나무요?" 로저가 되물었다. 소나무라는 걸 알게 됐기 때문이 아니었다. 나무 조각이 뭐 별거라고 그렇게 모시듯 하는지 이해가 가지 않아서였다.

로저가 여전히 의문스러운 얼굴로 있는데 윌슨이 손가락을 튕겼다. "그래 맞아. 소나무야 소나무. 우리나라에서 제일 오래된 나무."

"제일 오래됐어요?"

"응 맞아. 옛날 전쟁 때 불에 타버려서 나무는 수령을 다 했는데 이곳 사장이 타고 남은 나무 조각을 어떻게 구해 여태 저렇게 보관하고 있는 거라고 하더라고." 소크라테스가 설명했다. "나도 벤자민에게 전해 들었어. 저 나무 조각은 깊은 의미가 있다고."

"아하..." 로저와 윌슨이 입을 둥글게 만들며 수긍했다.

"그런데 벤자민 선생님이 어떻게 됐다고..." 로저가 문득 떠오른 듯 조심스럽게 본론을 꺼냈다. 윌슨과 소크라테스가 조용히 고개를 끄덕이며 진지한 표정을 지었다.

벤자민이 사라졌다, 분명 그런 이야기를 들었다. 혹시 들은 것이나 본 것이 없느냐고 묻기에 로저는 며칠 전 벤자민에게 들었던 말을 간밤의 통화 간에 알려주었다. 그 내용은 실로 간단하고 짤막한 것이었다.

"잃어버렸다고... 하셨어요."

"잃어버렸다." 윌슨이 앵무새처럼 로저의 말을 되새겼다.

"잃어버렸다고 한 것이 맞을 거예요. 잊어버렸다고 한 것 같기도 하고... 밤중에 온 전화를 받으니 겨우 그 말만 남기고 끊겨버렸어요." 로저는 그 뒤로는 어떤 연락도 불가능하다고 말했다. 문자도 전화도 응답이 없다. 그런 와중에 윌슨으로부터 벤자민의 행방을 아냐고 연락이 왔던 것이다.

"무얼 잃어버렸다고는 말이 없었고?" 소크라테스가 호기심이 깃든 눈을 했다.

"네. 그냥 잃어버렸다고... 아니면 잊어버렸다고..." 로저가 그렇게 대답하자 소크라테스가 흐음, 낮게 숨을 내쉬었다. 확실하지 않은 답변이 불만이라는 듯이.

"잃어버리거나 잊어버리거나 뭐, 비슷하지." 윌슨이 태연하게 그렇게 말하자 로저가 머쓱한 듯 눈썹 옆을 긁적거렸다.

"두 분은 뭐 들은 것 없으세요?"

수십 년 지기 친구도, 수십 년 지기 이웃도 천천히 고개를 저었다. "벌써 몇 주는 됐어. 연락이 안 된 지. 시기상으로는 이미 행방불명된 시점에서 너에게 연락을 한 거야. 연락이라 할 만한 거리가 되는지 의문스럽지만." 소크라테스가 손가락을 자신의 곱슬한 머리칼 속에 집어넣고 이리저리 꼬아대며 말했다.

윌슨도 답답한 것이 있는지 눈을 깊게 감고는 생각에 잠겼다. 그러더니 이내 뭔가 떠오른 듯 반짝 눈을 떴다. "그러고 보니 얼마 전에 벤자민의 친구가 자살을 했다는 이야기를 들었어."

"자살요?" 로저가 커피를 마시다 말고 입을 급히 뗐다. "응. 사기를 당했대. 그 친구 딸이 변족들에게 사기를 당한 모양이야. 어린 나이에 상심이 얼마나 컸을지..."

"그런데 그 부모님까지 자살을 한 거예요?"

"으응... 내가 듣기로는 엄청나게 심한 조롱을 했다고..."

"조롱?" 소크라테스가 신경질적으로 입가를 비틀었다.

"그 친구에게 말이야. 딸이 죽은 뒤에도 그 변족 녀석들이 연락을 하길래 말했다고 해. 이제 딸이 죽었다, 만족하느냐고. 그러자 그 녀석들은 믿을 수 없다, 장례식장 사진을 찍어 보내라, 영정사진을 찍어 보내면 사기 친 금액을 돌려주겠다... 이따위 말을 했대. 그런데 정말 사진을 찍어 보내자 그 녀석들은..." 윌슨이 한 차례 틈을 두며 숨을 골랐다. 열이 뻗친 듯 어느새 얼굴이 울그락불그락했다. "웃었대."

"웃어요?"

"...마구 웃었대. 메시지나 전화 통화로 마구 웃으며 조롱한 거야. 꼴좋다고..."

빠득 이가 갈리는 소리는 낸 것은 로저만이 아니었다. 소크라테스는 자신의 입으로 주먹 쥔 손을 가져가더니 자신의 손가락을 꽉 깨물었다. 피가 날 정도로.

한동안 무거운 침묵이 이어졌다. 젊은 딸의 영정 사진을 끌어안고 한참이나 통곡했을 불쌍한 남자의 모습이 자꾸만 떠올라 로저는 우울한 기분이 되었다. 아메리카노가 한없이 밍밍했다. 다시 빨대로 음료를 마시자 어쩐지 피 맛이 섞였다. 입술을 씹어서 피가 나고 있다는 것을 뒤늦게 깨달았다.

"교과서 일도 있었지." 소크라테스가 겨우 평정을 유지하고 로저를 바라보았다.

"네, 그랬죠." 로저가 고개를 끄덕였다.

벤자민은 얼마 전 교사직을 그만두었다. 잘못된 교과서로 아이들을 가르칠 수 없다고 말하면서 짐을 쌌다. 벤자민은 같은 역사 교사이자 후배인 로저에게 이런 말을 했다.

"자네, 이 교과서들을 좀 봐. 자유민주주의에서 자유라는 단어를 뺐어. 우리나라가 어떻게 세워졌는지 국민들이 잊길 바라는 걸까. 그뿐만이 아니야. 유신 정권을 독재라고 규정해 놓았어. 세상에 국민들의 투표율이 92퍼센트에 달하고 찬성률이 90퍼센트가 넘는 독재정권이 있어? 그 당시에 이 나라가 어땠는데. 북이 수백 발이나 포사격을 해대어 선량한 우리 국민들이 죽었고 휴전선 일대에는 수많은 병력이 집중 배치되어 호시탐탐 또 한 번 남침할 기회를 엿보고 있었어. 그런데 그때 다른 대선 후보 중 한 사람이었던 씨타는 뭐라 했는지 알아? 예비군을 폐지해야 한다, 우리 안보는 주변 강국에 맡겨야 한다, 북은 절대 우리를 공격할 생각이 없다... 마구 선동해대며 가는 곳마다 시위를 벌여댔지. 경부고속도로를 건설하지 말고 그 자리에 옥수수를 심자고 했던 때처럼 말이야.

그래서 감마는 국민들에게 선택을 맡겼던 거야. 그 결과가 유신정권이었고. 대체 이제 와서 국민의 인권을 유린한 독재정권이라고 말하며 감히 인간쓰레기만도 못한 섭과 새 따위와 견주는 꼴은...

새마을 운동도 교과서에서 지워버렸어. 대신이라는 듯 위안부에 대해서는 갖은 수사와 잘못된 자료를 동원해서 반일 감정을 부추기고... 그렇게 인권 타령하며 정작 북의 인민들에 대한 인권 유린이나 정권 세습에 대한 내용은 모조리 지워버리고 말이야. 이게 대체 무슨 일인지..."

"이제 더불어 사는 민주시민이라는 과목도 생겼다고 해요." 로저는 어이없다는 듯 한숨과 함께 말했다.

"수학, 영어 그리고 과학에 대한 교육과 시험은 나날이 소홀해지고 있는데 그런 사상 교육이라니."

그렇게 말하는 소크라테스의 얼굴에 주름이 깊어졌다.

"나라가 어떻게 돌아가는지 대체..."

"정말 종전을 할까요?" 로저는 문득 생각나서 그런 의문을 띄웠다.

대통령 뮤는 임기 내내 종전에 매달리고 있다. 북에 수십조 원에 달하는 지원책을 펼치고 있고 얼마 전에는 남북정상회담을 개최했다. 사절단을 이끌고 평양에도 방문했다. 최근 뉴스는 종전에 관한 것으로 도배되다시피 하고 있다. 대통령 뮤가 길고 긴 전쟁을 드디어 끝내고 평화의 새 시대를 열려 하고 있다... 그런 기사와 뉴스가 범람하고 있다.

"전부 쇼야." 윌슨이 툭 내뱉듯 말을 던졌다.

"종전이라는 말에 매달려 대체 얼마나 많은 세금을 갖다 바치고 있는 건지. 종전이라는 단어에 무슨 엄청난 힘이 있다고..." 소크라테스가 열이 나는 듯 자신의 이마를 짚으며 말했다.

"결국 파토가 날 게 뻔해. 그놈들은 종전을 원하지 않아. 계속 자기 뱃속을 채우는 데만 급급할 뿐이지."

"그놈들이라면 북이요?"

소크라테스가 훗, 가볍게 웃었다. "두 쪽 다. 다 같은 놈들이야."

윌슨이 말했다.

"곧 핵 개발 시설이 밝혀질 거야. 더한 인권 유린이 밝혀질 거고. 북은 그런 놈들이야. 언제나 우리 뒤통수를 친다고." 윌슨은 감정을 가라앉히려는 듯 숨을 내뱉고 말을 이었다.

"강제수용소에서 벌어지는 일들은 너무 끔찍해. 밥도 주지 않아서 돌아다니는 쥐를 잡아먹어 겨우 연명하고, 여자는 살기 위해서 수용소 간부에게 몸을 바쳐야만 해. 겨우 쓰레기 같은 죽 찌꺼기를 얻어먹기 위해서 말이야. 자기 자식을 먹이기 위해서 자기 자신을 팔아야 한다고..." 윌슨이 쓴 무언가를 삼킨 것 같은 얼굴로 말했다.

"그런 놈들이 무슨 종전을 하겠어. 그놈들은 인민들을 인민으로 보지 않아. 그냥 포로나 인질, 돈줄 그런 거로 볼 뿐이야. 인민들이 쌀 한 톨 없어 배를 굶고 있어도 그놈들은 샥스핀이니 송로버섯이니..." 휴우, 한숨을 길게 내쉬고는 윌슨이 말을 이었다. "지금 북에 지원하는 것들 전부 그놈들의 배를 불려줄 뿐이야."

"TV에 나오는 키들은 그런 모습은커녕 아주 친근한 느낌으로 보이던걸요. 사절단으로 참여한 우리나라 연예인들과 아주 즐겁게 떠드는 모습에는 저도 조금 동요했어요."

로저가 얼마 전에 보았던 TV의 장면 들을 떠올리며 말했다. 화면 속에서 키들은 아주 호쾌하게 웃으며 정중하게 우리나라 사절단을 대했다. 사절단에게 가벼운 농담까지 하는 모습은 이전에 뉴스를 통해 보았던 독재자의 모습과는 전혀 다른 것이었다.

"그런 게 다 쇼라는 거겠죠." 로저가 그렇게 말하자 윌슨과 소크라테스가 조용히 고개를 끄덕였다.

"언론과 방송은 이제 제대로 된 곳이 없어." 소크라테스가 스마트폰을 꺼내더니 곧 화면을 보였다. "이것 봐. 오늘 새벽에 또 어떤 자영업자가 자살했어. 하루가 멀다 하고 이런 일이 일어나고 있어. 심각한 사회문제라고. 하지만 어느 곳 하나 관심을 가지고 보고 있지 않아. 대체 람다가 대통령일 때 들고 일어났던 사람들은 지금 뭘 하고 있는 걸까."

월슨이 컵 안에 얼음을 입안에 털어 넣으며 와그작와그작 씹어댔다. 그 얼굴에 불만이 가득했다.

"정말 그래요. 예전에는 뉴스뿐만 아니라 쇼 프로그램, 라디오 같은 곳에서 별것도 아닌 거로 대통령이나 사회문제를 풍자하거나 비판했던 것 같은데... 연예인들도 틈만 나면 SNS로 글을 올리거나 심지어 직접 시위에 참가도 했었구요. 국정농단을 멈추라면서..."

"대체 뭐가 국정농단이야. 뭐가 경제공동체냐고!" 월슨이 버럭 소리치며 테이블을 쾅, 내리쳤다.

흔들거리는 테이블 위에 어디선가 튄 물 자국이 있었다. 지진이 난 듯 방울들이 달달 춤을 추더니 이내 합쳐졌다. 하지만 떨림은 멈추지 않았다. 로저의 시선이 지그시 향하자 그 안에서 무언가 비춰 보였다. 그건 어떤 재판장의 모습이었다.

16

 람다의 길고 긴 재판이 끝났다. 얼마 전 최종 판결이 났다. 결론은 간단히 말해서 람다는 10원 한 장 받은 것이 없지만 샬롯과 '경제공동체'이기 때문에 뇌물을 받은 것이나 다름없다는 것이었다. 우리나라 역사상 유례가 없는, 아니 전 세계 어느 판례에도 유례가 없는 일이었다. 우스갯소리로 그냥 청와대 비서관이나 어디 적당한 자리를 샬롯에게 떡하니 내주었으면 국정농단이라는 소리 자체가 없었을 것이라는 말을 하는 사람들도 있다.

 최근 경제 불황이 길어지고 있다. 정부의 무능한 정책 탓이다. 소득을 늘리면 경제가 절로 성장한다는 단순한 발상은 그야말로 실패였다. 무리하게 임금을 높이자 물가가 따라서 올랐고 물가가 오르자 사람들은 주머니를 닫았다. 주머니를 닫자 경제 유동성이 줄고 일자리가 자연스레 줄어들 수밖에 없었던 것이다. 첫해에는 내년이면 그 진가가 발휘될 것이라고 했다. 하지만 1년이 지나자, 또 내년이 되면 그 진가가 발휘될 것이라고 했고 또 1년이 지나도 같은 소리만 하고 있는 실정이다.

 정부의 갖가지 규제와 제재는 말할 것도 없고 무엇보다도, 여성부와 같은 쓸모없는 부처에 막대한 예산을 대폭 늘린 것은 갖가지 부작용을 불러일으켰다. 여성부는 등에 날개를 단 듯 규제라는 칼자루를 쥐고 갖가지 산업에 마구 그 칼을 휘두르고 있다. 여성부는 또 막대한 자금력을 바탕으로 수많은 시민단체를 양성하고 있다. 제대로 된 심사도 적합한 절차도 없이 우후죽순으로 여성부 휘하의 수천 수만 개의 새로운 시민단체가 생겨났다. 그들은 하나같이 같은 정치 성향을 띄고 같이 행동하여 또 하나의 거대한 정치 집단을 이루었다.

반일 운동 또한 커다란 이슈 중 하나였다.

정부의 무분별한 친북 정책으로 인해 남쪽 나라와의 외교 관계가 악화되었고 결국 일이 커져서 사태는 무역 분쟁으로 이어졌다. 그로 인해 직간접적으로 피해를 입는 크고 작은 기업들과 자영업자들이 많았고 경제적으로 갖가지 악영향을 불러일으켰다. 외교적 갈등 그 자체뿐만 아니라 경제적 피해가 막심했던 것이다.

그러한 문제 앞에 정상적인 정부라면 사태를 수습하기 위해 힘을 쓸 것이다. 하지만 현 정부는 그렇지 않았다. 정부는 크게 소리쳤다.

이것은 또 하나의 새로운 전쟁이다, 다시는 지지 않겠습니다... 정부와 여당은 대대적인 반일 운동을 전개했다. 마치 기다렸다는 듯이 사태를 더욱 키웠다. 갖가지 선전 문구와 뉴스, 기사가 온 나라를 뒤덮었으며 여당 지지자들은 홍위병을 자처하며 남쪽 나라 제품을 쓰지 않도록 일반 시민들을 감시하고 반일을 강요했다. 대통령부터 나서서 반일 운동을 주도하며 이렇게 말했다.

'절대 지지 않을 것입니다. 승리의 역사를 만들 것입니다.'

자신들은 절대 선이고 남쪽 나라와 남쪽 나라를 두둔하는 국민들은 절대 악인 것처럼 선악 구도가 만들어졌다.

반일 운동으로 상처 입은 국민들은 눈치를 보며 앓는 소리
조차 맘 놓고 낼 수 없었다.

탄핵에 결정적이었던 법관은 마치 반란 공신처럼 뮤로부
터 훈장을 받았다.

촛불 시위에 참가하고 방송이나 SNS를 비롯, 자신의 영
역에서 람다를 비난하고 풍자했던 유명인들은 국민 세금이
들어가는 각종 강연, 행사 자리를 대우받거나 심지어는 지방
자치 단체의 요직을 차지했다. 반란의 공을 나누는 것일까.

국민들이 하나둘 의문을 갖기 시작하는 것은 당연한 일
이었다.

물가가 오르고, 실업률이 치솟고, 수많은 기업들이 도산
했다. 자영업자들이 앞을 다투어 문을 닫고 감당 못 할 빚
에 허덕이게 되었다. 어째선지 집값만은 멈출 줄 모르고
올랐다.

정부는 말했다. 그저 말했다. 이 모든 것은 카파와 람다
탓이다, 라고. 카파와 람다가 9년 동안 해놓은 것이 아주
우연찮게 지금 곪아 터져 이러는 것이라고. 당신들이 힘들
고 고달픈 것은 전부 카파와 람다 탓이니 우리 잘못이 아
니라고.

사람들이 죽었다. 자살했다. 삶의 어려움에 하루에도 수
십여 명이 스스로 목숨을 끊었다. 끊고 있다.

사람들은 뒤늦게 자신의 어깨너머를 곁눈질하며 고개를
갸웃거린다. 자신의 두 손을 한번 바라본다. 그 손으로 자
신은 무엇을 들었던가. 손바닥에는 이제 온기가 남아 있지
않다. 자신의 손에 촛불을 쥐여 주었던 그들을 찾아 황망
히 고갯짓해 보지만 바로 옆에 서서 어깨를 나란히 하고
힘이 되어 주겠다던 그들은 이제 곁에 있지 않다. 저 높고

높은 곳 어딘가에서 아주 교만한 눈길로 사람들을 내려다보며 그들은 이렇게 말한다.

이 모든 것은 카파와 람다, 그리고 남쪽 나라 탓이라고. 어서 반일 운동에나 동참하라고.

"아 맞다. 그러고 보니 나 부인을 본 것 같아." 윌슨이 소리 내어 손뼉을 한 차례 쳤다.

"누구요. 부인?" 로저가 묻자 윌슨의 시선이 가늘어지며 천천히 옆으로 향했다. 소크라테스가 음료를 들이켜다 말고 사레가 들린 듯 컥컥댔다. 로저가 손수건을 돌려주자 옷과 테이블에 튄 음료를 황급히 닦았다.

"국민과의 대화 말이야. 최근에 있었잖아. 거기서 봤어."

"아. 국민과의 대화요..." 로저가 의미심장하게 고개를 주억거렸다.

국민과의 대화. 최근에 그런 이름의 TV쇼가 있었다. 소통하겠다며 그런 행사를 진행했는데... 정말 말 그대로 쇼였다. 추첨을 통해 무작위로 선별한 300명의 국민으로부터 날카로운 질문을 대통령인 뮤가 직접 달게 받고 국민과 소통의 시간을 가지겠다며 호언하며 기획, 진행되었지만 그 실체는 실로 쓴웃음이 지어지고 마는 것이었다.

우선, 무작위로 선별한 300명이 아니었다. 철저히 사전 조사를 통해 대통령에게 호의를 품고 있고 친여당 정치 성향을 가진 이들로 선별된 인원들만이 투입되었다. 일부는 대통령과 깊은 인연이 있거나 일면식이 있는 사람들이었지만 연기에 능한 대통령과 그 인원은 능청을 떨며 이런 말을 했다. '대통령님을 처음 뵙는데 정말 인자하시다, 미남이시다.'

그런 사람들에게 '순수한 국민들'이라는 겉 포장을 두른
것이다.

　　무엇보다도 그 내용이 우스웠다. 국민들이라며 마이크를
잡은 사람들이 자신들의 힘든 삶을 밝히며 대통령에게 하
소연하면 대통령은 옳다구나, 하며 자신이 펼치려는 정책
이 그런 사람들을 위한 것이다, 나도 힘을 쓰고 있다, 그
런데 그놈의 야당 때문에... 거의 이런 식이었다.

　　그런 식으로 가면 그다음도 뻔하다. 마이크를 잡은 국민
들은 하나같이 야당을 비판했다. 어째서 대통령님을 괴롭
히느냐, 대통령님이 이런 좋은 정책을 펼치시려는데 야당
때문에 힘들어하시는 것 같다... 초등학생 수준의 학예회
연극과 다를 바 없었다. 어떤 사람은 화를 못 참고 상기된
얼굴로 어서 빨리 검찰개혁과 공수처 설치가 필요하다고
뜬금없이 소리를 지르기까지 했다. 대통령은 인자한 얼굴
로 휘휘휘, 웃으며 그를 진정시키는데...

　　"정말 여기가 자유민주주의 국가가 맞나 의심스러웠어..."
윌슨이 어렴풋이 미간을 찡그리며 말했다. 하릴없이 음료
잔을 만지작거리는 손이 미세하게 떨리고 있었다. 두려움
을, 느끼고 있는 것처럼 보였다. 옆의 소크라테스도 정말
공산국가에서나 할 법한 짓이라고 중얼거렸다.

　　"그런데... 누굴 보셨다고?"

　　"응. 소크라테스 부인 말이야. 무슨 시민단체 대표로 나
왔었는데..."

　　"저는 프로그램 끝부분만 봐서 못 봤어요."

　　"시작할 때쯤 나왔어. 단체 이름이 뭐였더라. 음... 아마
국민청년여성연대... 였던가?"

　　"국민청년... 뭐요?"

"아이, 그러니까... 국민청년통일민주..."

"국민청년진보참여여성시민노동평등통일연대야." 소크라테스가 어디선가 수첩을 꺼내 읽으며 말했다. "나도 통 헷갈려."

"국민청년참여... 뭐하는 곳이에요?" 로저가 소크라테스에게 물었다.

"글쎄, 국민청년참여..." 소크라테스가 수첩을 다시 들추어 보았다. "국민청년진보참여여성시민노동평등통일연대니까 뭐... 국민청년진보참여여성시민노동평등통일연대스러운 일을 하지 않을까?"

소크라테스가 자신의 뺨을 만지며 자신 없어 했다. "여성부 산하 단체라던데... 뭐 비슷한 일을 하겠지."

그렇군요... 로저는 여성부라는 말에 입을 다물었다. 여성부와 관련된 곳이면 더 물어볼 것 없이 뻔하다. 아니나 다를까 소크라테스가 자조하듯 조용히 말했다.

"덕분에 식비를 아낄 수 있어. 그것만이 아냐. 마작이나 뜨개질, 수영장, 헬스장, 다과회, 바비큐 파티... 요즘 아주 바빠 보여."

마작을 하는데 어떻게 정부 지원금이 나오지? 하지만 물으나 마나다. 그런 세상이다.

"그러는 윌슨 너도 새로 시민단체를 만들었다며? 대머리 뭐라고 했더라."

윌슨이 컵에 남은 얼음을 와그작 씹으며 말했다. "국민청년참여평화정의공정대머리진보노동연합이야."

"새로운 곳이에요? 그럼 해방 위원회는..."

"동물 해방 위원회는 해체되었어. 정부가 단체를 인정하지 않는다고 강제 해산 명령이 떨어진 지 오래야." 윌슨이 쓸쓸한 얼굴로 말했다.

"자기들 입맛에 맞지 않는 단체는 강제로 없애면서 그럴 싸하게 꾸미면 얼마든지 시민단체를 만들어서 정부 지원금을 받을 수 있어. 간단해. 그냥 걔네들이 좋아하는 말만 잔뜩 넣으면 되거든." 윌슨이 쓴웃음을 지었다. 품에서 무언가를 꺼내 보였다.

"자 이것 줄게. 우리 대머리연합도 리본이나 배지 같은 게 필요할 것 같아서 주문해 만들었어."

반원형의 노란색 배지였다. 얼핏 둥근 언덕처럼 보이는 것이 아마 사람의 머리인 것 같았다. 로저의 손안에서 노란색 민머리가 반짝 빛을 냈다. 배지를 내려다보며 그럼 그 대머리연합은 뭐 하는 곳이냐고 물어보려다가 그만두었다. 어차피 물어보나 마나일 거라고 생각한 것이다.

고개를 들어보니 소크라테스와 윌슨의 눈길이 물끄러미 창밖을 향하고 있었다. 광장이 내다보였다.

시야가 짧은 것은 역시 미세먼지 탓이리라. 노르스름한 하늘 아래 어렴풋이 거탑이 흉흉스레, 그리고 그 앞으로 노란색 천막들이 빼곡히 있는데 흡사 자그마한 마을을 이루고 있었다.

셋의 시선이 한 곳을 향하다가 로저가 불현듯 떠오른 것이 있어서 아, 하고 작게 소리를 냈다. "그러고 보니 모자를 안 쓰시네요?" 전에 없이 가벼운 목소리였다.

"아아, 모자 말이지. 으음..." 윌슨이 멋쩍은 듯 자신의 민머리를 만지작거리며 우물쭈물했다.

"당당히 드러내야지. 안 그래? 이제 대머리연합 회장이니까." 테이블 위에 놓인 노란색 배지를 쳐다보며 소크라테스가 말했다.

17

　차곡차곡 승객을 욱여넣은 출근길 만원 버스의 잔뜩 웅크린 정적을 깬 것은 어떤 할아버지의 호통 소리였다. "임산부석인데 어쩌라는 거야. 아가씨가 임산부야? 임산부 비슷해 보이기는 하네."

　"어머, 별꼴이야. 저 임신 안 했거든요? 임산부석은 비워두는 게 기본 에티켓이라구요. 할아버지가 그 자리를 차지하고 있으면 진짜 임신한 여성분이 앉으려 해도 말을 꺼내기가 어려울 것 아니에요! 그리고 저는 할아버지한테 비키라고 말 한 적 없어요!" 검은색 바탕에 흰 글씨로 Girls can 어쩌고라고 쓰인 거대한 티셔츠의 여자가 소리쳤다.

　"자꾸 중얼중얼 댔잖아! 아줌마가 앉고 싶으면 앉던가 그 두툼한 살을 가누기 힘든가 본데. 원하면 내 비켜 줄 테니."

　"와, 미쳤어. 아줌마요? 아줌마?"

　"그래, 아줌마! 몸집으로 보나 주름살로 보나 아무리 봐도 아줌만데 뭘. 내가 몰라봐서 미안하게 됐수. 자 앉으슈."

　"필요 없어요! 와... 나 진짜 어이없어..."

　"내릴 때가 됐네." 색이 어두운 낚시 조끼를 걸친 할아버지는 그 말만 남기고 타이밍 좋게 버스에서 내렸다. 거구의 여자는 빈 임산부석을 차지해 앉았다. 여자의 가슴팍에 무언가 달려 있었다. 노란 리본이 있고 그 옆에 또 다른 배지가 있었다. 어렴풋이 무슨 스카우터라는 글씨가 보였다. 성평등 스카우터...

"진짜 짜증나. 난 나랏일 하는 건데." 혼자 궁시렁대더니 차창에 기대어 자는 척을 한다.

이제 잠잠해졌으니 라디오 소리를 들을 수 있겠지. 로저는 버스 손잡이를 고쳐 잡으며 귀를 기울였다.

오늘 새벽 또 북이 미사... 미상 발사체를 발사했다. 정부는 미상 발사체를 파악 중에 있다고 하며 자신들이 보기에는 평화의 신호탄일지 모른다는 의견을 밝혔다. 그러니 평화에 한 걸음 더 나아가기 위해 북의 철도 건설과 고속도로 건설을 비롯한 각종 지원 방안을 좀 더 앞당길 계획이라고 한다. 결국 북의 미상 발사체 발사는 종전 선언을 앞당길 예비 축포로 결론 지어지는 것 같았다.

뮤와 여당의 지지율이 주춤, 아니 곤두박질치는가 싶었지만 통계청장이 대통령에 의해 바뀌고 여론조사 기관 사장이 갑자기 자살한 뒤로는 그 지지율이 종전의 기록을 갈아치우며 고공행진을 하고 있다. 범민주당 게이트 사건은 조용히 일단락되는 듯했다. 현역 여당 의원들 수십여 명과 장관들까지 엮인 거대한 비리 사건이 터져 제법 뉴스와 기사가 나오며 시끄러웠다. 하지만 한창 재판을 앞두고 있는 상황에 증인들이 죄다 행방불명되거나 자살을 했다고 한다. 담당 판사까지 식당에서 갑자기 돌연사했다. 최근 들어서는 관련된 뉴스나 기사를 본 기억이 없다.

더불어 친일파 인명사전에 대한 것도 사정이 같았다. 남쪽 나라와의 갈등이 한창 심화되고 있는 요즘, 들끓는 여론을 감안해 이번 기회에 친일파 인명사전을 만들겠다고 범민주당이 먼저 야당에 제안했다. 여야 합의하에 합동 조사가 시작되었고, 덕분에 얼마간 누가 알고 보니 친일파였네, 일제의 앞잡이였네, 나라를 팔아먹은 죽일 놈이었네, 하고 기사와 뉴스가 꽤나 나왔다. 그런데 아주 우스운 것이 그 일제의 앞잡이, 나라를 팔아먹은 죽일 놈들이 죄다 범민주당 쪽에서 나왔다. 자신 있게 제안했던 모습은 어디로 가고 태도를 바꾸어 얼렁뚱땅 넘어가는 모양인지 요즘은 소식이 없다.

부동산 폭등과 극대화되고 있는 빈부격차로 인해 사회적 풍토가 많이 바뀌었다. 열심히 공부해서 좋은 대학에 가고, 겨우 고생해서 대기업에 취직해 평생 노예처럼 일해 봤자 집 한 채 사기 어렵다는 현실에 어린 나이의, 젊은 나이의 사람들은 막연한 미래나 꿈보다는 그저 현재를 중요시하며 되는 대로 사치를 부리는 것이 하나의 유행이 되었다. 그냥 Flex나 가끔 하며 살자고, 가능성 없는 꿈 같은 건 생각하지 말고.

부자들을 겨냥한 증오 범죄가 기승을 부리고 있는 것도 변화한 풍토 탓일 것이다. 거듭되는 인플레이션과 부동산 시장 과열 탓에 나라가 투기판이 되었다는 말이 나돌 정도로 너도나도 주식 시장에 뛰어들고 있다. 모두가 돈을 벌면 좋은 일이지만 현실은 그럴 리가 없는 법이다. 적지 않은 수의 사람들이 투자에 실패하며 자신의 처지를 비관해 스스로 생을 마감하거나 좌절감과 뒤섞인 분노의 칼날을 자산가를 향해 겨누며 각종 범죄가 발생하고 있다. 누군가 자살하거나 누군가 살해당했다는 기사는 과거와 다른 무게를 가지게 되었다. 심지어 일가족이 한꺼번에 자살하는 일도 이제 그리 드문 일이 아니다.

"아니 그러니까 소득주도성장이라는 것은 절대 실패한 정책이 아니라는 거예요. 정책 시행 뒤 OECD에서 우리가 얼마나 좋은 수치 변화를 가졌는지 여기 한번 보시면..."

오늘도 정부 인사가 열심히 설득을 하고 있다.

"대통령 임기가 끝날 때쯤이면 분명... 아니, 늦어도 그다음 대통령 때에는 아마..."

"이것 좀 보세요. 짜잔."

루나가 꺼내 보인 것은 문고본이었다. 교무실 구석 회의용 테이블 위에 커다란 종이 상자 두 개가 놓여있었다. 루나가 상자에서 책들을 하나씩 꺼내 보였다.

'페미니즘 원스텝'
'이제부터 나도 페미니스트'
'성인지감수성 바로 알기'
'성평등과 성인지감수성'
'성인지감수성을 모르는 당신, 예비 성범죄자'

"학교 도서관 관리자의 권력을 좀 썼죠."

헤실헤실거리며 잘도 그런 말을 한다. 비슷한 또래의 여선생들끼리 모여 있는데 뭐가 그렇게 즐거운지 까르르 소리가 끊이질 않는다.

"어휴, 쯧쯧..." 옆에서 혀를 차는 사람은 로저의 동기인 리들이었다.

"성평등 같은 소리 하네. 평등을 가장한 차별이겠지. 아무런 의무도 지지 않으면서 권리만 챙기는 주제에..." 거의 이를 갈았다. "올해 성인지인지 개뼈다귀인지에 대한 나라 예산이 얼만지 알아? 30조야 30조. 아니 30조가 넘어. 억이 아니야, 조라고. 말이 돼?"

"그렇게나 많아?" 로저가 짐짓 놀란 표정을 지었다.

"그렇다니까. 성평등이라고 그럴싸한 허울을 내세워서 국민들의 세금을 물 쓰듯이 펑펑 쓰는데, 여자들은 또 그 세금을 갖가지 방법으로 받아먹으면서 또 표로 보답하잖아. 그게 나라 세금으로 자기들 표를 사는 것밖에 더 돼? 아니 마작을 하는데 왜 나랏돈을 받냐고. 간식 사 먹고 취미 생활하고 여행 가는데 왜 우리 세금이 쓰여야 하는 건데."

"조심해. 들리겠어." 로저가 말렸지만 리들은 참을 수 없다는 듯 씩씩거렸다. 중얼중얼 화를 드러냈다.

"이 나라는 결국 멸망하고 말 거야. 나라 꼴을 봐. 부동산이 고작 2, 3년 사이에 몇 배로 폭등을 하고 여자들은 페미니즘 같은 이상한 사상에 물들어서 온갖 난리를 치고... 출산율은 어떻고. 전부 다 페미니즘 탓이야. 서로 싫어하고 서로 증오하는 사이인데 누가 결혼을 하겠어. 결혼을 안 하니 아이도 당연히 안 낳지. 정부가 인구 감소를 막겠다며 대책이라고 내놓는 게 뭔 줄 알아? 다문화야. 다문화랍시고 정말 다문화인 것도 아니야. 죄다 짱깨 연변족이라고. 이제 연변보다 우리나라에 연변족이 더 많다는데... 정말 나라를 바칠 생각인 걸까."

"이게 다 친일 기업이라니까요. 진짜 우리나라가 얼마나 뿌리 깊게 썩었는지... 어휴." 루나가 그렇게 말하며 자신의 스마트폰을 주변에 보여주었다. 그 스마트폰 뒷면에는 'No Japan 가지 않습니다. 사지 않습니다' 스티커가 붙어있었다. 여자들이 화면을 바라보며 하나같이 한숨을 쉬었다. 정말 우리나라 큰일 났다, 매국노, 친일파 놈들, 천벌 받을 놈들... 다들 한마디씩 던졌다. 진지한 얼굴로 고민하는 하는 모양새인데, 가스불이라도 켜놓고 왔나.

"제가 만약에 일제 강점기 때 태어났음 정말 이 한 몸 바쳐서 독립운동에 앞장섰을 거예요. 하다못해 남몰래 태극기를 그려서 사람들에게 나눠준다든지 아이들한테 한글을 가르친다든지... 강제징용 피해자분들 사진 보셨어요? 저번에 봤는데, 저는 화가 나서 피가 끓더라니까요."

"진짜 지랄하네?" 리들이 분노가 느껴지는 눈을 했다. "지금 바로 옆에서 일어나는 강제징용에 대해서는 자기 일 아니라고 관심도 없으면서 가벼운 주둥이만 나불댈 줄 알지."

"리드래곤 구속 기사 보셨어요?" 루나가 화제를 바꾸었다. 다른 여자 선생들이 또 까르르거리며 동조했다. 잘됐다, 꼴좋다, 천벌 받은 것이다, 역시 뮤다, 재벌들을 깡그리 잡아넣어야 한다... 무슨 잘못을 했고 정확히 무슨 이유로 구속되어야 하는지, 왜 벌을 받아야 하는지 말은 없이 그저 1차원적인 말만 한다. 드라마 이야기를 할 때면 재벌 2세에 끔뻑 죽으면서 이럴 때 보면 부자나 재벌 자체를 아주 싫어하는 것 같다. 얼마 안 가 이야기의 화제가 또 바뀌었다.

"제트 말이에요. 제트."

"멋있지. 그분?"

"제트님. 너무 멋있어."

얼마 전 혜성처럼 등장한 정치인이 있다. 여당 소속으로 지난번 국회의원 선거에서 비례대표로 국회의원이 되었다.

과거 어느 유력 정치인의 경호원이었던 그는 자신이 경호하던 정치인이 갑자기 자살한 뒤 스스로를 비판하고 깊은 실의에 빠졌으나 모든 것을 딛고 일어나 현재에는 나라를, 공화국을 위해 발 벗고 나섰다는, 그런 그림으로 정치인이 되었다. 30대 후반, 이목구비가 짙고 다부진 체격에 무엇보다도 어깨가 넓은 그는 여타 배가 나오고 머리가 휜한 중년 정치인들에 대비되어 여성들로부터 큰 인기를 끌고 있다. 어깨 깡패나 태평양 어깨는 그를 늘 따라다니는 수식어다.

"제트님도 언젠가 대통령이 되시겠죠?"

"그럼 우선 몽키 시장님이 다음 대통령을 하고 그다음은 음모, 또 그다음은 리퍼일까? 제트님은 아직 젊으시잖아."

"와, 민주당 인재풀 미쳤다. 진짜."

그때 로저의 시야에 움직이는 노란 리본이 나타났다. 노란 리본이 흔들거리며 다가오더니 앞을 지나쳐 테이블 쪽으로 향했다. 노란 리본의 주인은 중년 교사 페기였다. 특유의 건들거리는 걸음걸이로 여자들에게 다가가더니 친근한 척 대화에 끼어들었다. 여자들의 표정이 일순 굳어졌지만, 교직원 조합 간부인 페기의 눈 밖에 나면 좋을 것이 없다. 하나같이 그린 듯한 미소를 만들며 적당히 대화를 이어가는 모습이었다.

"저 짱깨새끼..." 리들이 경멸 어린 목소리로 중얼거렸다.

화교인 페기는 국적은 우리와 같지만 하는 짓은 서쪽 나라 사람과 다를 것이 없다. 목욕을 하는지 안 하는지 어깨 주변에는 하얀 비듬이 무늬처럼 붙어 다니고 가까이 가면 며칠 삭혀둔 양말 같은 시큼한 냄새가 난다. 평상시엔 능글맞은 성격으로 대인 관계가 원만해 보이지만 자신의 편의와 이익에 관해서는 칼 같다. 아니, 눈이 뒤집어진다. 자신이 피해 보는 것은 조금도 참지 못한다. 그리고 국적을 바꿨음에도 자신은 아직 서쪽 나라 국민이라고 하는데 이는 어디까지나 조건부로, 필요에 따라서는 국적을 쉽게 바꾸어 말한다. 자신의 입맛에 맞게 취사선택 하는 것이다. 우리나라를 소국이라 낮추고 서쪽 나라를 대국이라고 감히 지껄이지를 않나, 동쪽 나라는 온 나라의 적이라며 큰소리를 치면서도 나이키와 애플을 사랑한다. 자기 자식은 동쪽 나라로 값비싼 유학을 보냈다. 남쪽 나라 이야기만 나오면 입에 거품을 물지만 차는 렉서스를 몰고 방학 때면 오키나와나 하코네 온천에 관광을 간다. 그러면서도 틈만 나면 반미나 반일을 역설한다. 페미니스트를 자처하며 여성 인권을 이야기하는데 젊은 여선생들을 은근히 성적으로 희롱하고 룸살롱, 단란주점을 즐겨 가며 자기 딸뻘의 어린 여자들과 성매매를 밥 먹듯이 한다. 아주 우스운 인간이다. 요즘 취업난이나 20대 남자들이 성평등을 말하며 여성의 군 복무를 주장하는 기사를 보면서는 코웃음을 쳤다. '나 때는 말야~' 취업 우대 혜택을 받고 군대도 안 간 인간이 낯짝은 철판이다. 그러한 이유들로 뒤에서는 다들 그를 짱깨, 변족, 인간 메타몽이라고 부른다.

페기가 뭐라 뭐라 지껄이더니 은근슬쩍 루나의 어깨에 손을 올렸다. 루나의 얼굴이 구긴 종이처럼 일그러졌다. 루나가 쓴웃음을 지으며 손길을 뿌리쳤다. 도망치듯 자리를 빠져나갔다.

페기는 허공에 어색하게 걸린 자신의 손을 꼼지락거리더니 한껏 입맛을 다셨다. 쳇, 아쉬워했다.

"이봐요, 루나 씨." 교무실을 빠져나가려는 루나와 마침 들어서던 선배 교사 스피츠가 마주쳤다. 하지만 루나는 상대할 생각이 없는지 대답하는 시늉도 없이 잰걸음 질 치며 문을 빠져나갔다.

스피츠는 멀뚱히 서서 문을 바라보며 고개를 갸웃하더니 그냥 자기 자리에 앉았다.

"무슨 일 있어요?" 건너편 자리의 스피츠에게 리들이 궁금한 눈을 하고 고개를 뺐다.

"항의가 들어왔어." 머뭇거리며 말하는 스피츠의 주름이 깊었다. 무슨 일일까. "살다 살다 이런 경우는 처음이야. 가볍게 볼 일이 아니라니까."

리들이 목을 좀 더 빼고 로저도 궁금한 듯 관심을 보였다. 로저와 리들이 뭔데 그래요, 하고 한목소리로 물었다.

"아니, 아직 확실한 건 아닌데..." 스피츠는 망설였다. 그 눈길이 천천히 한 곳을 향하더니 이내 깊은 한숨을 쉬었다. "교장 선생님은 출장 가셨고 교감 선생님이 저래서야 상담도 힘든데..." 스피츠의 시선 끝에 교감인 버피가 있었다. 넋 나간 얼굴을 하고서 혼이 빠진 모습이었다. 입을 작게 벌리고 있는데, 저 틈새로 영혼이 빠져나가고 있는지 모른다.

"벌써 몇 달째 왜 저러실까." 스피츠가 걱정스레 말했다.

시계를 보니 슬슬 수업에 들어갈 시간이 되었다. 로저가 자리에서 일어나는데 예의 테이블 앞에 학교 공익근무요원인 블랑코가 난처한 표정으로 서 있었다. 로저가 다가가 물었다.

"왜 그래요?"

"아, 선생님. 저... 루나 선생님이 이 박스들을 도서관으로 옮기라고 지시하셨는데 잠깐 보니까 무게가 상당해서요."

"블랑코 씨, 허리디스크로 공익 온 거 아니었어?"

블랑코가 볼을 긁적이며 가만히 고개를 숙여 보였다. "이건 내가 수업 갔다 와서 옮길 테니까 다른 일 해요. 도서관 열쇠는 나 주고."

"아, 아니에요. 제가..."

로저가 조용히 손바닥을 펴 보이자 블랑코는 머뭇거렸지만, 곧 멋쩍은 웃음을 지으며 열쇠를 로저의 손바닥 위에 올렸다.

"정말 감사합니다." 그제야 얼굴이 환히 펴졌다. 같이 교무실을 나와 복도를 나란히 걸었다. 블랑코가 갑자기 생각난 듯 말을 꺼냈다.

"선생님, 혹시 뭐 선물 받고 싶은거 없으세요?"

"선물? 없는데..."

"그러시지 말구요. 조금 비싼 거라도 괜찮아요. 필요하신 거 있으시면 말씀해주세요. 매번 챙겨주시는데 제가 감사해서..."

로저는 어색한 표정으로 손사래를 쳤다. 나라를 위해 희생하는데 본인이 오히려 고맙다는 말을 했다. "나도 육군에 다녀와서 그 마음 잘 알아요. 최대한 아프지 말고 몸 성하게 복무 마치는 게 제일이니까." 하지만 블랑코는 아쉬운 얼굴을 했다. "그렇지만..."

"무슨 복권에라도 당첨됐어요? 저번에 분명 집안이 어렵다고 했던 것 같은데."

"저 사실..." 블랑코가 입가에 어색한 미소를 매달았다.

"코인을 하거든요. 그거로 돈을 좀 많이 벌어서요."

"코인?"

"네."

"헤에... 그러고 보니 요즘 뉴스에 많이 나오더라. 난 그런 건 잘 몰라서."

"주식하고 비슷한 거예요. 아니, 거의 똑같아요."

"그렇구나. 그래도 너무 무리해서는 하지 말아요. 성실히 사는 게 제일이니까."

블랑코가 걸음을 멈춰 세웠다. 로저가 돌아보자 블랑코가 답답한 얼굴로 천천히 고개를 기울였다. "하지만, 저 같은 사람은 답이 없는걸요."

로저가 갸웃했다. "답?"

"도무지 답이 나오질 않아요. 아시겠지만 제가 공익근무를 늦게 시작해서 소집해제가 끝나면 20대 후반이에요. 여태껏 일해서 번 돈은 전부 집에 갖다 주느라 여태 모아둔 돈은 하나도 없어요. 받아놓은 학자금 대출만 해도 기천만원이구요."

로저는 할 말이 떠오르지 않았다. 웃는 것도 아닌 애매한 표정이 되었다.

"저도 연애하고 싶어요. 결혼도 하고 싶고, 차도 사고 집도 사고 싶어요. 나중에 아이도 키우고..."

블랑코의 얼굴이 조금 상기되었다. 답답한 듯 숨을 내뱉더니 그런데, 그런데, 하고 중얼거렸다. "이대로는 아무것도 못 하잖아요. 할 수가 없잖아요." 복도 바닥을 내려다보며 자조하듯 말했다.

"오사카라도 몇 달 미리 예매하면 가격 차이가 꽤 크다니까. 그 돈 아껴서 잔뜩 플렉스 해야지. 저번에 유니버설 스튜디오 갔는데 표 잘못 사놔서 구경 못 한 거 생각하면 진짜."루나가 로저와 블랑코 앞을 지나가고 있었다. 통화에 열중인 모습이었다.

"매 시즌 해외여행 가는 것도 참 일이라니까." 그렇게 지껄이면서도 얼굴에는 잔뜩 웃음을 머금고 있다. 로저가 옆을 바라보니 블랑코가 감정이 담겨 있지 않은 텅 빈 표정으로 그 모습을 바라보고 있었다. 루나와 블랑코는 동갑이다.

복도 끝에서 방향이 갈라졌다. 블랑코는 표정을 바꾸어 밝은 기색으로 인사했지만 로저는 어색함을 느끼며 머뭇거렸다. 어느새 등을 보이며 멀어지는 블랑코를 바라보며 뒤늦게 생각했다. 그래도 힘내요, 라고 말하려 했는데 하지 못했다고.

18

　"오늘 수업은 예고한 대로 영상 시청으로 대체한다."

　로저는 그렇게 말하며 노트북을 조작해 영화를 재생시켰다. 노트북과 선이 연결된 교실의 대형 TV 화면에서 영화가 시작됐다. 영화의 제목은 '화려한 5월의 택시'였다.

　영화는 호텔 택시를 운영하는 한 운수사업자의 시점에서 시작한다. 과거, 영부인을 저격한 범인을 자신의 차에 태운 경력이 있는 그는 우리나라 말뿐만 아니라 영어와 일본어에 능통하다. 멋들어진 저택에서 산해진미 못지않은 요리로 식사를 마친 그는 여유롭게 자신의 고급 세단을 몰고 한 호텔로 향한다. 그곳에서 미리 예약한 독일인 기자를 태운 후 약속대로 광주로 향한다.

　평화롭기 그지없는 어느 평범한 날, 갑자기 군인들이 등장한다. 헬리콥터가 하늘을 난다. 학교와 극장, 버스 터미널, 시내 곳곳에 군인들이 떼를 지어 나타나는가 싶더니 갑자기 육중한 곤봉을 꺼내어 시민들의 머리통을 박살 낸다. 총을 꺼낸다. 마구 쏜다. 헬리콥터에서도 사격이 시작된다. 피가 튀기고 뼈가 부러지는 소리가 어지럽다. 시민들은 비명을 지르며 도망치고 군인들 앞에 무릎 꿇고 손이 닳도록 빈다. 살려주세요, 살려주세요... 군인들은 자비가 없다. 입만 드러나 보이는 군인은 씨익 미소 지으며 피가 뚝뚝 흐르는 곤봉을 높이 치켜든다. 임산부의 배를 마구 짓밟는데 산모의 비명은 곧 끊기고 갓난아이의 울음소리가 대신 메아리친다. 군인들과 경찰에 의해 연인이 생이별을 하고, 부모는 자식을 잃고, 자식은 부모를 잃는다. 분노한 시민들이 도저히 참다못해 거리로 나온다. 총을 든 군인들과 맨손으로 맞서 싸운다. 시민들이 끊임없이 나온다. 시민들은 끊임없이 죽는다. 수만 명은 죽었는지 모른다. 군인들은 시민들의 주먹이나 발길질에 곤욕을 치르며 패퇴한다. 결국 군인들을 시내 밖으로 쫓아내자 시민들이 얼싸안고 울며 영화가 끝이 난다.

어두운 교실의 불을 켰다. 영화가 끝이 나자 코를 훌쩍이는 소리가 작지 않았다. 손등으로 눈물을 훔치기 바쁘고 손에 든 휴지나 옷소매는 이미 흠뻑 젖어 있었다. 몇몇 학생들은 깊은 분노를 느끼는 듯 얼굴이 벌겋다. 로저는 잠시 그들을 메마른 시선으로 찬찬히 둘러보았다. 아무 말 않았다. 그런데 눈물로 젖은 눈길들 속에서 딱 한 아이만이 멀뚱멀뚱한 눈으로 로저를 바라보고 있었다. 앞머리가 반듯한 바가지 머리 아래로 보이는 눈은 슬픈 감정이 아니라 억울하거나 답답한 감정을 드러내고 있었다. 아이는 조용히 한숨을 쉬었다. 로저가 선을 정리하고 노트북을 닫자 때마침 종소리가 울렸다. 점심시간을 알리는 소리였다. 반장에게 차렷, 경례를 시킨 뒤 노트북을 챙겨 교실을 나왔다.

점심 식사 시간이 되자 복도로 아이들이 쏟아지듯 나왔다. 식당이나 매점을 향해 뛰다시피 하는 아이들과 같은 방향을 향하다 계단을 앞에 두고 로저가 발을 멈췄다. 잠깐 관자놀이를 긁적이고는 바쁜 아이들을 거슬러서 걸었다. 걔도 벌써 갔으려나, 그런 생각을 하며 노트북을 고쳐 들었다. 그런데 교실에 들어서자 생각지도 못한 광경이 펼쳐지고 있었다.

"너희들 지금 뭐 하냐?" 로저가 낮게 깔린 목소리로 말했다. 로저가 찾던 학생이 괴롭힘을 당하고 있었다. 이미 몇 대 맞았는지 머리가 엉망이었다. 머리를 감싸 쥔 채 바닥에 주저앉아 있고, 그 양옆에 운동부인지 체격이 좋은 남학생 두 명이 위압적인 얼굴로 내려다보고 있었다. 로저가 노기를 띠고 눈을 치켜뜨자 둘은 짜증스레 얼굴을 일그러뜨리더니 궁시렁거리며 나란히 뒷문을 향했다. 불만을 드러내려는 속셈인지 괜히 멀쩡한 문을 차고 나가며 불분명한 발음으로 욕을 내뱉었다. 로저가 다가가자 학생은 휴, 하고 한숨을 내쉬었다.

"괜찮니?"

"네, 죄송해요. 아, 아니다. 감사합니다..."

바가지 머리 학생은 창피함을 느끼는지 붉게 달아오른 얼굴로 옷매무새를 정리했다. 그리고 로저의 생각을 간파한 듯 말했다. "원래 저러는 애들은 아니에요. 굳이 조치 안 하셔도 돼요."

로저는 일단 알았다고 말하고는 바닥에 떨어진 책들을 주워 책상 위에 올려주었다.

"이 책은, 네가 읽는 거니?" 책들 중 하나를 주의 깊게 내려다보며 물었다. 제목이 라쇼몬이었다.

"네. 저, 소설을 좋아해서..."

로저가 왠지 감상에 젖은 듯 책장을 팔랑팔랑 넘겨보는데 바가지 머리 학생이 쭈뼛거리며 우물거렸다. "저, 사실... 여쭤보고 싶은 게 있는데요..."

"응. 뭐?" 로저가 곧바로 그렇게 말했지만 학생은 선뜻 말을 꺼내지 못했다. 교실에 다른 학생들이 있어서 그러는가 싶어 로저는 조용한 목소리로 그럼 도서관에서 잠깐 이야기할까? 하고 제안했다. 학생은 흔쾌히 받아들였다.

걸음을 옮기며 곁눈질로 아이를 살펴보았다. 눈물 자국도 없고 교복의 소맷단도 깨끗하다. 명찰에 적힌 이름은 콜필드였다.

도서관에 도착해 문을 열어 학생을 들여보내고 자신도 들어갔다. 도서관 사이사이에 책장의 그림자가 짙었다. 살구색 커튼 너머로 빛이 비쳐들고 있었다.

"걔네들은 너한테 왜 그런 거냐. 무슨 이유가 있어?"

책장 앞 소파에 나란히 자리를 잡고 앉으며 로저가 묻자 콜필드는 자신의 구레나룻을 만지작거리며 머뭇거렸다.

"저 사실... 5.18 때문에..."

"그게 무슨 소리야?"

"제가 옆자리 친구에게 말했거든요. 우리 큰 삼촌이 그때 광주에서 시위대를 막는 경찰이었는데 실제로는 저렇지 않았다고. 그걸 듣고 걔네들이 화나서 그러는 거예요. 지금 저 영화를 보고도 그런 말이 나오냐고 대뜸 머리를 쳤어요."

"네가 묻는다는 게 뭔지 대충 감이 온다."

"선생님. 선생님은 역사를 가르치시잖아요. 말씀해주세요. 5.18은 폭동인가요 민주화운동인가요?"

로저는 말없이 콜필드의 얼굴을 빤히 들여다보았다. 그리고 문득 생각난 듯 물었다.

"그러고 보니 아까 네가 읽는 책 말이야. 너 그 책을 쓴 작가를 아니?"

"네. 알아요. 요즘 한창 읽고 있어요."

로저가 흥미로운 듯 반가워했다. "그럼 귤은 읽어봤어?"

콜필드는 가만히 고개를 저었다.

"아직이요. 제가 산 것 중에서 그런 소설은 못 본 것 같은데요." 로저는 손가락을 튕기며 아쉬워했다. "이런, 라쇼몬도 좋지만 귤이 정말 좋은 소설인데. 나중에 꼭 읽어봐. 나쓰메 소세키도 좋고. 특히 도련님이 나는 좋더라."

콜필드는 다소 어이없어하며 작게 고개를 끄덕였다. 로저가 말했다.

"있잖아, 너는 어때? 이런 이야기를 하는 사람?"

콜필드가 눈썹을 긁적이며 머뭇머뭇 말했다.

"글쎄요. 흔하진 않죠."

로저가 콜필드의 이마에 가벼운 꿀밤을 먹였다. "그런 이야기가 아니라, 혹여 친일파나 뭐 그런 거로 보이진 않느냔 말이야."

콜필드가 고개를 외로 꼬며 눈을 둥그렇게 뜨는 것을 보며 로저가 말을 이었다.

"유니클로에서 양말 한 짝을 사도 토착왜구라는 소리를 듣는 나라야. 스스로 홍위병을 자처하며 서로를 감시하면서 말이야."

콜필드가 조심스러운 어조로 말했다.

"어... 생각해보니까 그럴 수도 있을 것 같기도 한데. 적어도 저는 아니에요."

"그렇지. 그런데 좀 웃기지 않니?" 콜필드는 대답 대신 잘 이해가 가지 않는 듯한 얼굴을 했다. "나는 그저 소설이 좋을 뿐이야. 작가의 국적 때문에 그 소설을 좋아하는 게 아니라고. 나는 그저 순수한 내 생각을 말했을 뿐인데 듣는 상대방은 전혀 생각지도 못한 생각을 하곤 한다니까." 로저는 입술을 핥으며 말했다.

"아주 짜증나고 귀찮은 일이지. 있지, 내가 대학교 때 해야 했던 과제 중에는 이런 게 있었어. 그 주제란 바로, 5.18은 민주화운동인가, 아닌가." 콜필드의 눈이 초롱초롱해졌다.

"우선 너는 어떻게 생각하니? 5.18에 대해서." 로저의 질문에 콜필드는 망설이는 모습이었다. 입 주변을 만지며 선뜻 말을 꺼내지 못했다. 로저는 아까 본 걔네들한테 안 말할 테니 괜찮으니 말해보라고 재촉했다. "적어도... 순수한 것은 아니라고 봐요."

"어째서?"

"너무 폭력적이었으니까요. 우선 군인과 경찰들이 너무 많이 다치고 죽었어요. 그 과정에서 정부 기관을 습격하고 총기를 훔쳐 사용하고... 아무리 그래도 그런 건 좀..." 백 퍼센트 믿음이 가지 않는지 자꾸 눈치를 살핀다. 혹시나 고자질할까 봐 겁이 나는 걸 것이다.

"선생님 생각도 말씀해주세요. 선생님은 뭐라고 써서 과제를 제출하셨어요?"

로저가 검지를 세워 보였다. "비밀이야."

"네?"

로저는 뺨을 풀고 가볍게 웃으며 말했다. "나는 너희한테 역사를 가르치는 사람인걸. 아직 논란이 끊이질 않는 주제에 관해 내 의견을 말하면 너희가 영향을 받을 것 아니야."

"하지만..." 콜필드가 항의하려고 하자 로저가 막았다. "나는 그저 나라가 시키는 대로 지껄일 뿐이야. 교육부의 지침에 따라 교과서의 내용대로. 우선적으로 내 의견은 배제한 채."

드러내놓고 실망하는 콜필드에게 로저가 말했다.

"하지만 잘했어. 그렇게 네 생각, 네 의견을 가지고 말하는 태도는. 내가 말한 과제 말이야. 아예 제출하지도 않는 학생들도 적지 않았거든. 어떻게 5.18을 가지고 시시비비를 가리느냐, 5.18은 건드려서는 안 된다, 5.18은 명백한 민주화운동이라고 교수에게 따지거나 어딘가에 글을 올리고, 학교에 항의 전화를 마구 하면서 말이야. 특히 고향이 그쪽인 학생들이 심했지. 하지만 적지 않았다는 말 그대로, 과제를 제출한 학생도 있었어. 안 한 쪽보다도 훨씬 많았지. 그런데 그 과정에서 웃겼던 점이 뭔 줄 알아? 과제를 제출하지 않기로 마음먹은 학생들은 과제를 하려는 다른 멀쩡한 학생들을 찾아 설득을 했어. 이건 문제가 있는 과제다, 문제가 있는 강의다, 문제가 있는 교수다, 라고 말하며 단체행동을 하자고 꼬드기는 거야. 뭐 결과적으로 그 계획은 실패했지만. 그게 과연 맞는 걸까? 그저 이야기를 들어보려는 것이고, 이야기를 하려는 것이고, 자신의 생각을, 의견을 말하는 것뿐인데 그게 뭐라고 하지도 못하게 하는 걸까? 정말 대체 그게 뭐라고?"

콜필드가 잠시 생각에 잠겨 말했다.

"...두려워서 그러는 거 아닐까요?"

"두려워서...?"

"자신이 없는 거예요. 사실을 말할 자신이 없으니까 사실을 말하지 못하도록 하고, 진실을 보고 싶지 않으니까 진실을 보지 않는 거예요."

두려워서라... 언젠가 열띤 어조로 5.18에 대해 역설했던 누군가의 목소리가 떠올랐다.

사태? 항쟁? 그리고 뭐... 폭동?... 웃기지 마. 5.18은 반드시 민주화운동이야. 따지고 볼 것도 없어. 감히 5.18에 대해 한 글자라도 지껄이면 내가 그놈 아가리를 찢어버릴 거야...

"이봐! 여기서 뭐 하나?" 도서관 문이 벌컥 열리며 리들이 나타났다.

"상담 중이었어."

"지금 점심시간이잖아. 밥은 먹고 해. 너도 밥 안 먹었지?"

이러면 어쩔 수 없다. 로저와 콜필드는 순순히 리들을 따라 나왔다.

"상담은 여기서 끝내자. 너도 밥 맛있게 먹으렴." 전보다는 밝은 얼굴을 한 콜필드를 돌려보내고 리들과 같이 교직원 식당으로 향했다.

"나 오늘 오는 길에 타조를 봤어."

"타조?" 로저가 젓가락으로 구운 고등어의 살을 집어 올리다 멈추었다. 무슨 뚱딴지같은 소리야...

"타조는 무척 슬픈 얼굴을 하고 있었어. 그리고 있지, 지난번에는 집 앞에서 마운틴 고릴라를 봤어."

마운틴 고릴라? 고릴라에 그런 종이 있었나... 그나저나 자꾸 무슨 뚱딴지같은 소리를 하는지 어이가 없었다.

"걔도 슬픈 얼굴을 하고 있었어."

"사진이라도 찍은 거 있어?"

"응, 있었어."

"있었다니?"

"찍었는데, 저절로 사라져버렸어. 이상하지?"

정말 이상한 일이다. 로저는 실없는 농담으로 생각하고 젓가락을 다시 놀렸다.

식당은 사람이 꽤 빠져나간 모양인지 빈자리가 많았다. 리들이 다른 이야기를 꺼냈다.

"5.18 특별법이 통과된 거 알아?"

"응. 봤어. 이제 함부로 말하지 말라는 거 아냐?"

리들은 수저를 내려놓고 팔짱을 끼더니 지그시 눈을 감았다. 잠시 그렇게 생각하더니 눈을 뜨며 검지를 치켜세웠다. "너무한 거 아냐? 말도 못 한다니. 이건 어디 공산국가다운 발상이야. 여기가 자유민주주의 국가 맞나 의심스러워 나는." 리들이 말을 이었다. "예전 같았으면 댓글이 수만 개는 달렸을 거야. 당연히 검색어 1위는 따놓았고. 그런데 이게 뭐야. 댓글은 쓸 수도 없고 검색어 순위도 이제 사라졌으니."

쯧쯧, 혀를 차며 자신의 스마트폰을 만지작거렸다. 그러더니 이내 한숨을 쉬었다. 곁눈으로 화면을 살펴보는데 주식 거래 창이었다. 숫자가 어지럽게 움직였고 파란색이 많이 보였다. 리들은 다시 한번 한숨을 쉬더니 의식한 듯 화면을 가렸다. 괜히 "어휴... 맨날 저러네 맨날."이라고 말하며 눈길을 TV 쪽으로 옮겼다.

뒤돌아 바라보니 화면에는 시위 현장이 흘러나오고 있었다. 20대, 30대 여성들이 셀 수도 없이 많이 동물광장에 모여 열띤 시위를 하는 모습인데, 그 요구 조건이란 어차피 뻔하다. 아니나 다를까 스쳐 지나가는 현수막들에 여성 할당제, 여성 수당, 여성 가산점과 같은 단어들이 보였다.

"저 메타몽도 5.18 유공자인거 알아?" 리들이 턱짓으로

가리켰다. 페기가 또 젊은 여자에게 다가가 집적거리고 있
었다. "페기는 그때 우리나라에 있지도 않았는데 그게 말
이 돼? 그걸 어떻게 알아?"

"본인 입으로 떠벌렸으니까 알지. 술자리에서 자기는 당
신들 나라가 너무 좋다면서 이번에는 민주화 유공자가 됐
다고 신이 나서 떠벌리는데. 도저히 못 봐주겠더라. 분명
뒷돈깨나 주거나 인맥을 사용했겠지. 뻔해."

"돈까지 들일 정도야?"

"그럼, 그렇고말고. 혜택이 끝도 없어. 대학 입시에도 수
시 전형이 따로 있다니까."

"그렇구나..."

"어디 디스토피아 소설과 다름없지 않아? 검열과 통제,
제한이 일상이고 권력자들은 자신들의 배를 마음대로 불리
고 일반 시민들은 착취당하고..."

"너도 책을 읽긴 하는구나. 디스토피아라는 말, 오랜만
이다." 로저는 대수롭지 않게 말했지만 리들의 표정은 그
렇지 않았다.

"웃으며 말할 수 있는 것도 지금뿐일지 몰라. 저것 좀
봐." 조이스와 맥도날드가 식판 너머로 심각한 얼굴을 하
며 말싸움을 하고 있었다. 목소리를 죽이고 있지만 얼굴이
한껏 상기되어 멱살잡이하지 않는 게 신기할 정도였다.

"또 무슨 일이야?"

"나도 자세한 건 모르는데, 집 때문이라는데?"

"집?"

"집을 사내라느니, 나도 망했다느니... 그런 이야기를 하
던데?"

그게 무슨 소리래, 로저는 고개를 갸우뚱했다.

"어휴. 나도 상담 좀 해 주라. 월급 상담. 도무지 미래가 안 보여. 내가 작년에 저축한 돈이 천만 원이 조금 넘는데 우리 동네 아파트들은 얼마나 올랐는지 알아?"

로저는 쓴웃음을 지으며 "글쎄, 적어도 2, 3억은 올랐겠지. 요즘 전국에 안 그런 데가 있나."하고 말했다. 물려받은 집이 있는 로저는 이런 주제가 조금 껄끄럽다.

"2, 3억이면 다행이게. 또 1년 사이에 5억이 넘게 올랐어. 나라가 미쳐가고 있어 정말."

문득 뒤를 돌아 다시 TV 화면을 보니 다른 세력이 가세해 있었다. 옷에 초록색 배지를 달고 있는 사람들이 많은데 그들도 현수막과 플래카드를 들고 있었다.

'남한의 평화를 기원합니다.'
'한반도 평화를 위해 필요한 것은 오직 종전 선언뿐 ─ 평화 대통령 뮤를 응원하는 모임'
'남한의 평화를 위해 개성공단 재개 촉구'
'한반도 평화를 막는 야당을 규탄한다.'

"요즘 안 좋은 일들이 너무 많지 않냐. 저번에 북괴 놈들에게 피살당한 공무원 말이야. 너무 안됐어." 후식으로 나온 버터롤 빵을 잘게 뜯으며 리들이 말했다.

"너 그리고 독감백신 맞을 거야?"

"독감백신? 글쎄, 옛날에나 찾아서 맞았지. 몇 년 전부터는 잘 안 맞아서. 아마 안 맞을 것 같은데."

"절대 맞지 마. 이번에 독감백신 맞아서 죽은 사람이 벌써 백 명이 넘어."

에이, 거짓말... 사람 살자고 맞는 백신인데, 백신을 맞고 죽은 사람이 그렇게나 많다고? 로저는 이해가 가지 않았다. 말도 안 되는 일이지 않나, 하고 생각했다. 로저도 식사를 끝내고 후식으로 나온 빵을 먹기 시작했다. 이제 TV 화면에는 색색이 조끼를 입은 민주노총이 가세한 참이었다. 그들은 언제나 그렇듯 자신들의 처우개선과 경영진 각성, 재벌 개혁을 요구했다.

"나라가 정말 웃기게 돌아간다니까. 아참." 식사 내내 표정이 어두웠던 리들의 눈가가 게슴츠레해졌다. 큭큭, 입에 빵을 넣은 채 넘실거리는 웃음을 참는데 조금 음흉한 느낌이 들었다.

"루나 말이야. 군대에 가게 되면 정말 꼴이 우스울 거야."

"갑자기 군대에 간다니?"

"아니, 아니. 요즘 여자들 군 복무에 대한 이야기가 나오고 있잖아. 출산율이 이렇게 추락했는데, 별수 있어? 북괴 새끼들을 막으려면 군대가 있어야 할 것 아냐. 여태껏 권리만 누려왔는데 이제서야 그런 이야기가 나오는 게 신기한 거지. 남자들은 말이야. 온몸이 화상으로 뒤덮여도, 손가락이나 발가락이 몇 개쯤 없어도, 심장에 무시무시한 병이 있어도 군대에 끌려가잖아. 징병률이 무려 98퍼센트라고. 그 악랄한 나치도 그러지 않았어. 그런데 그렇게나 평등을 주장하시는 분들께서는 대체 뭔데 헌법에서 명시한 국민의 의무인 국방의 의무를 지지 않는 건데? 여자는 국민 아니야? 우리가 영하 20도 아래에 옷을 대여섯 겹씩 껴입으며 새벽에 두 시간씩 경계 근무를 설 때 루나는 젊음을 맘껏 누리며 신나게 클럽에 다니고 친구들이랑 해외여행을 다녔다고. 저번에는 요즘 군대는 군대도 아니라며 감히 지껄이더라니까. 지가 뭘 안다고."

군대라... 쓴 침을 삼키면서도 로저는 옛 기억을 떠올리며 감상에 젖었다. 그땐 그랬지... 로저가 말했다.

"나는 하루에 여덟 시간 동안 경계 근무를 한 적도 있어."

남들이 다 자는 한밤중에 불침번의 손길에 짜증스레 깨어나 겹겹이 방한복을 껴입고 오들오들 떨며 차디찬 총을 두 손에 들고 무기고로 향하던 그 비탈진 길을 떠올렸다. 넓은 밤하늘에 보았던 별자리가 기억났다. 북두칠성을 처음으로 직접 보았고, 북두칠성이 그렇게나 큰 줄 그때 알았다.

"진짜 그때만 생각하면... 난 아직도 목 뒤에 화상 흉터가 남아있어. 혹한기 훈련 때 너무 추워서 핫팩을 잔뜩 넣었거든. 저온 화상이라는 게 있는 줄도 몰랐던 거지."

"지금 생각하면 절대 못 할 일들인데 어떻게 했는지 참 신기해." 한없이 길고 추웠던 밤들이 이제는 멀게만 느껴졌다.

"그렇다니까. 그 꽃다운 나이에 나라를 위해 희생한답시고 내 소중한 시간을 바쳤는데... 지금 나라 꼴이 참."

식판을 들고 일어나며 TV를 보니 산재한 노란 천막 사이로 모인 수많은 사람들은 이제 다 같이 사이좋게 하나의 요구사항을 외치고 있었다.

"어서 빨리 검찰개혁과 공수처 설치를 서둘러라!!"

퇴근하며 학교 앞 편의점에 들렀다. 딱히 뭘 살 생각은 없지만 거의 버릇처럼 들른다. 맥주 코너를 지나는데 인쇄된 종이가 붙어있었다.

'No Japan 가지 않습니다. 사지 않습니다.'

유심히 둘러보니 남쪽 나라의 맥주가 하나도 없었다. 아마도 다 치운 것 같았다. 로저는 빵과 음료수를 골랐다. 동아 오츠카의 포카리 스웨트와 기린의 흰 앙금빵을 계산대에 올려놓았다. 수척한 몰골의 편의점 사장이 느릿느릿 바코드를 찍었다. 다크서클이 뺨까지 내려와 몹시 피곤해 보였다. 카드를 건네며 로저가 말을 걸었다. "많이 피곤하신가 봐요. 다크서클이..."

젊은 나이의 사장은 어색한 웃음을 지어 보이며 말했다. "네 조금 피곤하네요."

"임금이 올라서 혼자 가게를 보시나 봐요? 그러고 보니 아르바이트생은 못 본 거 같은데."

"제가 혼자 가게를 보는 건 맞는데 잠은 잘 수 있어요. 이제 새벽에는 가게를 닫거든요. 근데 다른 거 때문에..."

"다른 거요?"

흐릿한 눈으로 잠시 허공을 헤매더니 대답했다. "투자를 하거든요. 코인이랑 주식이요."

"아..."

"제 돈 가지고만 하는 것도 아니라서 항상 그쪽으로 신경을 곤두세우다 보니 계속 피곤해요. 잠도 못 자고."

"빚으로 하신다는 거예요?" 로저가 궁금해서 물었다. 자신과 나이가 비슷해서 더 그런지도 모른다.

"네. 형제들이랑 부모님한테, 그리고 신용대출도 조금..." 사장은 다소 쑥스러워하며 말했지만 로저의 시선을 피하지 않고 말했다. 돈을 벌고 있는 걸까.

"그래도 빚으로 하는 건 좀..." 로저가 솔직한 느낌을 말했다. 그러자 사장은 갑자기 흥, 코웃음을 쳤다. "아, 죄송

해요. 저도 모르게..."

"괜찮아요."

20대 후반의 편의점 사장은 커흠, 한 차례 헛기침을 하더니 이내 진지한 빛을 띠고 말했다. "일을 해선 집을 살 수 없으니까요. 투자가 답이에요. 코인이나 주식 아니면 도저히 내 집을 살 수 없어요." 사장은 씁쓸한 목소리로 말했다. "제가 여기 근처 빌라에 사는데 그 앞에 있는 아파트가 요즘 얼만지 아세요? 얼마나 올랐는지 아세요?" 로저가 가만히 고개를 가로젓자 사장이 침까지 튀기며 말했다. "18억이에요 18억. 분명 몇 년 전만 해도 5억 언저리였는데... 저희 빌라도 올랐지만, 어차피 전세인데... 도저히 답이 없어요."

로저가 쓴웃음으로 대답을 대신하자 또래의 사장은 고개를 떨구었다. 두 눈이 붉게 충혈되어 있었다. 수면 부족 때문만은 아닌 것 같았다. 로저가 이제 그만 발길을 돌리는데 사장이 중얼거리며 입술을 움직였다. "이게 안 되면 그냥 죽을 거예요..."

"평등단은 얼어 죽을. 걔네 몽타주를 봐. 족발단이 딱이야."

"대박, 이것 봐라. 얘네 시위하는 거. 분홍색 싫다고 입은 거 찢는데 완전 정육점인 줄."

"해줘, 해줘, 해줘, 왜 이렇게 해 달라는 게 많냐. 군대도 안 가는 것들이."

편의점 앞 노상 파라솔 아래에서 학교 남학생들이 떠들고 있었다. 오렌지 주스를 마시는 모습이 건전해 보이기는 하는데 오가는 대화는 꼭 그렇지만은 않은 것 같다. 다 일면식이 있어 가만히 바라봤더니 세 명 모두 자리에서 일어나 인사를 했다. 로저가 손을 들어 받아주자 반가운 듯 헤실거리며 웃었다. 그중에 곱슬머리에 뿔테 안경을 쓴 녀석이 먼저 다가왔다.

"형님. 안녕하십니까." 허리를 구십도로 꺾으며 익살을 부린다. 그게 재밌어 보이는지 옆에 친구들도 따라 했다. 형님, 형님, 거린다. "내가 무슨 건달이냐, 형님은..."

"형님은 결혼하십니까?" 한 녀석이 대뜸 그렇게 물었다. 다소 갑작스런 질문에 로저가 망설이는데 하나같이 초롱초롱한 눈빛들을 했다. 정말 궁금해하는가 싶어서 대답했다.

"하긴 해야지." 툭 내뱉듯 말했는데 반응이 요란스럽다. 놀라는 얼굴로 정말이냐며 재차 묻는다. 또 그렇다고 말하자 "저희는 절대 결혼 안 할 거예요."

"결혼하면 남자만 손해예요."

"우리나라에서 여자랑 결혼하면 뭔 줄 아세요? 퐁퐁단이에요. 퐁퐁단에 가입하실 거예요?"

다들 한마디씩 하는데 완전 장난으로 하는 말 같지는 않았다. 표정이 진지했다.

"너희들 다 결혼 안 하고 애 안 낳으면 나라가 어떻게 되겠니? 나중에는 나라에 사람이 없어서 나라가 없어져 버릴걸."

로저 딴에는 진지하게 말했지만 아이들의 반응은 시큰둥했다.

"제 인생이 더 중요해요. 전 나중에 이민을 가던지 외국여자랑 결혼할 거예요."

"나라를 위해 군대에 가봤자 비웃음 밖에 안 당하잖아요. 저는 절대 군대 안 갈 거예요. 대우도 하나도 안 해주는데... 없어지면 없어지는 거죠."

"이게 다 평등단, 그리고 페미니스트 대통령 때문이에요. 저는 이제 여자애들이랑 말도 안 해요. 다 그쪽 같아서."

다른 한 녀석이 너 원래 여자랑 대화한 역사 자체가 없잖아, 라고 말했다. 다들 웃었다.

19

버스에서 내려 곧장 집으로 갈까 하다가 양말에 구멍이
난 것이 생각났다. 근처 유니클로에서 양말이라도 살까 싶
어 발길이 향했다.

"아아, 여기는 나루토. 루피 나와라 오버."

유니클로 매장 앞 큰길에 도요타 캠리가 한 대 서 있었
다. 운전석에 앉은 사람은 뭘 하는지 무전기를 손에 들고
있었다. 로저가 군대에서 쓰던 것과 같은 것이었다. 머리
가 벗겨지기 시작한 중년 남자가 차창 밖으로 몸을 빼고
무언가를 유심히 살핀다. 시선을 따라가니 다름 아닌 유니
클로 매장이었다. 통유리로 된 매장 전면을 핥듯이 한다.
쌍안경까지 꺼냈다. 다시 무전기를 입에 댄다.

"루피, 그쪽은 이상 없나? 여기는 다행히 토착왜구가 보
이지 않는다 오버."

남자는 주섬주섬 뭔가를 또 꺼내기 시작했다. 렌즈가 큼
지막한 카메라다. 찰칵찰칵 플래시가 터지는데 카메라 한
가운데에 큰 글자가 보인다.

'Nikon'

이제 갈 모양인지 물건들을 챙기기 시작했다. 뭐가 좋은
지 웃는 얼굴로 중얼거린다.

"빨리 집에 가서 귀멸의 칼날 봐야지."

급한 모양인지 엔진 소리가 우렁차다. 미등 불빛은 서서히 사라지는데 '노 재팬' 스티커는 멀리서도 선명하다. 로저는 멀뚱히 서서 유니클로 매장을 바라보았다가 괜히 주위를 둘러보았다. 들어갈까 말까 한참을 망설이다가 결국 뒤돌아섰다.

타박타박 도로 걸음을 옮기는데 단지 앞 상가 부동산에서 사람이 나왔다. 끝에 웨이브를 넣은 헤어스타일에 아래위로 파란색 계열의 정장을 맞춰 입은 여자 공인중개사가 손에 뭔가를 들고 있었다. 뭘 하나 했더니 게시판에 매물을 새로 게시했다.

강남 롯데캐슬 26평 — 24억	서초 래미안 27평 — 26억	용산 자이 46평 — 42억

"엄마. 여기 비싸?" 서로 손을 꼭 잡고 선 모자가 아파트 정문 앞을 지나가다 멈춰 섰다. 유치원에 다닐 나이의 아이와 아직 젊은 티가 나는 어린 엄마였다. "어, 응... 비싸. 엄청."

"엄청?"

젊은 엄마는 아이와 하늘을 찌를 듯한 기세로 선 고층 아파트 건물을 두세 번 번갈아 바라보았다. 어색하게 굳은 얼굴로 말없이 아이의 머리를 쓰다듬자 아이가 엄마 품으로 뛰어들며 말했다.

"내가 나중에 여기 살게 해 줄게. 커서 돈 많이 벌어서." 엄마는 울컥하며 눈물을 글썽였다. 아이는 씩씩한 목소리로 효도할 게 엄마, 하고 말했다. 아이의 엄마는 다시 한번 아파트 건물을 바라보았다. 아파트는 휘황하기만 한데 그녀는 아주 우울한 것을 보는 듯 얼굴의 그늘이 짙어졌다. 잠긴 목소리로 나지막이 말했다.

"아무리 많이 벌어도 절대 못 살아 이런 곳은." 엄마의 차가운 목소리에 아이는 어리둥절했다. 왜... 라고 중얼거리다가 이내 시무룩해져서 입을 다물었다. 심통이 난 듯 땅을 차지만 엄마는 말을 바꿀 생각이 없어 보였다. 로또에 당첨되어도 이런 아파트에서는 절대 살 수 없어, 일을 해서 100년을 꼬박 모아도... 그런 말을 푸념하듯 말했다.

"그때 그 말을 믿었으면 안 됐는데... 그때 그 말을 믿었으면 안 됐는데..."

날씨와 맞지 않게 지나치게 두껍게 옷을 입은 남자가 서 있었다. 후줄근한 남색 카디건에 흰머리가 검은 머리보다 많은 남자는 아파트 건물을 망연한 눈길로 올려다보며 나지막한 목소리로 중얼거렸다. 한 손에 소주병이 들려있었다. 이미 반쯤 비워져 있었다. 시선을 느낀 남자가 느릿한 동작으로 고개를 돌렸다. 오후가 저물고 어슴푸레한 와중에 번들거리는 남자의 얼굴이 기묘하게 밝았다. 땀만으로 번들거리는 것은 아닌지 남자는 한두 차례 눈가를 훔쳤다. 자세히 보니 입가에 투명한 액체가 흥건했다. 머쓱한 기분에 로저는 슬쩍 고개를 숙였다.

"이봐요. 내 이야기 좀." 남자는 다시 건물을 올려다보며 말했다.

"내가 분명 여기 아파트를 10억도 안 주고 사려고 했는데... 그게 겨우 3년 전이었어요... 그런데 지금은 30..." 남자는 말끝을 흐렸다. 남자가 뱉어낸 목소리가 균형을 못

잡고 한없이 흔들거렸고 무언가 복받치는 것이 있는지 힘주어 입술을 깨물었다. 불끈 주먹을 쥐었다. 조용히 무언가를 가라앉히는 듯 차분한 태도를 보이더니 남자가 돌연 웃기 시작했다. 몸을 들썩이며 키들키들 웃음소리를 냈다. 남자는 도저히 웃음이 멈추지 않는 듯 배를 잡고 자리에 주저앉아 웃었다. 소주병이 바닥에 뒹굴었다. 남은 내용물이 병의 주둥이로 흘러나왔다. 도대체 이게 말이 되는 거야? 넋 나간 웃음소리에 그런 말이 섞여 있었다.

"자, 오늘도 ~ 변두리 니네 집! 답답하고 살기 힘든 서울을 벗어나 서울 밖에서 니네들의 집을 찾자! 오늘로 벌써 20회 차입니다. 짝짝짝."
요즘 유행하는 프로그램이 마침 하고 있었다. 굳이 서울에서 살 필요가 없다, 서울이 아니라도 살 곳은 많다, 서울에서 집을 구할 것 없이 서울을 벗어난 곳에서 집을 구해보자는 취지의 프로그램이다.
"그렇다니까요, 정말. 니네 같은 서민들은 이 정도 집에 만족해서 살아야죠. 감히 어디 서울을! 이런 시골 촌구석이 운명인걸요."
"주변에 버스도 다니지 않고, 논밭이 내다보이는 이딴 낡은 아파트가 5억이요? 진짜 대단하다."
"우리 다음 회차부터는 더 멀리 가야 할 것 같아요. 매주 점점 서울에서 멀어지네."
채널을 돌리자 아니나 다를까 그가 나타났다. "훠훠훠. 정말 아늑하군요. 아이 둘까지 네 가족이 살기에 딱입니다. 네 가족이요. 니 가족. 훠훠훠훠. 물론 내가 살 건 아니니까 하는 말입니다. 훠훠훠훠훠." 비좁은 실내에 보좌진 몇 명만으로 발 디딜 틈도 없는데 태연스레 그런 말을 한다.

짜증스레 리모컨 버튼을 눌렀다.

"맞습니다, 맞아요. 우리 습근평의 카리스마는 그야말로 광활한 대륙의 기상 그 자체죠. 과거 국공내전에 승리하여 대륙을 차지한 모택동의 그것과 견주어봐도 손색이 없습니다. 말 그대로 카리스마 그 자체입니다."

이건 또 무슨 미친 소리야. 점점 짜증이 솟았다. 고동색 개량 한복을 입은 대머리 50대 남성이 역사 강의를 하고 있었다. 옷에 갖가지 배지나 리본이 마치 훈장처럼 많이 달려 있었다. 로저는 다시 버튼을 눌렀다.

"5.18의 참혹한 현장을 다시 돌아보자. 네. 오늘은 특별히 생방송으로 진행되고 있습니다. 지금도 전화로 끊임없이 제보가 밀려들고 있습니다. 40여 년이 지난 아직까지도 그날을 잊지 못하는 분들이 정말 많은 것 같습니다."

남자 진행자가 스튜디오 한가운데에 서 있었다. 진행자 위로 CG자막이 있다. '5.18 특별법 제정 기념 특별 생방송'이라는 자막과 함께 남자 뒤에는 당시 사진들이 차례차례 나타났다. 시민들이 각목이나 돌을 들고 군인과 경찰과 싸우는 사진들이 차례차례 나왔다. 머리에 피를 흘리고 쓰러진 시민들도 있고 목 놓아 울며 다른 시민을 부둥켜안고 있는 사진도 있었다. 비슷한 사진들이 계속 이어졌다. 사진들은 그 날의 참상을 여실히 드러내고 있었다. 그런데 잘 가다가 갑자기 분위기가 다른 사진이 나타났다. 앞의 것들처럼 시민들이 맞거나 쓰러지고, 맨손으로 반격하는 모습의 것이 아니었다. 시민들이 총을 들고 있는 사진이었다. 사진이 이어졌다. 시민들이 수류탄을 챙기고, 폭탄을 곳곳에 설치한다. 군인들을 총으로 쏴서 죽이고 버스로 들이받아 경찰을 깔아뭉갠다...

"어어, 죄송합니다. 지금 저희가 착오가 있어서 잘못된 사진을 보여드렸는데요. 지금 바로 정정하겠습니다. 정말 죄송합니다." 진행자는 땀을 삐질 거리며 얼어버렸다. 잠시 화면에서 사라지더니 다시 나타나 상황을 정리했다. "자 아무튼, 다음 순서 진행해보도록 하겠습니다."

진행자가 그렇게 말하자 화면이 바뀌고 머리에 서리가 내린 듯 흰 머리가 드문드문한 남자가 나타났다. 의자에 다소곳이 앉은 남자 옆에는 보드판이 있고 그곳에 어떤 사진들이 인쇄되어 붙어 있었다. 진행자의 설명에 따르면 그는 탄도 분석 전문가라고 한다. 진행자와 전문가 간에 별 알맹이도 없는 인터뷰가 잠깐 진행되더니 진행자가 대뜸 물었다.

"전문가님. 옆에 사진을 봐주십시오. 어떻습니까?"

"어떻다니요?" 전문가는 사진을 유심히 들여다보며 물었다.

"그건 어떤 총격이 있었음을 나타내는 사진인데요, 탄도 분석 전문가로서 한 말씀 해 주시기 바랍니다. 정확히 어떤 상황이었을까요? 아니, 단도직입적으로 묻겠습니다. 헬기사격으로 보이시나요?" 진행자가 한껏 흥분하며 유난을 떨었다. 분위기를 끌어올리려는 의도로 보였다. 블록버스터 영화에 어울릴만한 거창한 음악이 깔렸다. 흥분한 진행자가 재촉했다.

전문가는 헛웃음을 치며 말했다. "헬기사격이요? 이건 아닌데."

"네?" 진행자가 당황했다. 거창한 음악이 뚝 끊겼다.

"아니라고요, 헬기사격. 이게 무슨 헬기사격이야."

어어어, 진행자가 그대로 얼어붙었다. **"그럼 안 되는데**
요..." 하고 얼빠진 소리를 흘리는 사이 화면이 광고로 넘
어갔다. 광고 몇 개가 지나가자 갑자기 소나기라도 맞은
듯 하얀 셔츠가 흠뻑 젖은 진행자가 허리를 90도로 숙인
모습으로 화면에 나타났다.

"저희가 리얼리티를 생각하다가 그만 준비가 미흡했습니
다. 그분들에게 깊은 사과의 말씀을 드립니다."

그분들이란 누구를 말하는 걸까. 로저는 TV를 꺼버렸
다. 그때, 벨이 울렸다. 올 만한 사람이 없는데, 누구지.
소파에서 몸을 일으켜 인터폰 화면을 들여다보았다가 상대
를 확인한 로저는 침을 꿀꺽 삼켰다. 이 사람이 갑자기
왜... 어쩌면 가장 기다렸던 사람이 자신을 찾아왔다. 로저
는 떨리는 손가락으로 버튼을 눌렀다. 저도 모르는 사이
가슴이 크게 오르내렸다. 잠시 숨을 고르고 스스로를 진정
시켰다. 여태 자신이 아무리 찾아도 만나주지 않던 사람이
다. 이제 와서 왜 그러는 걸까. 최근 그의 행보와 연관이
있는 걸까... 그런 생각들을 하는데 다시 벨이 울렸다. 로
저는 현관으로 가서 문을 열었다. "오랜만이에요." 국회의
원 제트가 그렇게 말하며 로저의 앞에 나타났다.

제트는 별달리 어색함도 안 느끼는지 태연한 얼굴로 구
두를 벗어 가지런히 하고 거실로 향했다. 제트가 소파 끝
에 자리를 잡고 앉았다. 푸른 계열의 양복 상의를 벗더니
자기 옆에 놓았다.

로저는 잠시 망설이다가 그의 대각선 방향에 앉았다.

"보통 뭐라도 주지 않나요? 주스라던가..." 로저가 입을
다물고 눈을 치뜨며 대답을 대신하자 제트는 입술을 핥으
며 옅은 웃음을 지었다.

"뭐 때문에 온 거예요? 요즘 아주 바빠 보이던데." 로저가 경계하는 빛으로 말하자 제트는 오히려 그런 태도가 재밌다는 듯 여유를 부렸다. 거실 이곳저곳에 한가한 눈길을 보내더니 단도직입적으로 말하는데, 라며 운을 뗐다.

"정치인 해볼 생각 없어요?"

로저는 무슨 뜬구름 잡는 소리인가 싶은데 제트가 장난치는 것처럼 보이진 않았다. 하긴 장난칠 만한 사이도, 상대도 아니다. 제트는 옆에 놓인 재킷을 아니, 재킷에 달린 국회의원 배지를 만지작거렸다.

"선거가 얼마 남지 않았어요. 지역구를 말하는 게 아니에요. 비례대표 국회의원, 100퍼센트 국회의원이 될 수 있어요."

"당신처럼요?"

로저가 비아냥거림을 조금 담아 말했다. 하지만 전혀 먹혀들지 않았다. 상대는 여전히 가벼운 미소를 그리며 말했다. "그래요. 나처럼요. 이미 당에서는 이야기가 끝난 거나 마찬가지예요. 당신이라면 그림도 잘 나오고."

그림, 이라는 단어가 로저의 신경을 건드렸다.

"그림이라, 비운의 정치가의 뒤를 잇는... 뭐 그런 그림인가." 목소리가 낮게 깔렸다. 관자놀이를 지나는 혈관이 도드라졌다.

제트는 잠시 말없이 입을 삐죽 내밀었다. 그럼, 어떻게 할까나... 혼잣말을 중얼거리더니 다시 말했다.

"그럼 이건 어때요? 이번에 새로운 자리를 만들려고 하는데."

로저가 아무 대답하지 않는데도 제트는 별 신경도 쓰지 않았다.

"청년 어쩌고 저쩌고로 청와대에 자리를 만든다고 해요. 무려 1급! 1급 공무원!" 제트는 검지를 번쩍 치켜세우며 호들갑을 떨었다. "어때요? 혹하지 않아요?" 그러고 보니 학교 선생님은 몇 급이지... 태연스레 그런 말을 중얼거린다. 갑자기 내가 1급 공무원으로 청와대에 간다고? 그거야말로 국정농단이잖아. 로저는 어이가 없어서 할 말을 잃었다.

"아무튼 내가 제안한 건 거짓말이 아니니까 한번 고민해봐요." 제트는 그렇게 말하며 명함을 꺼내 옆자리 빈 소파 위에 놓았다.

"탈모 있어요?" 로저가 제트의 머리를 바라보다가 말했다. 아닌 게 아니라 자그마한 구멍이 훤히 나 있던 것이다. "아, 이건 비밀인데... 들켰다." 딱히 분위기를 누그러뜨리려는 의도는 아니었는데 분위기가 조금 풀어졌다. 로저는 곧바로 후회했지만 과거 이 사람과 한때 나쁘지 않은 시간들을 보냈던 것이 떠오르는 것은 어쩔 수 없었다.

"난 스마트하고 핸섬한 이미지인데 참..."

"본인 입으로 그런 말을 해요?"

제트가 후후, 굳어있던 표정을 풀며 웃었다. 집에 들어서고 이제야 진짜 표정을 드러냈다.

"사실 자유단 때문에 요즘 골머리를 앓고 있어요."

"자유단?"

로저가 갸웃했다. 처음 듣기 때문이었다.

"네. 언젠가부터 생겨난 단체인데... 정식 단체는 아니고 음 뭐랄까, 어디에도 없지만 어디에도 있달까. 드러나 보이진 않는데 분명히 있는... 아무튼 아주 성가신 놈들이에요."

"뭐하는 곳이죠?"

"말 그대로 자유단이에요. 자유를 갈구하는, 자유를 찾겠다며 여기저기 성가신 일을 해대는 것들이죠."

그런 곳이 있었나. 조금 흥미가 돋았다.

"설마, 로저군. 자유단?"

"아니에요. 처음 듣는 곳인데." 로저는 망설였다. 지금 분위기라면 말해줄 것도 같다. 지금 물어볼까? 이 사람에게 물어보지 않으면 알 수가 없다. 이미 관련자들은 모두 죽고 없다. 지금이라면 그 날 대체 무슨 일이 있었는지 진실을 말해줄지 모른다.

"나는 이만 가봐야겠어요. 일이 있어서."

제트가 그렇게 말하며 일어섰다. 어... 그런 소리 밖에 나오지 않으면서도 입술을 움찔거렸다. 머릿속에서 의문사나 실종이라는 단어가 자꾸만 떠올랐고 그것이 혀를 무겁게 만들었다. 로저가 망설이는 사이 제트는 뒤도 돌아보지 않고 현관문을 열었다. 쾅 하고 닫히는 문소리가 자신을 질책하는 것처럼 느껴졌다. 로저는 자리에 털썩 주저앉았다. 자연스레 한숨이 새어 나왔다. 묻지 못했다... 닫힌 문을 황망히 바라보다 깊게 눈을 감았다.

"동물이요?"

"그래. 동물 말이다." 아버지는 서재 책상 앞에 앉아 신문을 읽고 있었다. 나는 책상 앞 안락의자에 몸을 맡기고 책을 읽고 있었다.

"사람들을 동물로 만들다니, 무슨 마술이라도 부리시려구요?"

"개나 돼지, 오리나 말 같은 진짜 동물을 말하는 게 아니야. 그냥 동물과 다름없는 상태를 만들면 된다는 말이지."

"이 책 속의 동물들처럼요?" 책 표지를 가리키며 내가 물었다. 조지 오웰의 동물농장이었다.

"그래, 비슷해. 아니 똑같구나. 그 책, 동물농장 속 동물들이 우리가, 우리 당이 원하는 국민들의 상과 일치해."

나는 보던 책을 덮고 잠시 생각한 뒤 말했다.

"그럼 국민들은 있는 대로 수탈당하고 복서처럼 결국 도살당하는 거예요?" 납득할 수 없어 따지듯 물었다.

"사람들이 그렇게 멍청할까요? 공산주의나 사회주의는 이미 죽은 것이나 다름없잖아요. 이미 자유가 뭔지 아는 사람들이 그런 사상을 받아들일 리 없을 것 같은데."

"아니. 우리는 사회주의를 필요로 하지 않아." 문득 바라보니 아버지는 안경 너머로 나를 지그시 내려다보고 있었다. 마치 아직 철없는 교화 대상을 바라보는 듯한 인자한 눈빛이었다.

"네 말대로 사회주의는 이제 이 지구상에서 퇴출된 것과 다름없어. 생명력이 다했지. 하지만 우리는 개의치 않아. 애초에 사회주의는 우리의 목적이 아니야. 그저 수단일 뿐이니까. 다른 수단만 찾아낸다면 아무 문제 없는 일이지."

"그렇다면 무슨 수로요? 다른 수단이 있어요?"

책상 너머 아버지가 상체를 앞으로 내밀었다. 가슴팍에 달린 국회의원 배지와 은색 안경테가 천장의 조명을 받아 반짝였다. "당은 찾았어. 이미 그 계획은 착착 진행되고 있단다." 느물거리는 웃음을 지으며 만족스레 말했다. 나는 믿을 수 없었다. "그런 게 어디 있어요. 사람들은..."

"사람들은 깨닫지 못할 거다. 그들이 느끼기에 그들의 삶은 바뀌는 것이 없거든. 우리는 그저 실체하지 않는 어떤 것을 아주 천천히 공들여서 **빼앗을** 뿐이야. 그들은 뭘 **빼앗겼는지**조차 모르겠지."

"사람들은 그렇게 멍청하지 않아요."

아버지는 나의 항의에 조용히 소리 내지 않고 웃었다. 안경을 고쳐 쓰고 신문을 반으로 두 번 접어 책상 위에 가지런히 놓았다.

"너는 모든 사람들이 평등하다고 생각하니?"

"네. 모두 똑같죠. 같은 국민이라면."

아버지는 다시 한번 웃었다. 이번에는 소리 내어 하하하, 시원스런 웃음이었다.

"그래, 그런 믿음이 중요해. 믿게 만드는 것이지. 모든 사람은 평등하며, 자신은 자유를 누리고 있다고 믿게 만드

192

는 거야." 아버지는 다소 열띤 어조로 계속했다. "이 나라
는 언젠가 그런 동물들로 가득하게 될 거야. 멀쩡히 뜬 눈
으로 자신이 지금 무얼 뺏기고 있는지도 모르고, 자신의
손발에 어떤 사슬이 휘감겼는지도 모르고 그저 자신은 다
른 사람들과 같다, 평등하다, 자유를 가지고 있다 믿으
며..."

꿈이 이어졌다.

시선이 창공을 가른다. 바람처럼 휘날리는 시선이 공중
을 선회하다 이윽고 수직으로 추락한다. 빠른 속도다. 곧
저기 어딘가에 어떤 점들이 보인다. 점들은 점점 가까워졌
고 곧 그 무수히 많은 점들을 보고 어떤 드넓은 평야 같
은 곳에 있음을 깨닫는다.

시선은 자연스레 평야로 향한다. 거리는 점점 좁혀지고
그것은 지상과도 마찬가지여서 이대로 추락하는 것은 아닐
까 싶다. 어, 어... 그런 생각이 머릿속 귀퉁이를 스치는데
누군가 일시 정지 버튼이라도 누른 듯 아주 절묘한 순간에
딱 멈춘다. 아래, 그 아래에는 점들이 아니, 동물들이 있
다.

낙타, 여우, 토끼, 하마, 침팬지, 코알라, 뱀, 족제비, 수
달, 닭, 오리, 하마, 코뿔소, 기린, 사자, 호랑이, 곰, 뻐꾸
기, 참새, 늑대, 돼지, 두더지, 까마귀, 개, 고양이, 코끼리
등등... 셀 수도 없이 많은 종의 셀 수도 없이 많은 수의
동물들이다. 아마 수천만 마리는 족히 될 것 같다. 그런데,
그 모든 동물들은 잠자코 서 있기만 한다. 이야기를 나누
지도, 딴청을 피우지도, 하물며 졸지도 않는다. 하나도 빠
짐없이 모두들 어느 한쪽을 향해 서 있다. 가만 보니 모두
들 무언가를 보고 있다. 그 시선이 한 점을 향한다. 시선

이 그곳을 따라간다. 커다란 목조 구조물이 나타난다. 흡사 망루처럼 차곡차곡 쌓아 올린 모습이다. 망루는 하도 거대해서 높이를 가늠하기 힘들다. 기린을 세로로 10 마리도 넘게 세워 놓은 것만큼 높다. 아주 높다랗다. 그런데 그 꼭대기에 무언가 아니, 누군가가 있다. 그렇구나... 모든 동물들의 시선은 이 누군가에게 향해있는 것이다. 시선이 지면과 면한 망루 바닥에서부터 천천히, 아주 천천히 올라간다. 지긋한 시간이 지나고 겨우 드디어 누군가에게 닿으려 한다. 곧 닿으려 한다.

　그들이, 저들이, 이들이 그토록 애타게 바라보고 있는 것은...

21

"으아앙~! 누가 좀 도와주세요!"

깜짝 놀라 돌아보니 초등학교 저학년 나이대의 아이들이 있었다. 아파트 놀이터 모래사장에서 무슨 놀이를 하고 있는 것 같았다. 한 아이가 비명을 지르며 소리치는데 그 옆에서는 아이 세 명이 뭔가를 마구 짓밟는다.

"나는 평등단이다! 모두 평등... 나만 좀 더 평등해야 해! 받아랏 족발슬램!"

"나는 대가리가 깨진 놈이다! 우헤헤헤헤. 우리 재앙이 꽃길만 걷자. 불꽃길 씨발년아!"

"내래 평화를 아주 사랑하디. 날래날래 쌀과 달러를 내놓으라. 안 그럼 여기 버튼 보이디!"

으아앙, 주저앉아 우는 아이 앞에서 공들여 쌓은 모래성이 속절없이 무너진다. 모래가 사방에 튀기고 장난감들이 나뒹구는데 또 다른 아이가 어디선가 나타났다. 빨간 옷을 입은 아이는 슬금슬금 다가와서는 같이 모래성을 짓밟는 척 몇 번 흉내를 내더니 널브러진 장난감을 품 안에 슬쩍 감추었다. 그 입가에 사악한 미소가 깃들어 있다. 그렇게 금방 모래성은 다 망가지고 많던 장난감도 이제 하나도 안 보였다. 울음소리는 점점 커지는데...

"으아아아앙, 도와줘요." 두 손에 얼굴을 파묻어 울음

짓던 아이가 돌연 고개를 들더니 외쳤다. "자유단!"

그러자 마구 패악질을 부리던 네 명의 아이가 동시에 움찔, 당황했다. 발길질을 멈추고, 도둑질을 멈추고 서로 눈치를 살핀다. 어이 어이, 설마... 거짓말하지 말라고, 자유단이라니...

바로 그때, 날카로운 외침이 날아들었다.

"폭력 멈춰!"

하얀 옷과 하얀 모자를 쓴 아이들이었다. 하얀 망토를 두른 아이도 있었다. 놀이터 맞은편에서 다섯 명의 아이들이 마치 파워레인저의 등장 장면처럼 화살촉 모양의 대형을 갖추고 나타났다. 손바닥을 내보이며 폭력 멈춰, 하고 재차 소리쳤다. 패악질 무리가 당황스레 우물쭈물하는 것도 잠시, 곧바로 자기들도 네모난 대형을 만들어 덤빌 테면 덤벼 보라는 식으로 나왔다.

"여기는 우리만 노는 전용 놀이터야! 한남들은 군대로 바캉스나 가라 이거야!"

"훠훠훠훠. 그렇습니꽈? 아쥬 죄미이꾼뇨. 짜장면이나 한그릇 어떻습니꽈?"

"이거이거 아주 혁명적이구만 기래. 덤벼보라우. 인민들의 피와 땀을 쪽쪽 빨아 찌운 이 기름진 배때기 보이디?"

"我不喜欢蟑螂药."

하얀 아이들 중 선두에 선 아이가 고개를 한차례 까딱 흔들자 모두 일사불란하게 움직이기 시작했다. 망토 자락을 휘날리며 민첩하게 놀이터로 뛰어들었다. 이제 무슨 싸움판이 벌어지나 싶었지만... 아니었다. 패악질 무리는 순식간에 모두 도망을 쳤다. 제일 먼저 빨간 옷이 소리도 없이 꽁무니를 빼더니 나머지 셋도 잇달아 꽁무니를 뺐다.

그 와중에 장난감은 다 챙겨갔다.

"고마워요! 자유단...!"

하얀 옷을 입은 아이들은 검지를 살랑살랑 흔들며 씨익 멋들어진 미소를 지어 보였다. 하얀 이가 밝은 햇살 아래 반짝 빛이 났다. 이후 아이들은 무너졌던 모래성을 같이 다시 쌓기 시작했다.

끼이이익, 타이어가 찢어지듯 비명을 지르는 소리에 흠칫 놀라 소리가 난 쪽을 보니 배가 산만한 40대 중후반의 남성이 혼다 오토바이를 인도 옆에 세우고 있었다. 어울리지도 않는 검은색 라이더 가죽 재킷이 당장이라도 찢어질 듯 위태로워 보이는데 품 안에서 힘겹게 무언가를 꺼내는 모습이었다.

"오전 순찰 결과 옆 동네까지 유니클로를 싹 다 돌았는데 다행히 토착왜구는 목격하지 못했다. 저녁에 한 번 더 돌아볼 생각이다. 네즈코짱 오버." 남자는 다시 무전기를 품 안에 쑤셔 넣었다. 그리고 휴대폰을 꺼내더니 두리번두리번 주변을 살폈다. 문자를 하는 듯 스마트폰을 두들겨댔다. 이윽고 누군가가 남자에게 다가갔다. 비슷한 체형의 비슷한 나이대의 남자였다. 청바지에 목이 늘어난 초록색 프린트 티를 입고 있었다. 눈치를 살피며 서로 멋쩍은 인사를 나누었다. "혹시 당근...?"

"제가 직접 왔는데 네고 좀만 해 주시면 안 돼요? 단돈 만 원이라도..."

"안돼요. 저도 줄 서서 산 거고... 이미 가격은 당근으로 정한 거잖아요. 저 가격 흥정 안 받는다고 체크도 해놨었는데."

초록색 티가 단호한 태도를 보이자 네즈코짱은 잠시 시

무룩하며 입을 삐죽였다. 얼마 안 가 조용한 목소리로 "계좌번호 주세요."라고 말했다. 초록색 티가 계좌번호를 알려주고 입금을 확인한 뒤 물건을 건넸다.

물건을 받아들자 네즈코짱의 얼굴에 금세 화색이 돌았다. 천진난만한 표정으로 이리저리 물건을 들여다보았다. 초록색 티는 자리를 떠났고 네즈코짱은 그 자리에서 박스를 뜯었다. 뇌가 순수해 보이는 얼굴로 닌텐도 게임기를 거의 끌어안듯 했다. 주머니에서 칩을 꺼내 곧바로 연결했다. 동물의 숲이라는 글자가 보였다.

로저와 네즈코짱 사이에 사람이 나타났다. 시야를 가로막았다. 뭐지 싶은데 끝도 없다. 가만 보니 한둘이 아니었다. 뭐지? 싶을 정도로 많은 사람들, 길고 긴 행렬이 이어졌다. 하나같이 백발이 성성한 노인들이고 무슨 일인지 유니폼처럼 모두 연두색 조끼를 옷 위에 걸쳐 입었다.

길고 긴 행렬이 이어지는 사이 로저는 조끼에 쓰여진 구청 표시를 발견했다. 그리고 알아챘다. 공공일자리, 라는 단어가 뇌리를 스쳤다.

"어휴 저 세금 도둑놈들!"

근처 벤치에 앉은 할아버지였다. 신문을 펼쳐 보면서 쯧쯧, 혀 차는 소리를 냈다.

"대체 왜 저리 많이 뽑는 거야. 일개 대대는 되겠구만. 쓰레기 줍고 환경 미화하는 사람은 원래부터 있잖아. 세금 낭비도 이런 낭비가 없네 정말."

"영감도 저거 신청한 거 내 모를 줄 알고? 자기 떨어졌다고 괜히 심술은."

할아버지 옆에 앉은 할머니가 불쑥 그렇게 말했다. 할아버지는 신문을 고쳐 잡으며 끌끌 침을 삼켰다.

"세금 낭비 맞지. 그걸 누가 모르나. 취업률 높인다고 저 지랄하는 거 아녀." 할머니도 할아버지와 생각은 같은 듯했다. 로저의 생각도 같았다.

"나라가 어찌 되려는 건지... 쯧쯧, 국민들 상대로 허구한 날 속이고 사기나 치고 도무지 뭐 하자는 건지 모르겠어."

"뭐하긴 속이고 사기 치는 거지. 그거 말고 더 있어?"

"세상이 아주 웃기게 돌아가는구만. 어디 먼 나라처럼 다들 들고 일어나지 않는 게 신기할 정도야."

"먼 곳 찾을 필요가 있어? 몇 년 전에 다들 들고 일어났잖아."

쯧, 한 번 더 혀를 차고는 할아버지가 말했다. "왜 그런 난리를 피운 거야. 내 이럴 줄 알았다고. 다들 속아서는..."

기다란 행렬의 꽁무니를 바라보다 불현듯 약속이 있음을 떠올린 로저는 택시를 찾아 잔걸음질쳤다. 신문을 넘기는 소리가 났다.

"아이고... 또 또 또 일가족이 자살했네... 힘들어도 어떻게 좀 버티고 살지..."

불쌍해서 어쩌나, 나무아미타불... 그런 소리가 뒤에서 들렸다.

22

로저는 어렸을 때부터 책 읽기를 좋아했다. 대학생이 되어서 게임이나 각종 스포츠 관련 동아리들이 인기를 끄는 가운데 많고 많은 동아리들 중에서 마이너 축에 속하는 독서 동아리를 선택했을 때는 별다른 고민도 하지 않았다. 소설을 좋아하니까, 라는 간단한 이유가 작용했지만 막상 동아리 방에 발을 들이자 야시시한 여자 캐릭터가 그려진 조그만 책을 자기 수족처럼 여기는 음침한 분위기의 남자들이 대다수였다. 그나마 있는 적은 수의 여자들마저도 순순히 책을 좋아하기보다는 관련한 대외 활동에 목적이 있는 눈치였다. 잘못 골랐다, 동아리를 바꿀까, 아니면 그냥 관둘까, 그런 생각을 했다. 누군가와 좋아하는 소설에 관해 이야기를 나누고 서로 의견을 나누는 바람은 어려운 일인 것 같았다.

강의 시간표상 비는 시간이 길었던 날이었다. 하릴없이 시간을 죽이기보다는 조용히 책을 읽을 요량으로 동아리 방에 발걸음 했다. 때마침 아무도 없이 비어있었다. 밖으로 난 창은 얇은 커튼이 쳐져 있었지만 해가 밝아 조명을 키지 않아도 독서하는 데에는 무리가 없을 정도였다. 주인 모를 담요가 널브러진 유달리 푹신한 검은 소파에 엉덩이를 내리고 앉았다. 가방에서 책을 꺼내는데 문득 허벅지

쪽에 무언가 닿는 느낌이 있었다. 뭐지, 하며 담요를 들추자 드러난 것은 한 권의 소설책이었다. 몇 번이나 읽었는지 표지가 그림자 진 듯 바랬고 몇몇 장은 거의 찢어질 듯했는데 한 곳은 정말 찢어진 것을 유리 테이프로 붙인 흔적이 있었다. 그러나 로저의 관심을 끈 것은 책의 불량한 상태 따위가 아니었다.

1984... 라고 로저가 속으로 중얼거린 순간, 벌컥 문이 열리며 트레이닝 바지 위로 검은색 육군 티셔츠를 입고 있는 남학생이 나타났다.

"요즘도 책 읽어?" 로저가 카페라떼를 한 모금 마시며 마주 앉은 상대에게 넌지시 물었다. 블레어는 뜻밖이라는 얼굴을 잠깐 했지만, 곧 웃음을 머금으며 말했다. "글쎄, 그러고 보니 서점에 간 기억이 가물가물하다. 책장을 넘긴 것도." 블레어는 공무원이다. 자세히는 모르지만 경기도의 한 시청에서 시장을 보좌하는 일을 하고 있다고 한다.

로저는 자신도 그렇다고 했다. 그런데 요즘 들어 다시 책 생각이 난다고 말했다. 정확히는 어떤 책이.

"그 책은 1984겠지? 아니면 동물농장인가." 로저가 고개를 위아래로 흔들었다.

"1984를 다시 읽어보면 답이 나올까 해서. 그런데 막상 찾으니 어디 갔는지 보이지가 않아. 새로 한 권 살까 해." 블레어는 무슨 답을 말하냐고 묻지 않았다. 대신 이렇게 말했다. "그런다고 답이 나올까." 블레어는 손을 뻗어 잔을 쥐었다. 김이 뿜어져 나오는 갈색 액체의 온기를 되새김질하듯 한 차례, 두 차례 쥐었다 폈다 했다.

"나는 지금 우리의 현실이 책 속과 다르지 않다고 생각해. 거의 비슷해. 아니, 지금은 한창 그 과정 한가운데에 있어. 현실은 점점 1984 속의 주인공인 윈스턴의 환경을 좇아가고 있어." 블레어가 말했다.

"24시간 텔레스크린과 마이크로폰으로부터 일거수일투족을 감시당하고, 감정과 표정, 심지어 머릿속 생각까지도 감시와 통제를 받으며, 쇠파리처럼 건물 사이를 비행해 오가는 헬리콥터와 당에 대한 충성심으로 똘똘 뭉친 스파이단은 언제나 표적 대상을 찾고..."

"태연히 이야기를 나누던 바로 앞의 친구가 갑자기 가면을 벗어던지고 자신의 손에 차가운 은색 수갑을 채울 사상경찰일지 모르는 세계."

"빅브라더는 언제나 나를 바라보겠지."

로저는 웃었지만 순순히 어떤 감정을 드러내는 그런 종류의 웃음이 아니었다. 의식했다. 마치 지금 이 순간, 누군가 자신을 빤히 들여다보고 있지 않을까, 하는 생각이 머릿속을 스쳤다. 웃어 보이는 것이, 그러는 편이 조금 더 유리하지 않을까 하는 생각에 웃음을 만들어냈다. 뺨의 근육이 미세하게 굳어 애매하지만 화면을 바라보고 있는 상대가 그럭저럭 넘어갈 만한 장면이었다.

"난 말이야. 1984를 셀 수도 없이 많이 읽었어. 왜 그런줄 알아?" 로저는 가만히 고개를 저었고 블레어가 말했다. "현실에는 이런 세계가 없으니까."

블레어는 다갈색 테이블 위의 한 점을 한동안 바라보았다.

"현실에는 이런 세계가 없다고 생각했으니까 가볍게 여겼던 거야. 심지어 경외심까지 품으면서. 가볍게 책장을 넘기며 소설 속 분위기를 즐기고 주인공인 윈스턴을 동정어린 시선으로 바라보았지. 하지만 지금의 내가 과연 전처럼 가볍게 책장을 넘길 수 있을까. 전과 같은 시선으로 그를 바라볼 수 있을까."

"하지만 공산주의와 사회주의는 이미 퇴출된 것이나 마찬가지야. 역사의 뒤안길로 사라지고 이제 교과서의 활자를 채울 뿐이지. 전체주의는 말할 것도 없고..." 로저는 말을 하다 멈추었다. 불현듯 낯선 느낌이 스쳤던 것이다. 슬쩍 눈을 치뜨고 맞은편으로 시선을 향하니 블레어가 전에 없이 웃고 있었다. 텔레스크린이나 마이크로폰 같은 것을 의식하지 않는 순수한 것이었다. 블레어는 시선을 느끼자 금방 표정을 고쳤다.

"그들도 알고 있어. 그런 것쯤은 우리보다도 잘 알지." 블레어가 커피잔을 들었다. 그사이 식어버려 김이 나지 않지만 입 앞에 잔을 들어 후후 소리 내어 입김을 불었다. 음미하듯 충분히 향을 맡고 천천히 잔을 기울였다.

"부동산 가격이 폭등하며 빈부격차가 극대화되고, 남자와 여자 간의 갈등은 이제 말도 못 할 정도에, 결혼을 하지 않는 데다가 출산율은 바닥의 바닥을 찍어서 국가 자연소멸론까지 나오고 있어. 이게 다 우연이라고 생각해?"

로저는 잠시 생각한 뒤 말했다. "정책 탓이지. 멍청한 정부와 여당이 엉터리에다 허술한 정책을 남발해서 그렇게 되었지. 네 말대로 남녀 갈등은 정말 심한 것 같아. 얼마 전에도 뉴스를 봤는데..."

"아니야." 블레어가 툭, 말을 뱉었다.

"뭐?"

"그런 게 아니야. 엉터리처럼 보이고 허술해 보이는 정책들은 실은 엉터리가 아니고 허술한 것도 아니라고. 충분히 제 역할을 하고 있는 것이라고. 그들이 계획한 대로 말이야." 그게 무슨 말이냐고, 로저는 속으로 생각했다. 하지만 밖으로 꺼내지 않고 가만히 블레어의 다음 말을 기다렸다.

"그들은 그림을 그리고 있는 거야. 그것도 아주 큰 그림. 이건 몇 달, 몇 년짜리가 아니야. 수십 년, 반세기, 아니 어쩌면 한 세기를 내다보고 천천히 붓질을 하고 있는지 몰라. 네 말이 맞아. 그들도 알고 있어. 해묵은 도구는 이제 어떻게 감출 수도 없을 만큼 티가 나. 등 뒤로 숨겨보아도 아주 조금 삐죽 튀어나온 점 하나만 보여도 사람들이 다 알아보는 탓에 이제 써먹을 수 없게 되었지. 그러니까 그들은…"

블레어는 창밖으로 멀리 시선을 던졌다. 그곳에는 노르스름하고 불투명한 하늘이 대지 위의 사람과 건물을 무겁게 내리누르고 있었다.

블레어의 입술 사이로 미지근한 숨이 새어져 나왔다. 짜증스러운 몸짓으로 휙, 고개를 돌렸다. "지금 저 자식들 우리나라 여자에 대해 떠들어대고 있어. 어디서 성매매를 했다느니, 술에 약을 타보았다느니…" 블레어가 아랫입술을 깨물었다. 볼이 미세한 경련을 일으키고 있었다. 블레어의 시선은 카페 내의 한 무리들에게 향해 있었다. 서쪽 나라 사람인 듯한 남자 네댓 명이 자기 나라말로 아까부터 시끄럽게 떠들고 있었다. 자기 집 안방마냥 볼륨 조절도 없이 소리치고 테이블에 발을 올리거나 바닥에 티슈나 쓰레기를 아무렇지 않게 던졌다.

"아까는 코인으로 환치기를 해서 강남에 아파트를 샀다고 지껄이더니… 남의 나라에서 아주 살 판 나셨군." 그런 말을 듣자 덩달아 기분이 언짢아진 로저가 무거운 얼굴을

했다. 그걸 눈치챈 블레어는 아차 싶었는지 굳었던 뺨을
풀며 조금 억지스러운 미소를 지어 보였다.

"아참, 그러고 보니 애초에 만나서 이야기하자고 했던
본론을 안 꺼냈잖아."

23

  블레어는 좋은 투자처가 있다고 했다. 갑자기 무슨 투자
냐고 하니 말도 마라며 1급 기밀이라고, 엄청난 수익률을
장담한다고 호언했다. 주변을 살피며 말도 귀엣말로 했다.
로저가 반신반의하며 대체 뭐길래 그러냐고, 그럼 얼마나
벌 수 있냐고 물었고 로저는 도저히 믿을 수 없는 블레어
의 말에 깜짝 놀라고 말았다. 천만 원으로 백억 원을 벌
수 있다고 하는 것이다. 마시고 있던 커피를 테이블에 한
가득 뿜고 말았다. 블레어는 태도를 고치지 않고 진지한
얼굴로 말했다. 거짓말이 아니라고, 자신이 누구와 일하고
있는지 뻔히 알지 않냐고. 이미 다른 여러 건을 해 먹는
것을 자신이 보았고 이번에 스리슬쩍 자신도 발을 담가 한
몫을 챙기려는 것이라고 했다. 로저는 생각 끝에 고민하겠
다고, 소극적인 태도를 보였는데 블레어가 장난치는 것처
럼 보이지는 않았다. 로저가 계속 고민하자 블레어는 또
이런 말을 했다. 옛날에 학교 다닐 때 같이 갔던 곳들 기
억나느냐고. 같이 봉사활동을 갔던 시골 농촌과 천연기념
물인 반딧불이를 보자고 찾았던 숲을 이야기했다. 블레어
의 말에 따르면 시골 논밭이 있던 곳에 신도시가 들어설
것이고 그린벨트로 지정된 숲은 그린벨트가 풀릴 것이며
마찬가지로 신도시가 들어설 예정이라고, 꼭 그곳에 땅을

사라고 말했다. 블레어는 수십 배는 우습게 오를 것이니 빚을 지어서라도 꼭 사야 한다고 강조했다. 블레어는 시청에서 무슨 일을 하고 있는 것일까. 대체 공무원이란 무슨 일을 하는 걸까. 로저는 그것이 궁금해졌다.

카페를 나오는데 가을이라는 계절이 무색할 만큼 한낮의 열기가 매서웠다. 차가 지나는 큰길의 먼 곳에서 아지랑이가 일렁거리고 있었다. 블레어는 가볼 곳이 있다고 했다. 뜬금없이 소고기와 초밥을 사러가야 한단다. 자연스럽게 헤어지는 분위기가 되었다.

"있잖아, 너. 정의가 무슨 뜻인지 알아?" 블레어가 갑자기 그런 말을 했다. 뜬금없었고 느닷없었다. 시선은 거리 반대편 어딘가를 향했고 그의 표정에는 변화가 없었다. 톤도 평이했다. 대화의 흐름상으로는 맞지 않지만 충분히 할 수 있는 가벼운 물음이라고 여길 만했다.

하지만 로저는 분명히 보았다. 그의 눈빛이 아주 잠깐이지만 다른 빛을 띠는 것을. 최대한 평정을 가장하고 있지만 물음을 던진 찰나의 순간, 그가 미처 숨기지 못한 무언가가 스쳐 지나갔다. 아주 짧은 순간 그는 텔레스크린을, 마이크로폰을 의식했다. 오늘 만나 여태껏 나눈 대화 전부는 사실 지금 이렇게 흘려보내듯 던지는 질문을 위한 밑거름이었는지 모른다고 로저는 생각했다.

"Justice를 말하는 거지?"

"그래 맞아."

"흐음..." 로저가 생각에 잠기는가 싶었지만 곧바로 가벼운 얼굴로 이렇게 말했다.

"정의는 정의일 뿐이지. 다른 뜻이 있어?" 로저의 대답이 정답이었을까. 블레어는 로저가 민망해할 정도로 만족스러워했다. 고른 치열을 고스란히 드러내며 기억에도 없을 정도로 멋진 미소를 보였다. 손을 흔들어 보이며 멀어지는 블레어를 가만히 서서 전송했다. 그때 예의 카페 쪽에서 폭탄이라도 터진 듯한 커다란 소리가 날아들었다. 배기음이었다. 무슨 고약한 개조를 한 것일까. 카페 주차장에서 휘황찬란한 스포츠카 네 대가 줄을 지어 빠져나왔다. 두 대가 오픈카였는데 그 주인이 좀 전에 떠들던 지나인이었다. 도저히 들어주지 못할 외계어가 시끄러운 음악을 크게 트는데, 로저는 질색하며 두 귀를 막았다. 더러운 매연을 잔뜩 토하며 차들이 사라졌다. 피어오르는 검은 매연이 공기 속으로 녹아들며 거리 맞은편에 현수막이 보였다.

'국민이 선택한 정의'라고 쓰인 파란 현수막이었다. 여당이, 뮤가 즐겨 쓰는 선전 문구다. 아니나 다를까 그 옆에 대통령 뮤의 사진이 있었다. 블레어는 저걸 본 걸까, 그런 생각을 하는데 뒤에서 무슨 소리가 났다. 통통 무언가를 튕기는 듯한 소리였다. 뒤를 돌아보자 한 할아버지가 리어카를 끌고 있었다. 소리는 리어카에 줄로 매인 빈 깡통들이 리어카에 부딪혀 나는 소리였다. 백발이 성성하고 그을린 얼굴에 주름이 나이테처럼 줄줄이 그어졌고 땀이 잔뜩 솟아 있었다. 얇은 하늘색 셔츠 안에 입고 있는 하얀색 러닝셔츠는 목이 늘어나고 땀으로 흠뻑 젖어있었다. 손으로 구긴 듯 주름진 목에는 때가 낀 갈색 수건을 걸치고, 낡은 나무 판떼기를 덧댄 것이 조잡해 보이는 리어카를 힘겹게 끌고 있었다. 저 자그마한 체구로 어떤 힘이 있어 끄는지 의문이 들 정도로 리어카에는 폐박스와 고철들이 한가득했다. 리어카 손잡이와 연결된 철골에는 깡통이나 고철 등이 노끈 따위로 느슨하게 연결되어 주렁주렁 매달려

있었다. 할아버지가 리어카를 움직일 때마다 주변에 그것을 알리듯 통통 소리가 났다. 바로 옆 도로에서 차들이 쌩쌩 달리고 있는 것과는 대조적으로 할아버지는 서두르는 것도 없이 한 걸음 한 걸음 느릿느릿 거북이걸음을 했다. 느릿한 발걸음과 달리 시선은 주변 가게 앞이나 가로수 밑을 바쁘게 훑으며 폐지나 폐품, 고철 따위를 찾고 있었다. 어느새 할아버지가 바로 코앞까지 오자 로저는 슬며시 한쪽으로 비켜섰다. 그런데 그때 눈에 들어오는 것이 있었다. 여느 화려한 배지나 리본과 달리 초라해 보이는 그것은... 참전 배지였다. 지저분한 셔츠에 위태롭게 매달린 참전 배지는 때가 묻고 색이 무척 바래서 얼핏 보면 알아보기 힘들지 모르지만 분명 나라를 지키기 위한 전쟁에 참전했음을 나타내는 것이었다. 그 옛날에 있었던 전쟁의.

통 통 통 통...

투박하고 단속적인 소리에 잠시 넋을 놓은 사이에도 할아버지와의 거리가 차곡차곡 쌓여만 갔다. 반쯤 홀린 듯 그 뒤를 쫓아 걸음 했다. 뒤에서 보니 마치 거북이 같았다. 거북이의 등껍질처럼 수북이 쌓인 폐지 더미를 먼발치에서 바라보았다. 다른 약속이나 계획은 없다. 산책이나 하자는 가벼운 느낌이 들었다.

그런데 얼마 지나지 않아 거북이가 멈춰 섰다. 폐지를 찾은 것이 아니었다. 길을 막고 선 사람들이 있었다. 그들은 파란 여름옷을 입고 옷에 노란 리본 혹은 어떤 색이 있는 배지를 달고서 무언가를 나누어 주고 있었다. 할아버지는 손잡이를 비스듬히 해서 리어카를 멈춰 세웠다. 가만히 서서 길을 비켜주기를 기다렸다. 그들은 늙은 할아버지에게는 관심이 없는 듯 눈길 한번 주지 않고 다른 행인들에게 영업 행위를 하느라 바빴다. 이윽고 길이 열리자 다시 바퀴가 굴러가기 시작했다. 로저도 따라 움직였는데 노란 리본을 가슴팍에 달고 있는 20대 여성이 다가와 전단지를 건넸다. 노란 리본 말고도 다른 여러 배지들이 흡사 전쟁의 훈장처럼 주렁주렁 달려 있었다. 마치 나라를 혼자 구한 영웅처럼.

여자는 손에 들고 있는 클립보드를 내밀어 보이며 서명을 부탁했다.

전단지에는 '종전의 필요성'이라는 큼직한 문구와 함께 그에 따르는 각종 효과들을 소개하고 있었다. 매년 헛되이 소모되는 수십조 원의 국방비를 절약할 수 있으며 주한미군을 철수시켜 동쪽 나라에 매년 헛되이 바치는 방위비 분담금 또한 아낄 수 있다고, 각종 그래프와 함께 여러 데이터들을 어지러이 나열해놓고 있었다.

여자는 떠넘기듯이 클립보드를 펜과 함께 로저의 손에 쥐여주었다. 서명란이 바로 보였다. 시선을 위로 향하자 맨 위에는 '한반도 평화법 제정을 위한 100만 서명 운동'이라는 문구가 있었다.

"우리나라는 우리나라의 힘으로 지키자! 서명 부탁드립니다. 한반도 평화법은 종전으로 이끄는 훌륭한 마중물 역할을 할 것입니다."

20대 여자는 들뜬 얼굴로 말했고 로저는 아무 말 없이 클립보드와 전단지를 도로 돌려주었다. 여자가 어떤 표정을 지었는지 로저는 알 수 없었다. 관심도 없었다. 그들이 할아버지에게 아무런 관심도 없었던 것처럼. 시간을 뺏겨 놓치진 않을까 싶은 마음에 잰걸음질 치는데 다행히 거리 저 끝에서 어렴풋이 리어카가 보였다. 큰 교차로 앞에 서 있었다. 로저가 그곳까지 걷는데 할아버지는 꼼짝 않고 있었다. 신호가 바뀌어도 그 자리에 그대로였다.

무슨 일인가 싶은데 교차로의 차들이 무질서하게 도로에 늘어서서 엉망이다. 신호가 바뀌어도 좀처럼 나아가지 못하고 횡단보도 위에서 차들이 멈춘 채 이따금 클랙슨을 울린다. 갈 길이 바쁜 행인들은 차들 사이를 빠져나가 길을 건널 수 있지만 할아버지는 리어카 탓에 한 걸음도 꼼짝할 수 없는 상황이다. 행인들이 많은데 뭐라 수군대고 있다. 지나가는 젊은 남자에게 무슨 일이 있는지 물어보니 저쪽 큰길을 여자들이 막아선 채 무슨 큰 시위를 하고 있다고 말한다.

"무슨 시위를요?"

선한 인상의 20대 남자는 답답한 얼굴을 하고 말한다. "한둘이 아니에요. 여자를 혐오하지 마라, 페미니스트의 자유를 보장하라, 여자 전용 시설을 하나라도 더 만들어라, 남자들만 혜택을 보는 어떠한 제도도 용납할 수 없다, 스타벅스는 군인들에게 커피를 무료로 제공하지 말아라... 아까 저길 지나갔는데, 여자들은 언제나 갖가지 피해 위험에 노출되어있다고 남자들은 전부 잠정적인 성범죄자라고 하고 있어요. 도대체 무슨 소리인지..."

요란스러운 발소리가 들린다. 로저의 뒤에서 파란 확성기를 손에 든 여자들 몇 명이 시위 방향으로 시끄럽게 뛰어간다. 남자와 로저는 그것을 멍한 눈길로 바라보다 이윽고 시선이 마주친다. 둘 다 웃는다. 무슨 말을 할 필요도 없다. 쓴웃음만 나올 뿐이다. 남자도 마찬가지로 헛웃음을 지으며 설레설레 고개를 젓는다.

차 뒷유리에 노란 리본과 'NO JAPAN 가지 않습니다.

사지 않습니다.' 스티커를 붙인 중년의 남성 운전자가 차 창 밖으로 팔과 머리를 내민다. 화가 난 얼굴을 하고 소리 를 지르며 검은색 스냅백을 신경질적으로 고쳐 쓰며 짜증 을 드러낸다. 무슨 일인가 하니, 줄곧 가만히 기다리고 있 던 할아버지가 신호가 바뀌고 차들 사이에 지나갈 만한 틈 이 생기자 리어카를 도로 위로 이끌었는데 차들이 또 엎치 락뒤치락하는 사이에 그 틈이 금방 사라져 버렸다. 도로 한가운데에서 오도 가도 못하는 상황이 되어버렸다. 도로 위에 갇힌 노인에게 길을 막는다고 운전자가 소리를 지른 것이다.

할아버지는 운전자에게 고개를 숙여 보이며 사과를 한 다. 계속 이어지는 시위 탓에 차들의 행렬은 더욱 꼬여만 갈 뿐이다. 풀릴 기미는 보이지 않는다. 시위 규모는 점점 커져만 가는지 고래고래 악을 쓰는 여자들의 괴성과 분노 에 찬 확성기 소리가 찌를 듯이 엄습한다.

혼잡한 큰길 위에서 터질듯한 클랙슨 소리와 운전자들의 수많은 눈총이 노인에게 오롯이 향한다. 신호는 초록불이 다. 때로 얼룩진 수건으로 땀을 훔치며 노인은 횡단보도 위에서 연신 고개를 꾸벅인다. 죄송하다고 사과한다. 마치 이 넓고 큰 도로의 체증이 전부 다 자신 탓이라는 것처럼.

신호가 점멸하기 시작한다. 시선 끝에 차들 사이로 홀로 선 할아버지가 어렴풋이 보인다.

도와주어야 할까, 그래야 할 텐데... 마침내 마음을 정하 고 도로에 발을 내딛으려는 순간, 신호가 다시 바뀐다. 커 다란 빨간색 차가 기다렸다는 듯이 앞을 막아선다. 발돋움 을 해본다. 하지만 할아버지는 보이지 않는다. 막고선 차 가 너무나 크다. 차 사이를 비집고 들어가려하자 기다렸다

는듯 클랙슨 소리가 터져 나온다. 갈 수가 없다. 바로 옆
에 있었는데, 도와줄걸... 그런 생각을 하지만 아무 소용도
없는 헛된 것이다. 한참 지나 차가 느릿느릿 고작 몇 걸음
움직인다. 다시 할아버지가 보인다. 그런데 그 옆에 누군
가가 있다. 예의 20대 남자다. 남자가 할아버지를 도와 리
어카를 끌어보려 하지만 상황이 나아지진 않는다. 또다시
클랙슨 소리가 정신없고 고성이 사정없이 날아든다. 그럼
에도 남자는 자리를 떠나지 않는다. 할아버지를 대신해 리
어카 손잡이를 쥐고 있다. 그 의연함을 먼발치에서 바라보
는데, 어딘가 아주 멀리서 여성의 권리를 주장하는 목소리
가 들려온다.

24

　무언가 긴 꿈을 꾸었다는 착각이 들었다. 잠에서 깨어났을 때는 온몸이 땀에 젖어 있었다. 로저는 침대에서 내려와 곧바로 욕실로 향했다. 젖은 옷들을 벗고 땀을 씻기 위해 물을 틀었다. 좋지 않은 꿈을 꾼 것 같았다. 악몽을 꾼 것 같은데 그 내용만은 하나도 생각나지 않았다. 그런데 묘한 기분이 들었다. 어떤 영상도 흐릿하게나마, 어렴풋하게나마 떠오르는 것이 없는데 문득 한 가지 문장이 머릿속에 떠올랐다. 마치 누군가 머릿속에 손수 집어넣은 듯 그것은 생생하기만 했다.

　'그것은 정의가 아니다.'

　로저는 습기 찬 거울 위에 손가락으로 그것을 써보았다. 기묘한 기분이었다. 마치 꿈은 머릿속을 잔뜩 헤집고 이미 다른 곳으로 가버렸는데, 어떻게 손끝에 꿈의 긴 꼬리가 아주 살짝 닿아 그런 문장만이 떠오르는 것 같았다.

　그것은 정의가 아니다, 로저는 혼자만 있는 공간에서 소리 내어 몇 번 말해보았다. 하지만 자신의 물음만이 물소리와 함께 울릴 뿐 어떤 대답이 들리지도, 어떤 대답이 떠오르지도 않았다.

　샤워를 마치고 옷을 갈아입었다. 실내는 어스레했다. 어두운 거실의 한 가운데, 소파 위에 몸을 누이고 당장 잘 생각도 없는데 눈을 꼭 감았다. 무언가를 떨쳐 내고 싶다는 생각이 들었다. 무언가가 뭔지도 모르겠지만, 그냥 눈을 감자 마음이 아주 조금이나마 가벼워지는 듯했다.

손을 조금 움직이자 리모컨이 잡혔다. 눈을 감은 채로 버튼을 조작하자 뉴스 채널이 틀어졌다. 여당의 한 정치인에 대한 영상이 나오는 참이었다. 화면 속 남자가 말했다.

부의 재분배를 쟁취하겠다, 자본가들이 가진 것을 빼앗아주겠다, 폭등한 집값은 토지공개념의 도입과 부동산의 불로소득을 막는 등의 각종 법률을 만들면 해결된다고, 자신을 뽑으면 당신에게 많은 돈을 줄 것이며 부자들에게 반드시 복수해주겠다고...

마음이 다시 무거워졌다. TV를 껐다. 눈을 게슴츠레 떠 시계를 보았다. 저녁 9시를 막 넘어서고 있었다. 긴 시간 동안 눈을 감았다. 깜빡 잠이 들어버리는가 싶은 순간도 있었다. 눈을 뜨고 고개를 돌렸다. 빈 거실 바닥을 보려고 했다. 원래 그곳은 빈 거실 바닥이니까 당연히 눈을 뜨고 고개를 돌리면 빈 거실 바닥이 있을 것이었다. 하지만, 그렇지 않았다.

"...?"

물음표가 떠오르며 로저는 자신의 눈을 의심했다. 눈을 비볐다. 몇 번이나 눈을 감았다가 다시 뜨며 바라보았다. 하지만 그것은 분명 '털 덩어리'였다. 털 덩어리, 털뭉치라는 단어가 자연스레 떠오르는 광경이 눈앞에 있었다. 로저는 말 그대로 눈을 씻듯 재차 바라보았지만, 그것은 그대로 검은색과 회색, 그리고 갈색이 뒤섞인 털 덩어리이기만 했다. 흡사 공처럼 둥근 털 덩어리가 움찔거렸다. 이윽고 좌우로 흔들거리는가 싶더니 검은색 무언가가 삐죽 튀어나왔다. 그것은 발이었다. 털 덩어리는 곧 완전히 자신의 정체를 드러냈다.

"너구리잖아."

너구리는 로저의 거실 한자리를 태연히 차지했다. 마치 고양이나 개처럼 네발로 바닥을 딛고 로저를 올려다보았다. 자신이 어떤 정신적 충격을 주었는지 전혀 모른 채, 아니면 아무 관심도 없는 듯 너구리는 로저에게서 눈길을 거두었다. 너구리가 움직였다. 자신의 네발로 적당한 속도로 어딘가로 향했다. 현관문이었다. 길을 잃은 사람처럼 두리번거리거나 개처럼 예민한 코를 킁킁거리는 것도 없이 너구리는 곧장 문으로 향했다. 로저가 뒤따라가자 너구리는 아무 소리도 내지 않고 가만히 닫힌 문을 올려다보다가 로저를 바라보았다. 문을 열어달라는 것 같아 로저는 문을 열어주었다. 기다렸다는 듯 너구리가 문을 지났다. 그런데 또 가만히 있었다. 더 이상은 갈 생각은 없는지 다시 로저를 바라보았다. 로저는 문득 너구리가 자신에게 따라오라고 한다는 생각이 들었다. 로저는 알아들을 리도 없는 너구리에게 "잠깐만." 하고 말했다. 너구리가 고개를 끄덕였다고 느낀 것은 착각이 아닐지도 모르지만 로저는 서둘러 옷을 챙겨 입었다. 이제 밤은 셔츠 하나만으로 버티기에는 춥다. 로저는 준비를 마치고 집을 나섰다. 로저가 나오자 너구리는 엘리베이터 앞에서 기다리고 있었다. 엘리베이터 부르기 위해 버튼을 누르며 혹시 이웃 사람들이 이 광경을 바라보며 무슨 생각을 할까 생각했다. 애완 너구리는 들어본 적 있는 것도 같지만 너구리를 산책시키는 광경은 본적이 없다. 엘리베이터가 도착하고 문이 열리자 자연스레 너구리가 엘리베이터에 올랐다. 로저도 엘리베이터에 타서는

1층 버튼을 눌렀다. 1층을 가는 것이 맞는지 너구리는 잠자코 있었다. 문이 열리자 너구리는 좀 전과 달리 속도를 냈다. 거의 뛰다시피 했다. 너구리라는 동물이 이렇게 빨랐나 싶었다. 도망치는 것은 아닌지 로저가 거의 너구리를 놓칠 뻔할 때면 너구리는 멈춰 서서 뒤를 돌아보았다. 너구리는 어딘가로 향했고 로저는 너구리를 쫓았다. 아닌 밤중에 생전 처음 보는 동물과 추격전을 하는 모양새가 되었다.

달음박질치는 너구리를 보고 사람들은 기겁했지만 너구리를 막아서는 이는 없었다. 그도 그럴 것이다. 난데없이 나타난 개와 비슷한 동물을 보고 저게 뭐지? 갸웃하는 사이 너구리는 이미 지나가 버리고 만다.

얼마나 뒤를 쫓았을까. 내가 왜 이 밤중에 너구리를 쫓고 있지? 로저는 뒤늦게 정상적인, 이성적인 판단을 하기 시작했다. 이미 온몸은 또다시 땀이 비 오듯 했다. 서울 시내 어딘가에서 한밤중에 숨을 헐떡거리며 후회했다. 너구리 새끼... 뭐 하자는 거야. 입안에서 욕을 했다. 숨을 고르고 주변을 돌아봤지만 너구리는 이제 보이지 않았다. 사람들만 보였다. 저 사람 왜 이 시간에 땀 흘리며 숨을 몰아쉬지? 아휴, 꼴사나워... 거리의 사람들이 이상한 사람을 쳐다보는 듯한 눈초리로 로저를 쳐다보았다. 창피했다. 로저는 설레설레 고개를 저으며 자신을 탓했다. '왠지 따라가야만 할 것 같았어...'

여기는 어디지, 거리와 건물들을 보며 위치를 가늠했다. 꼬박 30분 이상을 걷거나 달렸다. 광장과 인근한 한 동네였다. 생각해보니 지갑을 챙기지 않았다. 다시 도로 걸어갈 생각을 했다.

그렇게 털레털레 걷기 시작하는데 얼마 지나지 않아 묘한 감각에 휩싸였다. 언젠가 와 본 적 있는 곳 같은데, 사뭇 그때와 분위기가 다르다... 로저는 주변을 두리번거렸다. 그때도 늦은 시각이었지만 거리는 좀 더 활기찼고 편의점도 문을 열고 있었다. 그런데 지금은 대부분의 가게가 이 시각까지 영업을 하지 않거나 폐업 상태였다. 24시간 편의점은 영업시간 종료를 알리는 팻말이 걸려있었다. 불이 켜진 곳은 하나같이 지나인들의 문자가 쓰인 외국인이 운영하는 가게뿐이었다.

  앞쪽에 사람들이 제법 많이 몰려있었다. 웅성거리는데 우리나라 사람들이 아닌 것 같았다. 생김새가 묘하게 다르고 스포츠형의 헤어스타일이 많았다. 대부분 웃통을 벗고 상반신을 드러내고 있었다. 가게의 간판도 우리나라 말이 아닌 서쪽 나라의 문자가 떡하니 새겨져 있었다. 양꼬치 집인 것 같았다.

  '저기는 분명 큰 빵집이 있던 자리인데...'

  가게 내부의 검붉은 빛이 감도는 조명이 가게 밖 거리까지 빛을 던지고 있었다. 지나인들은 자기네 나라말로 뭐라 시끄럽게 떠들며 길 위에서 술판을 벌이고 있었다. 그들의 시선이 일순간에 로저에게 향했다. 기분 탓인지 찬바람이 불며 뒷머리가 쭈뼛 서는 것 같았다. 사람을 위협하는, 고압적인 눈빛들이었다. 턱을 치켜들며 불량한 자세로 말없이 내려다보는 눈빛으로 흥미가 돋을 만한 거리인지 가늠하는 것 같았다. 로저는 곧바로 목을 움츠리며 시선을 거두었다. 그러자 일제히 풉, 풋... 코웃음을 치며 비아냥거렸다. 얼핏 빵즈라는 단어가 들렸다. 로저는 말없이 그들을 지나쳐 걸었다.

그런데 갑자기 지나인들이 함성 소리를 올렸다. 휘파람 소리도 냈다. 자신을 조롱하는가 싶어 로저가 머뭇거리며 뒤를 돌아보니 그들의 시선이 일제히 어떤 한 곳을 향하고 있었다.

근처 모텔 앞에 승합차가 한 대 섰다. 거기서 옷을 얇게 입은 젊은 여자가 내렸다. 그런데 여자는 자의로 내린 것이 아니라 남자들에게 이끌려 차에서 내렸다. 술에 잔뜩 취해 인사불성인 상태였다. 술이 아닌 다른 것에 취한 것인지도 모른다. 지나인들로 보이는 남자들이 여자를 모텔로 끌고 들어갔다. 한둘이 아니었다. 술판을 벌이던 지나인들도 판을 접고 약속이라도 한 듯 다 같이 모텔로 향했다.

로저는 주머니의 휴대폰을 만지작거렸다. 신고를 해야 하나 망설였다. 하지만 이내 그만두었다. 지나인들의 보복을 받을지도 모르고, 무엇보다도 괜히 끼어들었다가 도리어 문제에 휘말려 들어 어떤 책임을 지게 될지 모른다. 싱숭생숭한 기분으로 그곳을 떠났다. 을씨년스러운 거리를 벗어나고 얼마 지나지 않아 행인들이 늘어났다. 조금 번화한 거리에 들어섰다. 가게들이 문을 닫지 않았고, 영업하는 가게에 사람들이 제법 들어차 있었다. 거리가 활기를 띠고 있었다. 시끄럽게 울리는 음악과 사람들의 대화 소리에 마음이 놓였다. 발걸음이 조금 가벼워졌다고 생각하며 한 술집 앞에서 멈춰 섰다. 테라스가 있어 실외 좌석을 갖추고 그사이가 개방되어있는 구조였고 그 개방된 공간으로 실내가 훤히 들여다보였다. 파란빛이 감도는 실내에 대형 스크린이 설치되어있었다. 영상이 흘러나오고 있었는데, 축구 경기를 하고 있었다. 자막으로 보아 외국에서 열리는 중립 경기였고 출전 팀은 다름 아닌 우리나라 국가대표 축구팀이었다. 상대는...

"축구로 하나 되는 한민족..."

로저는 무의식중에 화면의 자막을 읽었다. 분명 비슷한 장면을 본 것 같은데, 아니 비슷한 자막을... 로저는 곧 지난번 올림픽을 떠올릴 수 있었다.

"오빠 이러다 정말 우리나라 통일하는 거 아니야?"

"그러게. 통일되면 좋겠다."

"통일하면 금강산도 가보고 평양냉면도 직접 가서 먹고 좋겠다. 그치?"

"그러게. 통일되면 좋겠다."

한 커플이 있었다. 20대 젊은 남녀가 맥주잔을 앞에 두고 한가로이 축구 경기를 보고 있었다.

"그 위원장인가? 걔도 좀 딱해. 따지고 보면 고아, 소년가장이잖아. 혼자 한 가족을 이끌어 나가는 느낌도 들고... 생긴 것도 좀 귀엽지 않아? 볼살 통통한 게 막..."

"따지고 보면 그렇긴 하지. 키들 헤어스타일이 꼭 검은색 전화기를 얹은 모양인 거 알아?"

커플은 북이나 키들을 주제로 끝도 없이 떠들어댔다. 하다못해 싱겁다고 말할 가치도 없는 대화를.

하지만 그런 사람이 한둘이 아니었다. 북과 축구 경기를 하고 있으니 자연스레 화제가 그쪽으로 흐르는 듯했다. 이번 사절단 방문한 거 보았느냐, 백두산에서 뮤와 키들이 사진을 찍는 것을 봤다, 세상이 놀랄 일이다, 람다가 대통령이었으면 지금 아마 전쟁 중이었을지도 모른다, 정말 종전이 다가오고 있다, 평화로운 한반도...

정말 진지한 마음으로 그런 말들을 내뱉는지는 알 수

없었다. 하나같이 시시덕거리며 가벼운 말투로 이야기를 하고 있었다. 하지만, 로저는 마치 자신이 홀로 외따로 떨어진 듯한 기분에 사로잡혔다. 멍하니 서서 그 모든 것을 바라보고 있자 어쩐지 온몸에 힘이 빠져나가는 것 같았다. 로저는 그들이 웃고 떠드는 모습에서 눈을 떼고 뒷걸음질 쳤다. 등에 차가운 무언가가 닿는 순간, 그것이 건물 외벽임을 깨달았다. 흠칫 뒤를 돌아보자 벽과 함께 무언가가 있었다. 포스터였다. 파란 바탕 위에 인자한 미소를 지어 보이는 뮤의 사진이 있었다.

'평화 대통령'이라는 단어가 부드러운 필체로 포스터 상단에 큼지막하게 있었다. 그리고 포스터 하단에는 뮤의 이름과 함께 마치 수식어처럼 '정의로운 대통령'이라는 글자가 함께 붙어 있었다. 그리고 그 옆에 다른 포스터가 있었다.

감마의 사진이었다. 인자한 뮤의 것과는 달리 감마는 테까지 검은 까만 선글라스를 쓰고 군복을 입고 무언가 지시를 내리는 모습이었다. 한눈에도 고압적인 분위기가 다분했고 포스터 상단에는 단 세글자가 쓰여 있었다.

독재자

사진 아래에는 감마의 이름과 함께 '적폐 대통령'이라는 단어가 딱딱한 필체로 함께 있었다. 귓가에 조금 전에 들었던 말이 되살아났다.

'이러다 종전 선언하면 정말 평화 대통령이네.'

그렇구나... 뮤는 평화 대통령인가... 로저는 마음속으로 뇌까렸다. 반대편 벽면에도 같은 포스터가 있었다. 거리 곳곳에 포스터가 나붙었고 나뒹굴었다. 머리 위와 머리 아래로 독재자, 평화 대통령이라는 글자가 종횡으로 얽혀 어지러웠다. 한가롭게 거리를 오가는 행인들 사이로 거리 너머 적갈색 벽돌 담장에 같은 포스터가 있었다. 담장 옆에 있는 가로등의 주황색 불빛이 그 아래 담장과 포스터를 내리비추었고 오가는 사람들 사이로 포스터가 보였다가 안 보였다 했다. 부드러운 미소로 거리의 사람들을 인자하게 바라보는 뮤와 딱딱한 얼굴로 당장 사람들에게 어떤 지시라도 내릴 것만 같은 감마의 모습이 무척이나 대조되었다. 멀리서도 평화 대통령, 독재자 두 단어는 선명했다. 로저는 아득한 눈길로 그것을 번갈아 바라보다가, 지그시 눈을 감았다.

눈을 감은 로저는 어떤 공백 속이었다. 자신이 어디에 있는지 알 수 없었다. 아니, 어디에 있는지 분명히 알고 있지만, 알 수 없다는 느낌이 들었다. 이곳은 자신이 생각하던 그곳이 아니다, 원래 이런 곳이 아니었는데...

자신이 틀린 것인지도 모른다. 저들이 맞고, 나는 틀린 생각을 하고 있는 것은 아닐까. 정말 뮤가 평화를 사랑하는 선한 사람이고, 감마는 자신의 사리사욕만을 생각한 한 독재자에 지나지 않을지도 모른다. 혼란스러웠다. 신념이라고 생각했던 것이 위협을 받고 그것을 지탱하고 있던 마음마저도, 어깨마저도 느슨히 풀어졌다. 수분을 잔뜩 머금은 초록색 채소처럼 발걸음이 물에 젖어 있었다.

25

"여기서 이러지 말고 저리 꺼지라고!"

광장을 가로질러 걷고 있는데 어디선가 고성이 날아들었다. 소리는 앞에서 났다. 자연스레 귀를 쫑긋 세우자 비슷한 고성이 연이어 터져 나왔다. 꺼져, 사라져... 제법 나이를 먹은 남자의 목소리였다. 쇳소리가 섞이고 담배를 많이 피우는지 허스키가 더해졌다. 노란 천막 하나를 지나치자 그 현장이 눈앞에 펼쳐졌다.

고성을 던지는 남자, 노란색 리본을 가슴 주변에 단 50대 남자가 어떤 사람들에게 소리치고 있었다. 어떤 사람들이란, 그야말로 별다른 특징이 없는 사람들이었다. 10명정도일까, 그 정도의 사람들이 있는데 나이대도, 성별도, 옷차림도 제각각이었다. 아직 중학생 정도로 보이는 사람이 있는가 하면 지팡이를 짚으며 구부정한 허리를 지탱하고 선 노인도 있었다. 로저와 비슷한 나이대의 청년 남녀도 있었고 그보다 좀 나이가 들어 보이는, 남녀도 있었다. 그 사람들은 한데 모여서 원을 만들어 가만히 그 자리에 있기만 했다. 어떤 특별한 행동을 하지는 않았다. 그런데도 노란 리본의 남자는 반말을 섞어가며 꺼지라고 큰소리를 쳤다. 얼마 지나지 않아 원군이 도착했다. 마찬가지로 노란 리본을 단 사람들이 하나둘씩 늘어나 이제는 노란 리본 쪽이 숫자가 많아졌다. 다들 '어떤 사람들'에게 소리치며 이곳에서, 광장에서 나가라고 말했다. 어떤 사람들은 그저 서로 손을 꼬옥 잡고 아무 말 않았다. 어렴풋이 그들 쪽에서 말소리가 들리는 것도 같았다. "광장은 당신들만의 것이 아니에요."라고 누군가 조용한 목소리로 말했지만 노란 리본들은 들은 척도 안 했다.

갑자기 노란 리본의 여자가 달려들었다. 무언가를 빼앗았다. 여자가 음흉한 미소를 입가에 만들며 흔들어 보인 것은 태극기였다. 여자는 "이것 봐, 이거" 하고 작은 태극기를 아무렇게나 흔들더니 다른 노란 리본의 남자, 20대 남자에게 그것을 건네주었다. 무엇을 하려는 걸까. 그런 생각을 하는데 남자는 주머니에서 라이터를 꺼내 들었다. 예의 여자와 같은 종류의 미소를 머금고 남자는 불을 지폈다. 어어... 저러면 안 되는데. 그런 말이 로저의 입에서 새어나오려고 했다.

"어어... 그러면 안 돼요!"

태극기를 빼앗긴 어떤 사람이 애처로운 목소리로 소리쳤다. 하지만 노란 리본들은 개의치 않았다. 잘 타네, 따듯하다, 좀 더 없나 확인해봐, 불 좀 지피자... 그런 소리로 비아냥거리기만 했다.

"당신들은 어째서 아직까지 이 곳에 있는 거죠?"

어떤 사람들 중 누군가 말했다.

"흥, 남이사. 그거야 내 마음이지."

노란 리본 중 하나가 말했다.

"수차례에 걸친 조사도 끝났고 국민들의 여러 지원과 응원은 충분했잖아요. 이제 그만 아이들을 놓아주어도..."

"웃기는 소리 하지 마! 조사? 웃기고 있네. 그깟 조사

몇 번이든 더 할 수 있어. 더 해야만 해. 그래야 우리 아이들이 천국에서 편히 쉴 거 아냐!"

"그깟 조사로 사람 목숨이 희생되었어요. 아이들이나 다른 피해자분들이 여러분들의 이런 모습을 보고 정말 좋게 받아들일까요?"

"이... 이게 미쳤나! 네가 뭔데? 네가 유가족이야? 진실은 아직 베일에 싸여있다고! 네 가족이 그렇게 됐다고 생각해 봐! 내가 너희 자식들도 그 꼴로 만들어줘? 그러고 나서도 네가 같은 소리 하나 안 하나 한번 봐?"

"당신들이 말하는 진실은... 진실이 아니에요."

노란 사람들은 그저 콧방귀를 뀔 뿐이었다. 그때 학생으로 보이는 아이들이 쭈뼛거리며 앞으로 나섰다.

"저희는 그저... 아무도 안 들어주니까..."

"우리 아빠, 월북한 거 아니란 말이에요... 그런데 사람들은 월북자라고 뭐라 하고. 절대 그렇지 않은데."

"우리 형은 백신 맞고 죽었어요. 백신 맞아서 죽었는데 나라에서는 아니라고 해요. 백신 때문에 죽었는데... 형이 죽었는데 그렇지 않다고 하는데 어떻게 해요."

아이들이 울먹거리며 그렇게 말하자 노란 사람들도 조금은 당황한 기색이었다. 서로 눈짓하며 눈치를 살폈다. 헛기침을 해대며 잘 안 들리는 척했다. 그렇게 계속 우물쭈물하는 것 같았다. 하지만 그중 하나가 불쑥 말했다.

"너희들, 자위단이지?"

"네?"

아이들이 당황하자 노란 사람들이 씨익 썩은 웃음을 만들었다. 몰아세우기 시작했다.

"너희들 자위단이잖아. 그렇잖아? 당신들도 말야. 다 자위단인 거 같은데."

"자위...?" 한 아이가 고개를 갸웃하자 노란 사람들이 이죽거리며 말했다. "그래. 너희들 자위하잖아. 지금 자위하는 거잖아."

모두 당황해서 아무 말도 하지 못했다. 기어들어가는 소리로 말할 뿐이었다.

"자유단이에요. 그렇게 말하지 말아요."

"그런 말 하지 마세요."

노란 사람들은 비웃을 뿐이었다. "웃기고 있네. 자위단 주제에. 어이~ 여기 자위단 좀 봐." 기세등등해진 노란 무리가 허리를 짚고 턱을 치켜들며 자꾸 자위, 자위, 하며 비아냥거렸다.

노란 광장과 노란 천막과 노란 사람들 사이를 지나 희미한 바람이 로저의 곁을 스쳐 지나갔다. 바람에 떠밀려 날아오는 것이 있었다. 재였다. 태극기가 타서 생긴 재. 타다 남은 태극기 조각이 바람을 타고 공중으로 날아오르는가 싶더니 이내 로저의 발치에 떨어졌다. 로저는 몸을 숙여 그것을 주워들었다. 아무렇게나 묻은 재를 손으로 닦아내고 그중 하얀 조각을 손바닥 위에 얹었다. 로저는 나지막이 중얼거렸다.

"어째서..."

한참이나 바라보다가 천천히 주먹을 그러쥐었다. 일어서서 노란 무리들을 향해 섰다. 그들은 로저를 보고는 도전적인 눈빛을 던졌다. '뭐, 어쩌라고?'라는 듯이. 눈앞이 흐려졌다. 로저는 들끓어 오르는 감정을 억누르고 몇 걸음인가 다가갔다. 그러자 노란 몇 사람들이 공갈을 시작했다.

"어? 어? 이건 또 뭐야? 내가 누군지 알고 이래?" 과장된 행동을 했다. ○○아빠라고 쓰여진 티셔츠의 남자가 잘 들리지도 않는 발음으로 자꾸 소리쳤다. 노란 무리들은 팔을 걷어붙이는 동작을 하며 덤벼들려고 했다. 그때 등 뒤에서 누군가 로저의 팔을 잡았다. 슬며시 부드럽게. 마치 갑자기 팔을 잡히더라도 당황하지 않도록 배려하는 듯한 손길이었다. 뒤돌아서자 그들이 있었다. 팔을 잡은 것은 젊은 남자였다. 로저와 그의 눈이 마주쳤다. 남자는 너무나 맑은 눈을 하고 있었다. 그리고 그 눈동자를 통해 로저는 자신이 눈물을 흘리고 있음을 깨달았다. 스스로 놀라서 손으로 얼굴을 가리고 재빨리 눈가를 훔쳤다. 문득 체온이 오른 것 같은 감각을 느꼈다. 머리가 뜨거웠다. 다시 고개를 들어 그들을 바라보았다. 그들은 말없이 로저를 위로해주고 있었다. 다들 하나같이 맑은 눈을 하고 있었다. 눈가가 더 뜨거워졌다. 눈물이 솟아올랐다. 멈출 새도 없이 틀어놓은 수도꼭지처럼 눈물은 좀처럼 멈추지 않았다. 등 뒤에선 노란 무리들이 조롱하는 듯 비웃음 소리를 날리고 있었다. 저 새끼 운다, 하고. 창피하지는 않았다. 하지만 어째선지 좀처럼 멈추지 않았다. 그런데 잘 보이지도 않는 눈앞에 무언가 어렴풋이 보이는 것이 있었다. 로저는 그쪽을 향해 다가갔다. 이끌리듯 손을 뻗자 그가 로저의 손을 맞잡았다. 그가 말했다.

"...아직도 내가 취한 것 같나?"

언젠가 보았던 노인이었다. 손끝에서부터 그의 체온이 로저에게 전해졌다.

'당신은...' 로저는 입술을 달싹거리며 말을 찾았다. 그 사이, 허공에 맞잡은 두 손 위로 빗방울이 떨어져 내렸다.

비가 내렸다. 단 한 방울의 비에 노란 사람들은 자리를 피했다. 어딘가 노란 천막으로 몸을 피했다. 하지만 노인과 그들은 자리를 지키는 것 같았다. 노인은 가만히 로저를 들여다보았다. 로저는 눈물 섞인 목소리로 말했다.

"왜 아직도, 왜 아직도 이러고 있는 거예요."

흐린 노인의 얼굴이 천천히 표정을 만들어나갔다. 그것은 분명히 미소였다.

"기다리고 있다네."

로저는 코를 훌쩍이며 물었다. 누구를요, 라고.

노인은 대답하지 않았다. 아마 환한 얼굴로 로저의 손을 고쳐 잡으며 좀 더 온기를 전했다. 대답 대신이라고 하는 것 같았다.

로저는 맞잡은 손을 놓지 않고 그들을 둘러보았다. 그들은 결연한 표정으로 내리는 빗물을 피하지 않았다.

젊은 남자가 말했다.

"언젠가 올 거예요. 반드시."

26

　로저는 벤자민의 집을 찾았다. 머릿속으로는 그냥 집으로 돌아가라고 가리키고 있었지만 마음속에서는 왠지 벤자민을 만나야만 '무언가' 해결이 될 듯한, 실마리를 찾을 듯한 기분이 들었다. 벤자민이 집에 없다는 것을 알면서도 혹시나 하는 생각이 로저를 벤자민의 아파트까지 인도했다.

　'그래, 집에 없더라도 지금 이 답답한 마음을 진정시킬 수 있다면...'

　가슴 한가운데가 시리고 그 틈을 대신 무거운 무언가가 억누르고 있는 듯했다.

　그렇게 엘리베이터에 탔다. 그런데 층에 도착해 문이 열리는데 그 통로가 어떤 해괴한 물체에 가로막혀있었다. 그 기묘한 물체가 소크라테스 부인이라는 것을 알아채는 데에는 그리 긴 시간이 걸리지 않았다. 로저는 야생 곰이라도 나타난 줄 알았다. 못 본 사이에 더 체구가 비대해져 있었다. 로저가 가볍게 고개를 숙이며 알은체하는데 부인은 비켜서기만 할 뿐 반응이 없었다. 거대한 원피스 위로 노란 리본이 파묻혀 있었다. 노란 리본 옆에는 명예 당원을 상징하는 파란색 배지도 함께 있었다. 손에 무언가를 들고 있었고 로저를 보는 둥 마는 둥 하며 손에 든 것을 유심히 들여다보고 있었다.

로저는 볼을 긁적이며 어색한 표정을 만들었다. 선생님과의 관계를 설명하자 어렴풋이 기억이 나는지, 아니면 기억이 나는 척을 하는 건지 아아, 하고 고개를 흔들었다.

"어디 가시나 봐요. 그런데 그건 뭐예요?" 분위기를 누그러뜨릴 생각으로, 그리고 무엇인지 정말로 궁금해서 물었다. 겉보기에는 평범한 사진 액자인데, 그 사진이 조금 특이했던 것이다.

"그러게요. 이게 뭔지 저도 기억이 안 나서... 분명 알았는데."

"네?"

"알고 있었던 것 같은데... 잘 모르겠어요. 아까 청소를 하는데 문득 이게 보이는데. 왜 이런 게 있는 건지..."

"제가 보기에는 아이의... 초음파 사진 같은데요?"

"네... 그런 것 같기는 한데..."

부인은 알쏭달쏭한 얼굴로 물끄러미 사진을 바라보았다. 한없이 진지한 눈초리였고 생각하느라 애를 써서 열이 나는지 이마에는 땀이 솟아 있었다.

"그런데 그건 어쩌시려구요?"

"버리려고 가지고 나왔어요. 왜 이런 게 있는지도 모르겠고... 저는 아이 같은 거 질색이라."

"아... 그러세요."

"요즘 세상에 자식이 있는 건 재앙이나 다름없잖아요. 어휴. 도저히 감당도 안 되고 자식이 태어나더라도 그 자식한테 못 할 짓이죠. 저 하나 살피기에도 벅차고 이런 세상에서 어떻게..."

그렇게 말하면서도 부인은 다시 한번 손에 든 사진을

230

바라보았다. 사진을 당장 밖에 내놓고 싶다고 말은 하면서도 엘리베이터에 오른 부인은 무척이나 소중한 것을 다루듯 액자를 품에 꼬옥 안고 있었다. 땀에 젖은 얼굴로 여전히 깊이 골몰하며 어쩐지 아주 초조한 모습이었다.

로저는 벤자민의 집 앞에 서서 그 문을 마주했다. 우선 스마트폰을 꺼내 문자나 전화를 해볼까 했다. 하지만 일방향적인 발신기록을 보고 금방 관두기로 했다. 초인종을 눌러보았다. 문 너머로 소리가 전해지는 기척이 났다. 분명 초인종은 제 기능을 하고 있었지만 두 번 세 번 눌러보아도 문은 열릴 기색이 없었다. 돌아갈까, 하는 생각이 고개를 들었다. 그리고 아무 생각 없이 문손잡이를 잡아보았다. 차갑다, 라는 직관적 감각과 함께 무심결에 힘을 주어 돌리자 너무나도 쉽게 문이 열렸다. 너무나도 싱겁게. 인기척 없는 조용한 곳에 문이 열리는 소리가 생각보다 컸다. 열린 문틈으로 바람이라도 부는 듯 한기가 새어 나왔다. 동시에 서늘함이 등줄기를 빠르게 훑고 지나갔다. 묘한 감각에 등 근육을 긴장시키며 마저 문을 열었다.

집 안은 마치 깊은 잠에 든 듯 적막에 잠겨 있었다. 고요하고 어두웠다. 자리에 멀뚱히 선 채 잠시 고민에 빠졌다. 무단 주거 침입이라는 단어가 떠올랐다. 그냥 돌아갈까, 하는 생각이 옷깃을 잡아당겼지만 로저는 눈앞에 있는 것을 똑바로 바라보았다. 농도 짙은 어둠이 로저 자신을 향해 큼지막한 아가리를 벌리고 있었다. 언뜻 보면 망설여지고 거부감이 들지만 그 안에 가면 무언가 실마리라도 잡을 수 있지 않을까... 로저는 문을 닫았다.

머뭇거리는 것도 길지 않았다. 실례합니다, 소리쳐 불러본 뒤에 아무 반응이 없자 신발을 벗고 안으로 들어섰다.

긴장감을 느끼며 벽을 더듬어 스위치를 찾아보았다. 스위치를 찾아서 눌렀지만 딸칵, 어색한 소리만 날 뿐 불은 켜지지 않았다. 당황하지 않았다. 왠지 그럴 것 같다고 생각했기 때문이다. 스마트폰을 꺼내 후레쉬를 비추며 어둠 속을 천천히 더듬어 갔다. 집안 풍경에 대해 특이한 점은 찾을 수 없었다. 가재도구는 딱히 변한 것이 없어 보였다. 식기는 잘 정돈되어 모두 찬장에 얌전히 놓여있었고 침실은 이부자리가 잘 정돈되어 감히 손을 댈 엄두도 나지 않았다. 서재의 책장은 빈자리 없이 빼곡한 것이 전과 마찬가지였고 그 앞에 있는 책상도 깔끔히 정리되어 있었다. 먼지조차 보기 어려웠다. 바로 조금 전에 청소를 마친 것처럼 느껴졌다.

어스름 속에 거실 한구석에서 웃자란 관엽식물이 은은한 빛을 발하고 있었다. 잎사귀가 잔뜩 고개를 숙이고 있었다. 손을 뻗어 가까이하려는데 발아래에 걸리는 것이 있었다. 손을 거두고 그 손을 그대로 아래쪽으로 향했다. 한쪽 무릎을 꿇는 자세로 어두운 무지 카펫 위를 더듬어보았다. 그런데 잡히는 것이 없었다. 뭐지, 라고 생각하는 순간 뺨을 스치는 것이 있었다. 한 줄기 바람이었다. 눈앞의 레이스 커튼 자락이 춤이라도 추듯 하늘거렸다. 일순간에 소름이 돋았다. 분명 닫혀 있었는데...?

초등학생이 늦은 시각 학교에 들렀다가 원인 불명의 소리에 줄행랑치는 모습이 뇌리를 스쳤다. 하지만 이내 흥분한 가슴을 가라앉혔다. 착각이겠지, 마음속에서 되뇌며 조심조심 창가로 다가서자 커튼에 가려져 창문이 조금 열려 있는 것을 알 수 있었다.

'착각이었어.' 안도감을 느꼈지만 그 시간은 길지 않았다. 탁, 소리를 내며 창문을 닫자 커튼 자락이 흘러내리며 다시 창을 가렸고 어둑했던 밖이 주홍색 환한 빛을 발했다. 거실 전체에 할로겐 램프 빛을 쏘는 것 같았다. 커튼 주변에서 손이 굳어 어정쩡한 정지 자세가 되었다. 곧이어 희미한 목소리가 들려왔다. 한 사람이 아니었다. 상당히 많은 수의 사람들이 함성 소리를 올리고 있었다. 귀가 쫑긋 섰다. 함성은 공기를 타고 윙윙거리며 유리창을 진동시켰다. 커튼 위로 창에 손을 대자 그 진동이 생생히 전달되었다. 그리고 용기 내어 다른 손을 뻗었다. 망설임 없이 커튼을 확 젖혔다. 하지만 그 짧은 순간 사이에, 빛이나 소리는 온데간데없이 사라져버렸다. 노란 천막이 펼쳐진 풍경 그대로였다. 어둠 속에 멀리 커다란 탑이 거대한 윤곽을 드러내고 있었다. 한숨이 나왔다.

소파에 엉덩이를 내려놓았다. 실내를 채운 어둠은 조용히 정지해 있었고 발아래에는 어두운색의 카펫이, 맞은편에는 하얀 레이스 커튼이 있었다. 로저는 가만히 어둠을 응시했다. 어떤 예감이나 기대는 없었다. 거실의 시계가 차분히 시간을 새겨나가고 있었지만 그건 중요하지 않았다. 로저는 그저 가만히 어둠을 바라보았다. 마치 그렇게 있으면 언젠가 무언가 나타나기라도 할 것처럼 그렇게. 로저는 차분히 호흡하기 시작했다. 호흡을 의식하고 천천히 몸속의 공기를 입과 코로 내뱉은 뒤 다시 받아들였다. 이윽고 어떤 순간이 왔음을 직감했다. 소파 위에 닿은 손끝을 움찔거리며, 눈을 감았다.

눈꺼풀 안쪽의 어둠과 마주함과 동시에 좁은 틈새로 예리한 빛이 번졌다. 코끝으로 그을음 냄새가 스쳤고 귓가에서는 또 한 번 윙윙거리는 공기의 진동이 다가왔다. 진동은 점점 덩어리지며 육박해왔다. 사람들의 목소리였다. 하지만 로저와 목소리 사이에 어떤 벽이 가로막고 있었다. 그것은 구체화 되지는 못했다. 진동이 이어졌다. 이윽고 벽은 하나씩 하나씩 천천히 무너져 내렸다. 곧 그것은 명백한 발음으로 다가와 로저에게 속삭였다.

하야하라ㅡ.

로저는 눈을 감은 채 그것을 인내했다. 기다렸다. 하지만 그을음 냄새와 사람들의 목소리, 눈꺼풀 사이를 찌르듯 파고드는 빛은 사라질 줄 몰랐다. 로저는 두 손으로 눈과 귀를 바쁘게 틀어막았다. 두 손 아래로 자신도 모르게 깊은 숨이 새어져 나왔다. 그런데, 보이지 않았지만 그 숨결이 어떤 작용을 하는 것처럼 변화가 일었다. 빛은 서서히 각을 좁히며 사라졌고 냄새도 이제 나지 않았다. 고막을 울리는 진동도 속삭임도 들리지 않았다. 로저는 다시 차분히 숨을 내쉬고 자리에 고쳐 앉았다. 그곳엔 이제 어둠밖에 없었다. 그 순간 로저의 손등 위로 무언가가 닿았다. 겹쳐졌다. 누군가의 손이었다. 눈을 번쩍 뜨자 그것이 무엇인지 볼 새도 없이 커다랗고 하얀빛이 로저를 덮쳤다.

27

"아버지."

내가 불러도 아버지는 소나무 분재 손질에 여념이 없었다.

앉은 자세로 거의 끌어안다시피 검은 화분에 달라붙은 모습이었다. 이리저리 살펴보며 이따금 커다란 가위를 놀리는데 아무리 봐도 전과 달라진 것은 알 수 없었다. 주변에 깔린 신문지 위로 먼지나 다름없는 나무껍질과 잎 조각이 여기저기 흩어져 있었다. 눈길을 돌려 신문들을 바라보았다. 헤드라인은 하나같이 어떤 정치 비리 사건을 다루고 있었다.

다시 고개를 들었을 때, 아버지는 동작을 멈추고 고개만 돌려 가만히 나를 바라보고 있었다. 너무 느린 반응이 아닌가 싶은데 아버지는 재촉하듯 빤한 눈길을 거두지 않았다.

"괜찮아요?"

내가 그렇게 묻자 아버지는 다시 천천히 고개를 돌리더니 분재를 바라보았다. 큰 가지를 정성스레 다루며 평상시와 다름없는 목소리로 말했다.

"뭐가 말이냐."

나는 침을 한번 삼키고 자세를 고쳐 앉았다. 묘하게 힘을 주고 있던 손가락 끝에서 스륵 힘이 빠졌다. 아버지의 뒷모습을 바라보며 망설였다. 높은 산 같기만 하던 어른의 것이 아니었다. 둥글게 굽은 등이 한없이 연약해 보였다. 내 시선을 의식하기라도 했는지 아버지가 등허리를 바로 하며 자세를 고쳐 앉았다. 나는 그 모습 위로 어렸을 적 뒤뚱거리며 뒤쫓아 가던 높은 뒷모습을 아른아른 떠올렸다.

아버지가 가위를 놓았다. 두 손을 가지런히 모으며 눈을 감고 생각에 잠기는 것 같았다. 혼자 있고 싶다, 그렇게 말하는 것처럼 느껴졌다. 나는 조용히 방을 빠져나왔다.

그것이 내가 본 아버지의 마지막 모습이었다.

같은 날 내가 깊은 잠이 들었을 때, 아버지는 생을 달리했다. 아버지는 생전 연고도 없는 어느 시골로 차를 몰아 향했다. 그리고 호텔이라 부르기 애매한 낡은 호텔 방에서 아버지는 목을 맨 채 발견됐다. 유서는 없었지만, 객실 안에서 컴퓨터를 이용해 문서로 작성한 유언 비슷한 것이 발견되었다.

가족에게 미안하다는 짧은 말과, 최근 불거진 불미스러운 비리, 스캔들에 대한 자신의 책임과 사죄의 말이 그 내용이었다. 각종 매스컴은 커다란 반응을 보였다. 뉴스 방송과 기사가 끊이질 않았으며 집에 기자들이 들이닥치는 것은 당연한 일이었다.

나는 진심으로 놀랐다. 내 삶과 가장 가까운 사람인 아버지가 스스로 목숨을 끊었기 때문만은 아니었다. 나는 사실 어느 정도 예감하고 있었다. 아버지에게 끝내 물어보지 못했던 것도 그런 질문이었으니까. 어처구니없다고 치부하며 미처 꺼내지 못한 물음에는 어떤 사건이 기인한다.

당시 뇌물수수 혐의로 아버지를 비롯한 당 고위 간부들이 연일 언론의 입방아에 오르며 검찰의 기소를 앞두고 있었다. 일각에서는 이미 무슨 무슨 게이트라고 이름 붙이며 커다란 정치 스캔들을 다루었고 정치적 실각뿐만 아니라 중형을 면치 못할 것이라는 반응이 지배적이었다.

언론은, 대중들은 열심히 펜과, 손가락과, 입을 놀리며 더러운 비리 정치인이라 아버지를 욕하고 마구 비난했다. 아버지는 집 안에 칩거하며 아무 말도 하지 않았다.

집 밖에 나가지도 않고 하릴없이 소나무 분재를 다듬던 아버지에게 검은 옷을 입은 남자가 찾아온 것은 아버지가 집을 떠나기 얼마 전이었다.

나는 분명히 들었다. 문틈 사이로 보았다. 아버지는 무거운 얼굴로 서재 책상 앞에 앉아 남자의 이야기를 들었다. 남자는 분명한 목소리로 말했다.

이 모든 사태를 뒤집을 수 있다고, 만약 당신이 자살한다면.

나는 내 귀를 의심했다. 터무니없는 소리다. 말도 안 되는 소리다. 어째서 그런 말을 하느냐. 바로 그런 말들이 튀어나오려 했다. 목젖까지 말들이 치달았다. 하지만 너무 어이가 없어서 말이 나오지 않았다. 헛웃음 치며 나는 그 남자를 비웃었다.

하지만 그런 기억이 우스울 정도로 세상은 우습게 돌아갔다. 마치 기다렸다는 듯이.

아버지의 죽음을 제물로 세상은 일변했다. 날카로운 펜과 분노한 목소리로 아버지를 저주하고 비난하던 언론들은 태도를 바꾸어 불쌍한 고인을 추모했고 갑작스레 가장을 잃은 유가족에게는 따스한 위로의 말을 전했다. 기소는 당연하다는 듯 없는 일이 되었고 수사도 어물쩍 넘어갔다.

　사람들도 다르지 않았다. 성난 얼굴로 아버지를 비리 정
치인이라 꾸짖던 사람들은 이제 옛 기억은 하나도 나지 않
는 듯했다. 그들은 뜨거운 눈물을 흘리며 아버지를 추모했
다, 찬양했다, 그리워했다. 바보 국회의원, 국민 정치인,
서민을 사랑했던 한 사나이, 민주주의 영원한 등불이라
고...

　"재밌는 세상이야. 그렇지?"

　내가 꼭꼭 숨겨두었던 이야기를 털어놓자, 선생님은 가
볍게 웃으며 그렇게 말했다. 방학을 맞은 지 얼마 되지 않
는, 그리고 공교롭게도 선생님이 학교를 박차고 나갔던 그
즈음이었다.

　"아앗, 자네 아버지를 비하하는 건 아니야." 선생님이
급하게 손을 젓자 나는 도리어 피식 웃으며 괜찮다고 말했
다.

　"오히려 속 시원한걸요. 이런 이야기, 아무한테도 한 적
없어요."

　"그렇게 숨겨두고 있던 소중한 걸 나에게 알려주는 이유
가 있어?"

　"소중한... 그렇지 않아요. 이제 무뎌지기도 했고."

　선생님은 잠시 생각에 잠기더니 자기도 비슷한 이야기를
알고 있다고 말했다.

　"이런 이야기가 있어. 한 기묘한 나라에 대한 이야기
야." 진지한 얼굴로 창밖 풍경을 바라보며 말을 이어나갔
다.

　"그 나라 국민들은 말이지, 한 가지 특이한 점이 있는

데, 정의라는 말을 무척이나 좋아했어. 사랑했고 신봉해 마지않았지. 그들에게 정의라는 단어는 삶의 이정표이자 정신적 지주였어. 그들은 정의를 따르면 무엇이든 옳다고 생각했고 정의를 좇아 열심히 살아갔지.

그런데 그러던 어느 날, 이른바 검은 옷을 입은 사람들이 나타났어. 그들은 자신들이 정의라고 자칭하며 언젠가부터 소리소문없이 나라를 장악하고 국민들을 수탈하기 시작했어. 갖은 수단으로 세를 불리고 또, 계층을 형성하며 착한 국민들을 지배하고 국민들의 피를 빨아 먹으며 나날이 힘을 키워 막강한 힘을 과시했어. 그들을 막을 수 있는 건 아무것도 없는 것 같았고, 착하기만 한 국민들은 그저 매일같이 고통스러운 나날을 보낼 뿐이었어. 감히 맞서거나 저항할 엄두도 내지 못했지.

그렇게 자유를 훼손당하고 권리를 잃은 사람들 앞에 하얀 옷을 입은 사람이 모습을 드러낸 것은 여느 때와 다르지 않은 평범한 날이었어.

하얀 옷을 입은 그 사람은 사람들 앞에 서서 손을 뻗어 보이며 이렇게 외쳤어. '이것을 보십시오. 이것을 보세요. 우리의 소중한 정의를 잃을 작정입니까?' 그가 보인 것은 나침반이었어. 나침반은 갈피를 잡지 못하고 이리저리 빙글빙글 돌며 흔들거리고 있었어. 마치 길을 잃은 듯이.

그는 사람들에게, 국민들에게 자신이 가져온 나침반을 나누어주며 말했어. 이것은 정의를 가리키는 나침반이라고, 이걸 보라, 지금 나침반이 어딜 가리키는가. 나침반의 바늘은 빙글빙글 돌거나 마구 엉뚱한 곳을 가리키고 있었고 사람들은 그것을 똑바로 보았어. 사람들은 그제야 용기를 냈어. 깨달은 거야. 우리들의 소중한 정의가 저들에게 무참히 짓밟히고 있다는 것을. 사람들은 불끈 화를 내며 모두 하나같이 거리로 뛰쳐 나와 검은 옷을 입은 사람들에게 저항하기 시작했어. 너희들이 정의라고 말한 것은 순 엉터리다. 우리의 것을 도로 돌려달라며 끊임없이 외쳤고 결코 쉽진 않았지만 국민들은 끝까지 포기하지 않은 끝에 그들에게 **빼앗겼던** 자유와 권리를 결국 되찾아냈어. 국민들이 검은 옷을 입은 사람들을 나라 밖으로 쫓아낼 수 있었던 것은 분명 나침반 덕분이었어. 국민들의 손에 정의를 가리키는 나침반이 그것은 틀리다고 일깨워주며 국민들을 북돋웠고 국민들은 그것으로 눈앞의 정의가 틀린 것이라는 것을 깨달았으니까."

"좋은 이야기네요. 정의를 끝까지 믿는다면 된다는, 그런 이야기군요."

내가 그렇게 말하자 선생님은 후훗, 가볍게 코웃음을 쳤다.

"이야기는 거기서 끝나지 않아. 진짜 이야기는 말이지..." 선생님은 웃음 섞인 표정을 고치고 말을 이었다.

"검은 옷을 입은 사람들을 쫓아낸 뒤의 나라는 더 살기 좋은 나라가 되었고 행복하고 평화롭기 그지없었어. 국민들은 더욱 정의를 믿고 섬겼으며 나침반을 건네주었던 사람을 기억하며 하얀 옷을 입곤 했고 또 자신의 품 안에 정의를 가리키는 나침반을 소중히 했어.

나라 밖으로 쫓겨난 검은 옷을 입은 사람들은 그 모든 것을 지켜보았고 또 고민했어. 어떻게 다시, 어떻게 또 저것들을... 깊은 상의를 나누었고 매일같이 회의를 가졌어. 그러던 중 그들 가운데 하나가 손가락을 튕기며 말했지. 기발한 생각이 떠올랐다고. 검은 옷을 입은 사람들은 그의 이야기를 듣고는 터져 나오는 웃음을 감추지 못할 정도로 만족하며 엄지를 치켜세웠어. 씨익 입가를 비틀어 웃으며 그들은 곧바로 실행에 들어갔어. 그들은 자신들의 검은 옷을 벗어 던지고 모두 하얀 옷을 구해 갈아입었어. 그리고 그들은 실룩거리는 입 꼬리를 자제하느라 애쓰며 또다시 그 나라로 향했어.

...언제부터였는지는 알 수가 없어. 무언가 이상하다고, 잘못되어가고 있다고 국민들이 느꼈는지. 그곳엔 한 사람이 있었는데, 그에게 일상은 언젠가부터 점점 버겁고 견디기 힘들어지기 시작했어. 삶은 생의 축복이 아닌 어쩔 수 없이 감내해야만 하는 것이 되었고 자유라는 것이 있던 자리에는 어느 순간 낯설고 굵직한 쇳덩어리가 따라다니는 거야. 족쇄가 채워졌지. 그가 이게 뭐지, 라는 얼굴로 들여다보지만, 쇳덩어리는 무게만 더해갈 뿐이야. 남자는 참다 참다 인상을 쓰며 이것 좀 보라고, 어서 풀어달라고 말해. 하지만 왜인지 남자의 목소리를 들어주는 이가 없을 뿐만 아니라 하물며 몇몇 사람들이 그의 이야기를 들어주지만, 고개를 갸웃하며 그것은 족쇄나 불편한 것이 아니라고 말해. 남자는 더욱 인상을 구기며 소리치지. 무슨 소리냐고. 하지만 상대는 비웃음을 머금을 뿐이야. 조금 불편해 보이는 것은 잠깐 기분 탓에 지나지 않을 뿐이며 결국 모두를 위한, 다름 아닌 정의를 위한 일이니 조금만 참으라고 말이야. 설마 정의를 위한 일인데 동참하지 않는 것은 아니냐고 넌지시 물어보면서 말이지.

결국 남자는 입을 다물고 말을 가두어버려. 그저 묵묵히 고개를 흔들며 혼자서 작게 무어라 궁시렁거리기만 해.

그렇게 시간이 흐르고 남자는 내내 참고 인내했지만 나

아지는 것은 결국 아무것도 없었어. 그리고 자신만 그런 것은 아닌 것 같은 것이 어느 곳을 가더라도 사람들의 슬픈 소리가 끊이질 않는 거야. 그러다 남자는 문득 생각이 나서 무거운 고개를 들어 자신이 꾸었던 꿈을 바라봐.

하지만 남자가 꾸었던 꿈은 이제 어디로 갔는지 보이질 않아. 대신 그 자리에는 낯선 사람들이 더러운 먼지를 피워 올리며 자신을 비웃고 있는데... 남자는 그제서야 허둥거리며 주변을 둘러보지. 하지만 이제 남자의 옆에는 아무도 존재하지 않아. 바로 옆에 있었다고 생각했던 사람들은 어째선지 전부 서로 아주 먼 곳에 있어서 어떤 말을 건네도 당최 닿지를 않는 거야. 말이 통하지 않고 그저 입만 뻐끔거리는 모양으로 소리는 전해지지를 않아. 슬픔에, 고통에 신음하는 소리만은 그렇게나 가까이서 들리는데 말이야.

지저분한 먼지를 뒤집어쓰고 그는, 사람들은 고개를 갸웃거리며 생각해.

우리들은 과거도 지금도 똑같은데, 그때도 지금도 정의를 믿고 사랑하며 평화를 원하고 누구보다도 자유를 원하는데... 그렇게 살아왔고 살고 있는데 무엇이 잘못되었느냐고.

그때, 그의 입에서 아, 하고 깨달음의 소리와 함께 번뜩 떠오르는 것이 있었어. 희망에 찬 표정을 떠올리며 곧바로 품 안에 고이 간직했던 나침반을 꺼내 보았어.

'내가 착각해서. 길을 잘못 들었어. 정의를 가리키는 나침반이 다시 우리를 이끌어 바른길로 인도하겠지...!'

하지만.

기대에 찬 얼굴로 나침반을 들여다보지만, 남자는 그대

로 아연히 굳어버리고 말아.

정의는, 나침반이 가리키고 있는 정의는, 바로 자신의 앞을 가로막고 서 있는 저 낯선 얼굴들을 분명히 가리키고 있었던 거야.

그들은 하나같이 천연덕스러운 얼굴로 분명히 자신을 비웃고만 있는데, 아무리 보아도 잘못되었는데, 이 고통은 저들이 초래한 것인데, 정의는 그런 것이 아니었는데...

정의는, 정의는...

'정의는 무엇이었나.'

그는 떨리는 손으로 나침반을 그러쥐며 생각했어. 하지만 도저히 떠오르지 않는 거야. 생각이 나지 않아. 어쨌든 나침반이 가리키는 것은 정의일 것이라고, 틀림없다고 그는 믿고 있으니까. 이내 무겁게 손을 떨구고 옆을 바라보았을 땐, 아마도 같은 얼굴을 한 다른 사람이 저기 멀리서 눈물을 뚝뚝 흘리고 있어. 그 사람은 우는 얼굴로 뭐라 뭐라 울부짖지만, 그것은 역시 닿지 않아. 그저 눈물에 잠겨 입만 뻥긋거리는 우스운 모양새로 차츰 농도를 더해가는 먼지 바람에 잠겨 그마저도 보이지 않게 되어버려."

"어째서 나침반이 고장 난 거죠?"

내가 그렇게 묻자 선생님은 무거운 표정을 했다. 미간에 깊은 주름을 새기고 말했다.

"나침반은 고장 난 게 아니야. 나침반은 어찌 되었든 정의를 가리키는 나침반인걸."

"이야기가... 재밌다기보단 어째 슬픈걸요."

"희극과 비극은 같은 종이의 앞뒷면과 같아. 자세히 보려는 것을 관두고 얼핏 둘을 보면 제법 비슷하게 보이거든." 선생님은 웃음 지어 보였다. 가볍고 유쾌한 미소였다.

"그 나라, 그렇게 먼 나라는 아닌 것 같습니다."

통로 건너편 자리에 앉은 승객이 돌연 말했다. 이야기를 들었는지 흥미롭다는 듯 둥근 안경 너머의 눈이 웃고 있었다. 혈색 좋고 눈썹이 진한 남자는 잘 차려입은 차림새로 아까부터 좌석에 연결된 테이블을 세팅해 바쁘게 노트북을 사용하고 있었다. 문서 작업에 열을 올리는 것 같았다. 남자의 옆자리는 비어있었다. 40줄에 접어든 듯한 남자는 시선을 의식한 듯 노트북이 모니터를 고쳐 만지며 가볍게 고개를 숙였다.

나와 선생님이 마찬가지로 인사를 하는데 갑자기 선생님이 어? 하고 검지를 세웠다.

"혹시 뉴스에..."

둥근 안경의 남자는 다소 수줍은 얼굴로 반응했고 선생님은 손가락을 튕기며 반가워했다. 나를 사이에 두고 악수를 나누었고 근황을 묻는 등 대화를 시작하는데 선생님이 그런 모습을 보이는 것은 흔한 일이 아닌지라 멋쩍기보다는 꽤 흥미로웠다.

"아, 얼마 전부터 뉴스에 안 보이셔서 무슨 일인가 했더니..."

남자가 건넨 명함을 들여다보며 선생님이 말했다. 엉겁결에 나도 명함을 받았는데 거기엔 '디재스터 투데이, 대표 이클립스'라고 글자가 인쇄되어 있었다.

"신문사인가요?" 내가 물었다.

"거창한 것이 아닙니다. 그냥 흔한 인터넷 뉴스 사이트를 운영하고 있어요." 말은 그렇게 했지만 무의식중에 어깨에 힘이 들어간 모습이, 아나운서 시절을 그리워하는 것 같진 않았다.

"실례가 안 된다면 퇴사하신 이유를 알 수 있을까요?"
선생님은 그렇게 물으며 내게 포장된 알사탕 하나를 건넸다. 뜻을 알아채고 그것을 이클립스에게 권하자 그는 감사하다며 바로 포장을 뜯고 입에 넣었다.

"예전에 제가 보도한 뉴스가 있습니다."

한쪽 볼을 볼록 내밀며 자세를 고쳐 앉았다. 기억을 더듬는 듯 눈빛이 미묘하게 변했다.

"지뢰 사건 아시죠? 목함지뢰요. 북이 몰래 매설한 지뢰로 우리 국군 병사들이 발목과 다리를 잃은 것과 관련해 모 정치인이 망발을 지껄였어요. 지뢰를 밟았으니 당첨이다, 경품으로 목발을 선물해야겠다면서... 아주 인간 같지도 않은..."

이클립스는 감정을 드러내며 볼을 떨더니 곧 딱딱한 소리를 내며 입 안에 사탕을 단번에 부수어버렸다.

"그걸 보도할 때 도저히 참을 수가 없었죠. 아나운서로서의 소임을 떠나 한 명의 국민으로서 말입니다. 어쩔 수 없이 감정적인 목소리와 태도도 보도를 진행했고 이와 관련해서 징계를 받게 된 거예요."

나와 선생님은 말 대신에 안타까운 표정으로 반응했다.

"징계 수위를 떠나 해도 해도 너무한다 싶더라구요. 나라가 이게 맞나 싶고, 무엇보다도 언론인으로서 수치심을 느꼈습니다. 아니, 정부에서 이건 보도해라, 이건 보도하지 마라, 하나부터 열까지 지침을 내리는데... 언젠가부터 정부의 어용 기관으로 전락해버린 내 직장이 너무나 창피스러웠어요. 그러던 차에 뜻이 맞는 여러 동료들을 만났고, 많은 인원은 아니고 규모도 작지만 적어도 떳떳한 곳이에요. 그 뮤에게 면전에서 대통령이 되기 전에는 독재를 그

렇게 싫어한다고 말했으면서 왜 본인은 대통령이 되자 독
재정치를 하느냐고 쓴소리를 날린 후배도 있는데 제게 큰
힘이 되고 있습니다."
　이클립스는 입 안에 남은 사탕 조각을 와그작 씹어 삼
키며 꽤나 긴 시간 동안 정부에 대한 불만을 토로했다.

28

기차가 목적지에 도착했다. 플랫폼에 함께 내린 뒤 계단을 올라 역사에 들어섰다. 혹시 일정이 겹치는가 싶어 묻는데 이클립스는 자신은 올림픽 때문이 아니라 다른 일정이 있다고 했다.

"올림픽을 관람하러 온 게 아닙니다. 대통령과 관한 비리를 좇고 있고, 그리고 또 실은 이건 좀 비밀스러운 내용인데..." 이클립스는 그렇게 운을 떼며 주위를 살폈다. 주위에는 기차에서 쏟아져 나오는 평범한 사람들밖에 없는 것 같은데 이클립스는 사람 하나하나를 유심히 관찰하듯 신중했다. 곧 괜찮다고 판단했는지 입을 열었다.

"최근 우리나라에 아주 기이한 일들이 일어나고 있다는 거, 알고 있나요?"

이클립스의 눈이 반짝 빛났다. 그것은 세간을 떠들썩하게 만들만한 특종을 잡아낸 열성적인 언론인의 눈빛과 다르지 않았다. 이클립스는 호기롭게 다음 말을 이어가려 했다. 하지만 그는 "그것이 글쎄..."라는 짧은 말을 뱉고는 마치 내뱉은 말이 신체의 중요한 내장기관이라도 되는 것처럼 깜짝 놀란 표정을 지으며 헉하고 숨을 삼켰다. 동공이 크게 확장되었고 그 시선은 나와 선생님의 어깨너머 뒤편을 향하고 있었다. 갑자기 무슨 일인가 싶어 뒤를 돌아보았지만 별다른 것을 발견하지 못했고, 다시 돌아서자 이 클립스는 짧은 시간 사이에 벌써 저 멀리 까지 줄달음을 치고 있었다.

나와 선생님은 자연스레 서로를 마주 보았다. 나란히 어깨를 으쓱하고는 발걸음을 뗐다. 그런데...

"왜 그래?"

"아..."

나는 무언가를 보았다. 이클립스가 돌아든 모퉁이 쪽으로 검은 옷을 입은 남자가 지나가는 것을 보았다. 그 뒷모습에서 나는 가슴을 뒤흔드는 기시감을 느꼈다. 언젠가 저 뒷모습을 분명 본 것 같은데...

내가 황망히 먼 곳을 바라보며 가만히 서 있자 선생님은 의아한 눈길로 나와 어딘가를 번갈아 바라보더니 "혹시 저거 때문이야?" 하고 물었다.

올림픽 축제 열기가 뜨거운 역사 내부는 사람들로 들끓었다. 한쪽에서 행사가 진행되고 있었다. 3단짜리 임시 무대 주위에는 화환 따위가 줄을 지어 장식되어 있었고 그 앞에는 잘 관리된 레드카펫이 길게 깔려있었다. 정장을 차려입은 공무원으로 보이는 사람들과 올림픽 기념 운동복을 맞춰 입은 전문 운동선수로 보이는 사람들 수십여 명이 레드카펫과 무대에 나눠서 있었다. 모두 손에는 작은 깃발을 들고 있었다. 파란색 한반도 그림이 그려진 하얀 바탕의 깃발이었다.

그들 맞은편에는 방송 카메라와 수많은 취재진들이 자리를 잡고 있는데 기자 한 명이 신호를 주자 운동선수들이 다 같이 깃발을 흔들며 환하게 웃어 보였다. 동시에 무대 위 역사 천장에서 요란스레 폭죽이 터져 나오며 감춰두었던 거대한 현수막이 펼쳐져 나왔다.

또 한반도 그림이었다. 대신 이번에는 그 크기가 비교도 안 될 정도였다. 천장에서부터 1.5 미터 내외의 무대 바로 위까지 한반도 그림이 펼쳐졌다. 한반도 그림 아래 달필로 다음과 같은 문구들이 적혀있었다.

'평화'

'평화 올림픽, 하나 되는 한반도.'

카메라 플래시가 이곳저곳에서 터져 나오고 역사 내부의 대형 화면에서도 행사 장면이 생중계되었다. 길을 가던 사람들은 걸음을 멈춰 세우고 행사장을 향해 박수 소리를 높이고 와와, 하고 환호성을 올렸다. 말이 통하지 않는 외국인들도, 해외 관계자들도 흥미로운 듯 그 모습을 지켜보았다. 휘파람을 불며 Peace of Korea! 라고 외치는 외국인도 있었다. 곧이어 또 다른 현수막이 등장했다. 이번엔 어떤 소리도 효과도 없었다. 직전 것에 비교하면 다소 작은 크기였다. 나란히 걸린 현수막은 뮤와 키들이 만면에 미소를 그리며 정답게 악수를 나누고 있는 모습이었고 그 아래에는 '진정한 평화 대통령'이라는 문구가 덧붙이듯 멋들어진 필체로 쓰여 있었다.

나와 선생님은 표정 없는 얼굴로 그 광경들을 지켜보았다. 축제 열기에 한껏 들뜬 사람들은 서로 부둥켜안으며 마치 다 같이 인류애를 나누는 현장 같았다. 내외국인 할 것 없이 프리허그 행사가 펼쳐졌다. 그러던 중, 시선을 잡아끄는 묘한 것을 발견했다. 선생님도 같은 것을 보았다. 누가 먼저랄 것도 없이 그쪽으로 향했다.

그 앞에는 아무것도 없었다. 넓고 붐비는 역사에서 가장 구석진 곳이라고 해도 좋을 만한 외딴 공간이었다. 마치 넓은 바다 어딘가에 홀로 자리를 지키고 있는 자그마한 섬처럼 노부부가 있었다. 주변에서는 유명인이라도 나타났는지 사람들이 비명을 지르고 다급한 발소리가 시끄러웠다. 거세게 들이치는 파도를 조용히 견뎌내며 노부부는 가만히 그곳에 자리했다. 그들 또한 현수막을 들고 있었다. 단, 부부가 손수 만들었는지 아주 조잡했다. 얼마나 오래되었는지 그 테두리가 헤지고 조금만 힘을 써 잡아당기면 쉽게 찢어질 것 같았다. 노부부는 현수막을 가로로 들고 양쪽 끝에 서 있었다. 검버섯이 피어오른 조막손으로 현수막을 쥐고 있는데 내가 잠깐 보는 동안에도 힘이 부치는지 자꾸만 팔을 잠시 거두거나 팔을 바꾸어 들었다. 현수막을 제대로 들고 있기도 버거워 보였다. 남루하고 구겨진 현수막에는 글을 잘 모르는 어린아이가 쓴 듯 삐뚤빼뚤한 글씨로 이렇게 적혀있었다.

'요코타 메구미를 찾습니다.'

그 앞에는 아무도 없었다.

어디선가 환성이 터져 나왔다. 째지는 듯한 비명 소리가 사정없이 날아들고 연달아 팡파르가 터져 나왔다. 커다란 박수 소리와 즐거운 듯 교성 어린 웃음소리가 실내를 가득 채웠다. 노부부는 곱은 손으로 자꾸만 현수막을 고쳐 쥐었다. 할아버지 쪽이 불편한 얼굴을 했다. 무슨 일인 걸까, 내가 생각하는데 선생님은 어느새 달려 나가 할아버지에게 다가갔다. 무언가 대화를 나누는데 할아버지는 망설이고 있었다. 선생님은 밝은 얼굴로 계속 괜찮아요, 괜찮아요,

라고 말했다. 이윽고 할아버지는 깊숙이 고개를 숙였다. 깊은 주름 사이에 파묻힌 눈을 깜빡거리며 계속 주저했다. 나는 그것을 보고 무엇을 뜻하는지 깨달았다. 나와 선생님은 노부부의 현수막을 받아들고 그 자리에 대신해서 섰다. 부부는 어딘가로 향하면서도 미안한 얼굴을 하고 자꾸만 뒤를 돌아보았다. 우리는 웃음 지어 보이며 들리지도 않을 텐데, 알아듣지도 못할 텐데 괜찮다고 입 모양을 해 보였다. 나는 부부가 찾는 사람을 알지 못한다. 선생님도 그럴 것이다. 곁눈질하며 자꾸만 돌아보는 그들에게 다시 한번 괜찮다고 입 모양 지으며 마음속에서 말했다. 내가 이 사람을 찾아 줄 수는 없지만 잠깐이라도 쉬세요, 라고. 낡은 천을 고쳐 쥐며 문득 선생님 쪽을 쳐다보았다. 비스듬히 고개를 든 선생님의 옆얼굴이 있었다. 감정이 읽혀지지 않는 그 시선 끝에는 예의 한반도 그림이 거대하게 있었다.

평화, 라는 글자와 함께.

29

겨울의 해는 금방 자신의 일과를 끝마친다. 해는 자취를 감추었고 그 자리를 짙은 어둠이 차지하기 시작했다. 역은 사람이 너무 붐벼 밖의 근처 식당에서 식사를 했다. 택시를 잡아 숙소로 향했다. 숙소는 개막식이 열리는 경기장과는 거리가 조금 있는 호텔로, 나와 선생님은 트윈 룸 하나를 같이 쓰기로 했다. 각자 사용할 침대를 정하고 짐을 내려놓은 뒤 잠시 휴식을 취했다. 난 곧 있을 개막식 장면을 머릿속에 그리며 침대에 드러누워 있었다. 태평스레 침대에 누워 방 천장의 하얀 벽지를 구경하는데 선생님의 전화가 울렸다. 나는 반쯤 잠이 들어 있어 무슨 대화가 오갔는지 듣지 못했는데 선생님이 돌연 나를 불러 깨웠다.

"네? 뭐라고 하셨죠?" 나는 부스스 몸을 일으켰고 선생님은 더없이 진지한 모습으로 나에게 다시 한번 말했다. 가봐야 할 것 같다고.

처음엔 경기장에 일찍 가자는 말인 줄 알았다. 하지만 그 진중한 눈빛에 차츰 압도되어 퍼뜩 정신을 차렸을 때는 선생님은 풀었던 짐을 다시 가방에 챙겨 넣고 있었다.

"자네는 꼭 보도록 해. 정말 미안한데... 어쩔 수가 없어."

그렇게 말하며 방금 전 통화 내용을 알려주었다. 친구의 딸이 자살했다고, 변족으로부터 보이스 피싱을 당했는데 친구가 제정신이 아니라 서울로 급히 가봐야 할 것 같다고 말했다. 선생님은 깊이 한숨 쉬며 안타까운 목소리를 냈다. "그 찢어 죽일 놈들... 사기를 친 것도 모자라 죽은 사람과 유가족을 조롱했어." 선생님이 스마트폰을 내게 건넸다. 그건 문자 내용을 캡처한 사진이었다. 아직 잠이 남아 있다고 생각했는데, 그 내용을 보고 있자 조금이나마 남아 있던 수면 욕구가 말끔히 사라져버렸다. 스마트폰을 들여다보며 나도 모르게 두 손이 가늘게 떨리기 시작했다. 말이 나오지 않았다. 도저히 인간이라고 표현해줄 수 없는, 바퀴벌레와 다름없는 것이 우리말을... 한글을 쓰고 있다. 아니 바퀴벌레에게도 미안한 말이다. 이건...

선생님은 떨고 있는 스마트폰을 다시 챙기고는 내게 또 한 번 사과했다. 나는 말을 잃은 듯 입을 다물고 고개만 가로저었다. 아니에요, 라는 말이 입안에서 맴돌았다. 선생님은 방을 나섰고 나는 욕실로 향했다. 뜨거운 물을 틀어 샤워했다. 내 몸이, 내 정신이 더럽혀진 것만 같아서 참을 수가 없었다. 샤워를 마치고 스마트폰을 확인하자 부재중 전화와 문자 메시지가 와 있었다. 발신인은 전부 선생님이었다. 선생님은 거듭 사과하며 나에게 꼭 개막식장에 가라고 당부했다. 함께 가지 못해서 아쉽다는 말과 함께 다시 한번 미안하다고 말했다.

괜찮다고 씩씩하게 답장을 보냈지만 충격이 완전히 가시지 않았다. 조금 전에 보았던 화면의 내용들이 자꾸만 머릿속에 떠올랐고 속이 더부룩했다. 마음이 불편해졌다. 무심코 창밖을 보자 어두운 밤하늘 가운데에 달이 있었다. 커다란 달 아래 진눈깨비가 겨울바람에 무수히 흩날리고 있었다.

싱숭생숭한 기분을 완전히 떨칠 수는 없었지만 선생님이 꼭 가보라고 당부한 것이 신경이 쓰였다. 티켓을 패딩 주머니 안에 아무렇게나 쑤셔 넣고 숙소를 나섰다. 경기장으로 향하는 큰길을 걷자 쏟아질 듯 북적거리는 인파가 경기장으로 향하고 있었다. 적지 않은 수의 사람들은 마침 내리는 눈이 반가운지 손을 펼쳐 눈을 담거나 포즈를 취해 사진을 찍느라 바쁜 모습이었다. 개막식장으로 향하는 사람들의 발걸음은 하나같이 경쾌해 보였다. 들뜬 얼굴로 일행들과 떠들며 이따금 떠들썩하게 웃음을 터뜨렸다. 눈이 내려 미끄러운 길 위에 조심성 없는 사람들이 자꾸만 넘어졌다. 위험한 장면이 제법 있었고 분명히 위태롭게 길을 걷는데 사람들은 그런 것마저도 재미있다는 듯 하나의 웃음거리로 여겼다. 일행 중 누군가 균형을 잃고 미끄러져 쓰러지자 박장대소하며 웃기 바빴다. 나는 그들의 뒷모습을 건조한 눈길로 바라보며 걸었다. 그러다 어느 순간 멈춰 섰다. 고개를 들자 흩뿌리는 눈이 그대로 얼굴에 달라붙었다. 점점이 무수히 쏟아지는 눈 사이에서 검은 하늘이 선명했다. 달은 무척이나 커다란데 어째선지 달의 빛은 그만한 빛을 내지 못하고 있었다. 밤의 한가운데에서 저 혼자 거대한 몸집을 가지고 있지만 그것이 내리비추는 빛은 아무것도 제대로 밝히고 있지 못했다. 새카만 밤하늘이 무수히 많은 눈을 토해낼수록 발밑은 점점 더 위태로워졌다. 나도 한두 차례 미끄러져 쓰러질 뻔했다. 다행히 균형을 잡고 서서 넘어지지는 않았다. 경기장은 이제 코앞이다. 시간이 조금 늦어졌지만 조금 전에 발이 미끄러지며 허리를 삐끗한 것 같은 느낌이 들었다. 눈이 쏟아지는 하늘을

254

한차례 원망스레 쳐다보다 가까운 거리에 가로등 불빛이 있어 그 아래에 잠시 멈춰 섰다. 그때였다.

"빌어먹을 놈들! 이거 놔. 그만 놓으라고!"

늙은 노인이었다. 노인은 등에 스태프라고 쓰인 유니폼을 입고 있는 젊은 남자들에게 붙들린 채로 길거리 위에 그대로 내동댕이쳐졌다. 남자들은 짜증이 담긴 욕설을 내뱉으며 그대로 경기장 방향을 향했고 노인은 허리를 부여잡고 나 죽네, 사람 살려, 죽는 소리를 했다.

노인은 눈까지 내리는 영하의 날씨와 맞지 않는 차림새를 하고 있었다. 얇은 하얀색 점퍼에 색이 희미한 가죽 바지를 입은 노인은 유달리 숱 많은 머리 위에 얹힌 듯 놓인 낡은 빨간색 야구모자를 고쳐 쓰며 또 한 번 소리쳤다.

"난 안 취했다고! 안 취했다는데 왜 자꾸 나보고 취했다는 거야. 난 정말 말짱한데..."

지나가는 사람들은 한심한 눈초리로 노인을 쳐다보았다. 대부분은 눈길도 주지 않았다. 쯧, 혀를 차는 사람도 있었다. 노인은 건물 벽에 기대어 중얼거렸다. 안 취했어, 안 취했다고...

"...뭐야."

내가 근처 편의점에서 사 온 따듯한 커피를 내밀자 노인은 턱을 당기며 경계하는 눈빛을 던졌다. 내가 멋쩍어하며 손을 거두지 않자 노인은 커피와 내 얼굴을 몇 차례 번갈아 보더니 홱, 낚아채듯 커피를 받았다. 곧바로 능숙하게 탭을 당겨 들이켰다. 한입에 그것을 다 마시고는 이제야 추위가 느껴지는지 몸을 떨며 옷을 여몄다. 나는 노인의 옆에 일 미터 정도의 간격을 두고 자리를 잡고 앉았다. 바지를 뚫고 바닥의 차가운 기운이 피부에 여실히 전해졌다. 노인은 호기심 어린 눈빛으로 나를 살펴보는 것 같았다.

노인의 시선이 갑자기 내 뒤쪽을 향했다. 그와 동시에 건물의 외벽과 노인의 얼굴에 붉은빛이 비춤과 동시에 주변에서 감탄의 목소리들이 터져 나왔다. 그리고 아주 짧은 순간 후에 더 많은 사람들의 거대한 환호성 소리가 가까이 엄습했다. 개막식 행사가 시작한 것이다. 거리에 몇 안 되는 사람들이 서둘러 발걸음을 재촉했다. 늦었다, 빨리 가자, 그런 말을 하며 위태로워 보이는 발걸음을 재촉했다. 그런 모습들을 찬찬히 시간을 들여 바라보다 나는 노인 쪽으로 고개를 돌렸다. 노인은 나를 빤히 쳐다보고 있었다. 하늘을 화려하게 수놓는 형형색색의 불꽃은 관심도 없는 듯 오롯이 나의 눈을 바라보았다. 그와 눈이 마주쳤다. 노인은 아무 말 없이 검지를 들어 불꽃이 피어오르는 방향을 가리켰다. 저기에 안 가냐고 묻는 것 같았다. 내가 별말 없이 고개를 숙이자 노인은 뭐, 자신은 알 바 아니라는 듯 콧방귀를 꼈다. 몇 방울 남지 않은 음료를 입 안에 털어 넣었다. 혓바닥에 묻은 갈색 액체 몇 방울을 마지막으로 음미하고는 노인이 별안간 물었다.

"자네도 내가 취했다고 생각하나?" 노인의 시선은 또다시 빛으로 물든 하늘을 향했다.

"글쎄요... 일단 좀 추워 보여요."

"쳇, 이까짓 거 아무렇지도 않아. 춥거나, 덥거나, 그런 것은 하나도 중요하지 않다고."

"저도 비슷해요. 할아버지가 취하거나 말거나... 그냥 무척이나 추워 보일 뿐이에요."

노인은 손을 사용해 캔을 찌그러뜨리고는 입맛을 다시듯

입술을 핥으며 나를 빤한 눈길로 바라보았다.

"자네 주변에 누군가 죽었지?"

내가 움찔 놀라는 얼굴을 하자 노인은 흥, 입술 끝을 올리며 웃었다. "매일 같이 사람들이 죽어 나가는 세상이야. 이상할 것 하나 없어. 그야, 이런 정신 나간 노인에게 자기 귀한 시간을 쓰는 정신 이상한 청년에겐 그럴 확률이 좀 더 높을 뿐이지."

나는 안도한 듯 숨을 내뱉었다. 하얗게 입김이 피어올랐다. 깜빡 속을 뻔했다.

노인은 다시 한번 물었다. "자네가 보기에도 내가 취한 것 같나?"

나는 관찰하는 눈빛으로 노인을 바라보다 코를 킁킁거렸다. 술 냄새는 안 나는데...?

"아앗."

노인이 느닷없이 발길질을 해왔다. 진심이 담긴 것은 아니었지만 놀라서 앉은 자세가 무너졌다. 바닥에서 떨어진 엉덩이 쪽에 강한 한기가 돌았다. 내가 울상을 짓는데 노인은 거 봐란 듯한 얼굴로 "안 취했다고 했지, 흥." 짜증을 냈다.

"세상이 이상하게 돌아가고 있어. 도무지 말이 안 된다고." 노인은 그렇게 말했고 나는 노인처럼 벽에 기대어 앉는 자세를 했다.

"뭐가 평화라는 거야... 적국에 철도를 깔아주고, 고속도로를 지어주는 게 평화야? 핵 만들라고 몰래 돈을 보내고, 미사일을 만들라고 물자를 지원하고, 국가보안법을 폐지하고..."

주변에 사람들은 이제 눈에 띄게 줄었다. 이따금 차가

지나갔고 그나마 있는 사람들은 거의 달음박질치며 경기장을 향했다. 그들은 하나같이 길 위에 꽈당 넘어졌다. 거센 눈발이 날리는 가운데 어딘가에서는 이제 웅장한 음악이 연주되기 시작했다. 그 소리가 이곳까지 닿자 사람들은 와와, 감탄하는 소리를 내뱉으며 늦은 걸음을 더욱 재촉했다. 그러면서도 남루한 차림과 몰골의 노인을 흘깃 보며 한심하다는 듯 한숨을 내쉬거나 혀를 차는 사람들이 적은 수가 아니었다. 어렴풋이 듣기에 욕을 하는 사람도 있었다.

노인은 그런 소리들을 다 무시했다. 노인은 자신이 하고 싶은 말을 했다.

"그 자식들은 돈으로 쇼를 하고 있을 뿐이야. 진짜 평화를 바라기는커녕 그냥 평화라는 단어 자체가 좋아서, 평화라는 말을 입으로 뱉고 싶어서 그 짓거리를 하는 거라고. 자기 돈도 아닌 다른 사람들의 돈으로."

음악과 함께 기쁨에 찬 환호성 소리가 끊이질 않았다. 저 사람들은 즐겁게 행사를 즐기고 있는 것이다. 나는 시간을 확인하고 자리에서 일어났다. 엉덩이 쪽을 털자 바지가 꽁꽁 언 듯 차가웠다. 그러다 또다시 노인과 눈이 마주쳤다. 노인은 전과 달리 진지한 빛을 띠고 내게 물었다.

"왜 아무 말도 하지 않나... 당신 눈에도 역시 내가 취한 것 같아 보이는 거야?"

경기장에 들어서 자리를 찾아 앉았을 때에는 이미 행사는 후반부에 들어서고 있었다. 축하 공연들이 끝이 나고 세계 각국 선수단의 입장 행렬이 이어졌다. 그 순서도 이제 끝을 향해 가서 곧 있으면 마지막 순서인 우리나라 선수단의 입장이 얼마 남지 않았다.

그런데 신이 나서 올림픽 축제를 즐기는 세계 여러 나라의 관객들 사이에서 나는 왠지 모를 소외감을 느꼈다. 그 이유는 한반도 깃발이었다. 우리나라 사람도 아닌데 많은 외국 관객들이 한반도 깃발을 손에든 것은 이번 올림픽이 평화를 상징한다며 많은 선전이 이루어진 것과 연관이 없지 않을 것이다. 한반도 그림과 그 깃발 자체가 평화를 상징하는 하나의 아이콘이 된 것이다. 그들은 이리저리 가벼운 손짓으로 깃발을 흔들며 Peace 나 Unification을 외쳐댔다. 우리나라 사람들은 경기장을 향해 통일, 통일하자, 라고 외쳤다. 깃발을 맘껏 흔들어대면서.

장내의 거대한 화면에는 이따금 우리나라의 대통령인 뮤와 북의 지도자인 키들의 사이좋은 모습이 포착됐다. 카메라에 잡히자 보란 듯이 손을 잡으며 웃는데, 그럴 때마다 가라앉았던 속이 다시 메스꺼워졌다. 사람들이 하나둘씩 자리에서 일어서기 시작했다. 우리나라 사람들이 앉은 자리에서 일어서자 외국 사람들도 얼떨결에 따라 일어나는 것 같았다. 나를 제외하고 대부분의 사람들이 기립했다. 아마도 우리나라 선수단의 입장 차례가 되어서 그러는 것이라고 생각했다. 나는 가만히 앉아서 어서 개막식이 끝나기를 소망했다.

드디어 우리나라 선수단의 입장이 시작됐다.

우리나라와 함께 북의 선수단이 같이 입장했다. 선두에 우리나라와 북의 선수가 함께 커다란 한반도 깃발을 들고서 입장했다. 기다렸다는 듯 곳곳에서 환호성과 함성, 갈채가 터져 나왔다. 사람들은 역사적인 순간이라며 열띤 응원을 아끼지 않았다. 방송 아나운서가 이 순간만을 고대한 듯 목청껏 외쳐댔다. 남북이 드디어 하나가 되는 아름다운 순간입니다, 진정한 평화의 한 장면입니다, 스포츠로 우리 민족이 드디어 하나가 되었습니다... 아나운서는 핏대를 올리며 소리쳤다. 불끈 쥔 주먹을 높이 들어 보이며 흔들었다. 몇몇 관객들은 눈시울을 붉히며 볼을 타고 흐르는 물방울을 훔쳤다. 정신없이 박수를 외쳐대는 사람들은 다시 한번 외쳤다. 평화와 통일이라는 단어를.

그 순간이었다.

나는 보았다.

행사가 클라이맥스를 맞자 뮤와 키들이 또 한 번 장내의 대형 화면에 나타났다. 손을 맞잡아 보이며 함박웃음을 짓는 모습이 담긴 뒤 화면이 와이드 아웃되며 주변 여러 사람들이 함께 화면에 잡혔다. 우리 측 고위 인사들과 북 측의 고위 인사들이었다. 그중 한 명에게 나의 눈길이 보란 듯이 꽂혔다. 나는 내 눈을 의심했다.

"저 사람은..."

어이가 없어서 헛웃음이 나오고 기가 차서 말이 나오지
않았다.

눈을 몇 번이나 비비고 보아도 저것은 김영철이었다. 김
영철... 어떻게 천안함 폭침을 주도한 자가 태평히 우리나
라의 축제에 끼어들어 즐기고 있단 말인가.

즐거운 듯 감히 웃으며, 감히 박수를 치고, 감히 자리를
차지하고 있다...

그 가증스러운 꼴을 보고 있자 자연히 관자놀이 주변이
뜨거워지고 머리가 무거워졌다. 마른 침을 삼키고 아랫입
술을 꽉 깨물자 피 맛이 났다. 도저히 있을 수 없는, 도저
히 이해할 수 없는 장면을 보고 있는 것이다.

그런데.

이번엔 VIP석과 무대 사이에서 어떤 이질적인 광경이
펼쳐졌다. 그 장면은 보란 듯이 장내의 커다란 화면에 비
춰졌다.

가면이었다.

가면을 쓰고 있었다.

수십여 명의 관중들, 북에서 내려온 북의 응원단이었다.
좀 전까지 맨얼굴이던 그들이 우리나라와 북의 공동 입장
에 때를 맞추어 어떤 가면을 꺼내 얼굴에 그것을 썼다.

그런데, 그런데, 그 가면은 여느 평범한 가면이 아니었
다. 그것은...

"저건 쉽이잖아..."

멀리서 봐도 분명히 알 수 있었다. 쉽의 얼굴이었다. 거
대한 화면에 똑똑히 그 장면이 비춰졌다.

나는 주위를 황급히 둘러보았다.

...개의치 않고 있다, 아무도 개의치 않고 있다...

천안함을 폭침한 주범이 뻔뻔히 우리나라의 축제를 VIP 석에 앉아 관람하는데도, 우리나라를 불바다로 만들고 수백만 명을 학살한 쉽의 가면을 쓴 수십 명의 북의 응원단이 바로 눈앞에 있는데도, 수천, 수만 명 중 어느 누구 하나 상관하지 않으며 그저 태연히 경기장을 향해 박수를 치고 소리쳐 응원하고 있다. 윙윙거리며 떨리는 귓전으로 평화라는 단어가 들려왔다. 평화, 통일...

머릿속에서 무겁고 거대한 종이 울렸다. 누군가 뒤통수를 세게 친 것처럼 강한 충격을 느꼈다. 머리가 아파왔다. 머리가 무거워져서 고개를 들 수 없었고 온몸에서 삐질삐질 땀이 솟았다. 돌덩이가 식도를 막고 있는 것처럼 뱃속이 거북했고 숨이 가빠졌다. 숨조차 쉬기 힘들었다. 비틀거리는 걸음으로 자리를 벗어나 어딘가로 향했다. 여기에 더 이상 있고 싶지 않았다. 버틸 수가 없었다. 사람들 틈바구니에 뒤섞여 겨우 벗어나기가 무섭게 자리에서 쓰러지듯 무릎 꿇었다. 구토했다. 거무죽죽한 액체가 쏟아져 바닥이 금세 흥건해졌다. 타는 듯이 열이 오른 이마를 짚으며 겨우 고개를 들었다. 그런데 제대로 앞이 보이지 않았다. 어느새 시야가 좁아졌다. 조명은 더 할 수 없이 밝은데 시야는 점점 어둠이 내려앉은 듯 어두워지고 점점 좁아졌다. 한 손으로 바닥을 짚고 다른 손으로 이마를 지탱하듯 버티며 눈을 감았다 떴다 해보았다. 입에서는 남은 잔여물이 흘러내렸다. 겨우 무엇인가 시야에 들어왔다. 회색빛 짙은 곳 위에 내 손이 있고 그 위로 조용히 하얀 눈송이가 내려앉았다. 하지만 얼마 안 가 녹아 형태를 잃더니 잿빛을 띠며 어딘가로 사라져버렸다. 그것을 가만히 바라보다 나는 무거운 고개를 들었다. 그리고 눈앞에 보이는 것에 아연히 고개를 저었다. 뭐야...

...이건 말이 안 되잖아, 그런 말이 입에서 흘러나왔다.

그것은 바로 관중들이었다. 아니, 저들은 분명 관중들일 것이다.

그러나.

그러나, 그들의 모습이 이상했다. 그들은 본래 분명히 사람의 모습일 터였다. 하지만 그들은 사람의 형태를 갖추지 않고 있었다. 그들은 당연히 사람이니까 그것이 맞다. 하지만, 그렇지만 나의 두 눈으로 보이는 그것은 사람이 아니었다.

...동물의, 모습이었다.

동물의 몰골을 하고서 어울리지 않게 사람의 옷을 걸치고 있었다. 저마다 알아들을 수 없는 울음소리를 내지르며 자꾸 외치고 있었다. 바쁘게 주변을 둘러보아도 다르지 않았다. 동물의 얼굴을 하고서 무어라 목청이 터져라 외쳐대기 바빴다. 알아들을 수 없다고 생각한 것도 잠깐이었다. 그들이 소리 높여 내지르는 외침이 곧이어 나의 귓가에 선명히 새겨졌다.

평화ㅡ.

그들은 동물의 모습을 하고서 평화라는 말을 외치기 바빴다. 오직 평화라는 단어만이 계속해서 뚜렷이 들렸다. 그 음성은 마치 거대한 흡음재처럼 다른 소리들을 집어삼켰다. 둔중한 파동이 치듯 주변 공간을 뒤흔들었다. 자연히 손이 귀를 찾았다. 그런데 파동은 멈추기는커녕 귓가에선 어떤 목소리가 다가왔다.

도대체 뭐가 평화냐고...

다시 시야가 말을 안 듣기 시작했다. 겨우 비틀거리며

서자 발아래가 위태롭다는 감각이 엄습하고 흐릿하고 뿌연 안개가 시야에 스며들기 시작했다. 수만 명의 관중들이 평화만을 외쳐대기 바쁜 와중에 나는 비척거리며 어딘가로 향했다. 자세가 무너졌다. 쓰러진 채 엎드린 자세가 되었다. 하지만 이제 아무것도 볼 수 없었다. 보이지 않았다. 보고 싶지도 않았다. 평화라는 단어가 온몸을 짓눌렀다. 이내 완전히 쓰러지고 말았다. 어딘가에 쓰러진 채 의식은 점점 그 끈이 느슨해져 갔다. 손등 위로 무언가 와 닿았다. 희미한 시야 속에 보이는 것이 있었다. 잿가루를 묻힌 듯한 손등 위로 다시 한번 같은 자리에 하얀 눈송이가 내려앉아 있었다. 그것이 아직은 그저 눈으로만 남아 있기에, 나는 서두르듯 두 눈을 감았다.

그래, 이러는 것이 편하다. 나에게는 낫다...

믿음을 거스르는 소음이 한사코 내게 매달려 있고 이제 손등 위로 아마 느껴지는 외로운 액화.

나는 지금 어떤 얼굴을 하고 있을까, 귀퉁이로 흐르는 미지근한 상념은 아무짝에도 쓸모없다. 변함없이 눈은 내리고 있고, 사람들의 끈적한 공기는 오직 나만을 바라보고 있으니까.

머나먼 이곳에서.

31

　동쪽 하늘에는 어슴푸레한 윤곽이 마치 산의 능선처럼 길게 이어진 도시의 건물들 위로 괴물처럼 거대한 붉은 달이 떠 있다. 남자가 달을 피해 걸음을 옮기지만 도무지 소용없다. 죽어라 달음박질쳐도 무의미하다. 달은 언제나 무시무시한 감시자처럼 남자의 그림자를 놓치지 않는다.

　깊은 밤, 아니 밤이 아닐지도 모른다. 이제 그 경계는 무너지고 달은 언제나 떠 있으니까. 대지에 낮게 드리운 먹구름이 검은 비를 사정없이 토한다. 지면을 마구 두드려 댄다. 비가 차츰 그치는가 싶었지만 곧이어 찾아온 것은 희멀건 비안개다.

　남자는 다시 후다닥 내달리기 시작한다. 안개가 흐릿하게 뒤섞인 음습한 공기에는 축축하게 썩은 냄새가 무겁게 스며있다. 거리의 가로등은 흙투성이 도로 위로 뿌연 얼룩 같은 빛을 아무렇게나 던지고 사람이 없는 가게 창문에서는 탁한 불빛이 구불구불 흘러나와 불투명한 대기를 물들이며 고요하고 번잡한 거리에 또 다른 그림자를 드리운다.

　거리 어느 곳이건 높은 담장으로 둘러싸여 있고 문득 고개를 돌리자 그 음습한 거리에는 사람들의 긴 행렬이 있다. 표정이나 아무런 감정 없이 마치 유령처럼 불빛 속을 스쳐 가는 사람들의 끝없는 행렬은 남자의 눈에 무척 괴기

스럽게 보인다. 사람들은 뭐라고 하는지 들리지 않게 입을 벙긋거린다.

내리는 비는 아직 멈출 줄을 모르고 비안개는 더욱 짙어져만 간다. 붉은 달이 점점 거대하게 부풀어 오른다. 달이 커져갈수록 밤은 깊어지고 어둠은 점점 농도를 더해간다. 남자는 사람들을 불러세워 볼까 생각해보지만 좀처럼 엄두가 나지 않는다. 겨우 용기 내어 불러본다. 하지만 그들은 마치 귀가 없는 것처럼 아무런 반응도 보이지 않는다.

남자가 깊이 고개를 숙이자 곁의 가로등이 깜빡깜빡 점멸하기 시작한다. 이윽고 불이 완전히 꺼져버렸고 남자는 힘을 들여 무겁게 고개를 든다. 붉은 그림자만이 드리워진 거리에서 남자는 고개를 가로젓는다. 남자가 깊은 한숨과 함께 혼자 푸념한다. 그 순간, 거리의 모든 사람들이 일제히 걸음을 멈추고 셀 수 없는 시선으로 남자를 쏘아본다. 두 눈동자는 빨간 불을 뿜고 입가에는 차가운 냉소를 머금고 있다. 공기의 밀도가 순식간에 짙어진다. 남자는 헉하고 숨을 삼킨다. 시간이 지나자 긴 행렬은 다시 움직이기 시작한다. 가로등의 불빛도 돌아온다. 어느새 비도 그친다. 이제 괜찮은 걸까, 이거면 된 거야, 라는 생각이 뇌리를 스친다. 하지만 남자는 질끈 눈을 감고 거세게 머리를 흔든다. 그리고 입을 열어 소리친다.

하지만, 소리가 나오지 않는다. 거대한 비안개는 이제 서서히 사그라들고 불투명한 대기는 새벽녘의 찬 공기에 자리를 내주는 것처럼 보인다. 그리고 남자는 소리친다. 하지만 목이 쉰 듯 형편없는 울림은 굵은 빗소리에, 거대한 안개 덩어리에, 두꺼운 막 같은 대기의 껍데기를 지날 수 없다.

32

범민주당이 위기를 맞았다. 페미니스트 시장인 몽키가 무슨 일인지 성추문에 휩싸였고 해명할 새도 없이 스스로 목숨을 끊었다. 청렴결백, 법의 수호자를 자처하던 당의 고위 인사가 연이은 폭로가 터지며 알고 보니 범죄와 비리로 점철된 수준 이하의 더러운 자였고, 위안부 할머니들을 위해 재단을 만들고 위안부 할머니들을 위해 힘쓴다던 당의 국회의원은 그저 돈벌이로 할머니들을 착취, 이용한 것이 드러났다. 그 밖에도 성과 관련한 사건과 추잡한 비리로 폭로가 끊이질 않았다.

그런 와중에 여당 수뇌부는 선거가 얼마 남지 않은 지금, 안 좋은 분위기를 타파하겠다며 당 대표 재선출을 위한 전당대회를 벌였다. 상식적이라면 비리나 안 좋은 사건에 관련된 정치인들을 꾸짖고 책임지도록 하는 것이 맞겠지만 역시 범민주당의 방식은 남다르다.

그리고 그 결과, 남쪽 나라와 무력 전쟁을 불사해서라도 독도의 영유권을 공고히 하고, 동쪽 나라와의 상호방위조약을 파기하고 국내에 주둔한 동쪽 나라의 군대를 내보내서 자주국방을 실현하고, 서쪽 나라는 대국이니 소국인 우리나라는 서쪽 나라에 빌붙어야 하며 북쪽에는 무조건적인 원조를 하고, 적폐청산 그리고 검찰개혁과 공수처 설치를

이룬 뒤 낮은 단계의 고려연방제를 실시해서 궁극적으로
통일을 이루겠노라고 입 안에 있는 침이란 침은 다 튀겨가
며 역설한 정치인이 압도적인 표 차로 선출되었다. 여당은
다시 기세를 높이는 것처럼 보였다.

그렇게 여당이 선거 준비에 한창인데 제트의 인기는 나
날이 식을 줄을 몰랐다. 민주주의의 등불이라 일컬어지던
비운의 정치인 노저의 경호원으로서 그의 의지를 잇겠다며
정치에 뛰어들어 비례대표 뒷번호를 받아 겨우 아슬아슬하
게 국회의원 배지를 얻은 그였지만 이제는 어엿한 국회의
원으로서 활동을 펼쳐나가고 있었다. 특히 수많은 여성들
의 인기를 바탕으로 이번 당대표 후보에 출마할지 모른다
는 이야기가 나돌기도 하였고 실제로 그는 다음 선거에서
는 비례대표가 아닌 지역구 국회의원으로 당당히 출마하겠
다고 선언하였다.

포스트 노저, 포스트 뮤, 언젠가 왕좌를 차지할 제트...
그는 당에 새바람을 불어넣고 있었다.

확고한 지지기반을 쌓아나가고 있는 그지만 일각에서는
그를 곱지 않은 시선으로 보고 있기도 했다. 묘지기, 시체
팔이... 한 기자는 이런 질문을 그에게 던지기도 하였다.
가족에게도 알리지 않고 홀로 그 외딴곳까지 가서 숨을 끊
은 노저를 어떻게 한둘도 아닌 경호원들 중에서 당신이 제
일 먼저 발견한 것이냐, 노저의 죽음에 석연치 않은 점이
한둘이 아니다, 그 의혹을 풀어달라고... 그 질문들은 로저
가 그에게 하고자 했던 질문과 일치한다. 하지만 제트는
기자의 말에 예의가 없다며 묵살할 뿐이었고 아주 우연히
도 질문한 기자는 며칠 뒤 실종되었다.

버스가 소란스럽다. 언젠가부터 매일같이. 숏컷을 하고

Girls can 어쩌고 적힌 파란 티셔츠를 입은 거대한 여성이 대학생으로 보이는 남자와 실랑이를 벌이고 있었다. 여자는 느닷없이 남자를 붙잡고는 몰래 자신을 찍은 것 아니냐고 소리쳤다. 남자가 어이없어하며 대꾸하지 않자 Girls can 어쩌고가 눈에 쌍심지를 켜고 남자의 손에서 휴대폰을 빼앗으려고 달려들었다. 비좁은 버스 안에서 난리를 쳤다. 내가 미쳤다고 당신 같은 사람을 사진 찍느냐는 남자, 자기는 분명히 그렇게 느꼈다고, 억울하면 증명하면 될 것 아니냐는 Girls can 어쩌고. Girls can 어쩌고를 제외한 승객들의 입에서 한숨과 짜증이 터져 나오는데 버스가 멈춰 섰다. 남자가 얼굴을 구기며 내리자 Girls can 어쩌고가 경찰을 부를 거라고 소리치면서 뒤쫓아 내렸다.

따라 내리는 것은 아니지만 원래 내리려던 곳이라 로저도 그곳에 내렸다. 로저는 오전 반차를 사용했다. 누군가와 만날 약속을 했기 때문이다. 벤자민과 관련된 것이었다. 벤자민과 관련한 소식을 누군가에게 들었다고 윌슨에게서 연락이 왔고 무슨 무슨 대머리 연합 일로 일이 바쁜 윌슨을 대신해 로저가 자청해서 약속을 잡았다.

아직 시간이 남아 여유로운 기분으로 거리를 구경하는데 옆에서 연두색 조끼를 걸친 할아버지 할머니들이 줄을 지어 지나갔다. 어림잡아 열 명이었다. 길거리 쓰레기를 줍는 모양인데 집게를 들고 있는 사람, 쓰레기봉투를 들고 있는 사람, 빗자루와 쓰레받기를 들고 있는 사람... 아주 분업화되어 있었다.

그때, 쓰레기를 줍고 있던 할아버지가 갑자기 집게를 놓고 어딘가로 헐레벌떡 달려갔다. "여기 이 사람 좀 봐." 하고 소리치자 금세 사람들이 몰려들었다. 누군가 길 위에서 쓰러져 있었다. 연두색 조끼를 걸친 노인들 사이를 뚫고 로저가 다가갔다. 군대에서 응급 상황에 대처하는 것을 배웠기에 머릿속으로 준비를 하고 스마트폰을 꺼내 119에 신고하려고 했다.

그런데... 쓰러진 남자의 상태가 어째 좀 이상했다. 나이는 20대, 학생인지 직장인인지 구분 안가는 외모와 옷차림인데 남자는 길 한복판에서 자신의 다리를 끌어안고서 조용한 말로 뭐라 중얼거리고 있었다. 너무 작은 소리에 발음은 알아들을 수 없었다. 무슨 정신병 환자인 걸까, 이런 상황에서도 119를 불러야 하나, 금방 판단이 서지 않았다. 괜찮아요? 라고 로저와 노인들이 물어보아도 들리지 않는 모양인지 창백한 얼굴로 입을 끔뻑거리기만 했다.

"어, 다람쥐다." 누군가 그렇게 말했다. 정말 다람쥐였다. 남자의 품 안에서 다람쥐가 빠끔히 얼굴을 내밀었다. 남자가 몸을 움츠렸다. 다람쥐는 목 쪽 옷깃에 매달려서는 품을 떠날 생각이 없어 보였다. 생소한 광경에 잠시 넋이 나가 있는데 갑자기 남자가 입을 아예 닫더니 우물거렸다. 코를 훌쩍이며 울먹거리기 시작했다. 눈에서 눈물이 떨어졌다. 모두들 당황해서 꼼짝하지 않았다. 얼굴을 내민 다람쥐는 고개를 돌려 남자를 물끄러미 올려다보았다. 다람쥐에게 감정과 그것을 나타내는 표정이 있는지는 알지 못하지만, 마치 위로하듯 안쓰러운 표정으로 남자를 바라보았다. 남자가 울먹이며 중얼거렸다. "생각이 나지 않아요. 어디로 가야 하는지... 어떻게 가야 하는지... 잊어버렸어요." 잔뜩 웅크린 목소리였다.

로저는 망설이다가 그의 어깨에 손을 얹었다. 보기와는 달리 작고 연약했다. 잠자코 두세 차례 토닥였다. 잘은 모

르겠지만 그에게 필요하다고 느껴졌다. 하지만 그의 눈물
은 멈추지 않았다. 남자의 어깨가 요동쳤다. 어깨에 얹은
손이 절로 떨어졌고 빈 공간에 어색하게 떠올랐다. 어쩌면
좋을까, 역시 신고를 해야 할까 생각하고 있었다. 그런데
갑자기 누군가 로저의 어깨에 손을 올렸다. 크고 두꺼운
것이었다. 고개를 돌리자 어느새 노인들은 하나도 보이지
않고, 검은색 정장을 말쑥이 차려입은 체격이 좋은 중년
남자가 서 있었다.

"무슨..." 로저가 그렇게 입을 떼는데 검은 정장은 무언
가를 품에서 꺼냈다. 공무원증이었다. 공무원이라는 표시
와 함께 사진과 이름이 있었다. 자세한 소속 같은 건 표시
되어 있지 않았다. 검은 정장은 말했다. "선생님, 이러다
늦겠습니다. 여기 일은 제 소관이니 어서 가보시죠." 그
말에 시간을 확인해보니 정말 늦었다.

"아, 이런." 무심결에 고개를 숙이고 달리기 시작했다.
열심히 땅을 차면서도 궁금했다. 꽤나 달린 후에 뒤를 돌
아보았다. 저 남자는 어째서, 그리고 저 사람은 누구지, 하
는 의문이 들었기 때문이다. 그런데 어찌 된 일인지 그 자
리에는 아무도 없었다. 울고 있던 남자도, 검은 정장도 보
이지 않았다. 남자를 안쓰럽게 쳐다보던 다람쥐도 보이지
않았다.

33

그 집은 재개발을 앞둔 동네 한가운데에 있었다. 동네에 들어서부터 재개발에 선정되어 축하한다는 시공사의 현수막이 곳곳에 걸려있었고 이제 사람이 살지 않는 빈집들인지 담벼락에는 스프레이로 아무 말―SEX는 빼놓지 않고― 이나 칠해져 있었다. 유리창이 깨진 집도 적지 않았다. 주소를 확인하며 이 집이 맞나 몇 번이나 갸웃했다. 낡은 단독 주택이었다. 밖에서도 마당 일부가 보였는데 동네의 다른 집들과는 달리 마당이 잘 정리되어 있었다. 사람의 손을 탄 듯한 잔디가 안채 앞에 제법 넓게 깔려있었고 담장을 따라서 몇 그루의 관목들이 영역을 지키고 있었는데, 그중에는 유난히 손질이 잘 된 소나무가 한 그루 있었다. 곧 굴착기 같은 중장비에 스러질 조경으로는 믿기 힘들었다. 로저는 머뭇거리며 초인종을 눌렀다. 역시 사람이 사는지 대답이 들려왔다. 누구세요, 라는 물음에 로저는 약속드렸던 사람입니다, 라고 대답했다. 문이 열렸다. 안으로 들어서자 안채에서 사람이 마중 나왔다. 머리가 하얗게 센 고상한 인상의 노부인이었다. 드러내지 않아도 이지적인 인상을 풍기는 것은 그가 은퇴한 교육자인 것과 연관이 없지는 않을 것이다. 릴리는 하얀색 양장 차림이었다. 로저는 그녀의 안내에 따라 거실 소파에 자리를 잡았다. 릴리

272

가 금방 차를 내왔다. 단맛이 강한 따듯한 유자차였다. 잔을 한두 번 홀짝인 뒤, 마주 앉은 그녀에게 로저가 먼저 용건을 꺼냈다.

"분명 벤자민 선생님을 얼마 전에 보셨다고 하셨죠?"

그녀는 곧바로 그렇다고 고개를 끄덕였다. 로저가 반색하며 물었다. "정확히 어디서 보셨죠? 선생님은 뭘 하고 있던가요? 아무 말도 없이 사라지셔서 걱정하는 사람이 많아요." 속사포처럼 그렇게 쏘아댔지만, 그녀는 그저 느긋한 동작으로 차를 한 모금, 두 모금 음미했다. 그리고 거실 벽 한쪽에 장식처럼 걸린 한복 저고리를 가리켰다.

"저 한복 말이에요. 참 예쁘죠?" 그녀는 로저의 반응은 상관하지 않는 듯했다. "이 예쁜 한복을 빼앗으려는 놈들이 있다는 거 알고 있어요?" 로저는 이야기가 새는 것이 불만이었지만 마지못해 고개를 끄덕였다. "서쪽 나라의 동북공정을 말하는 건가요." 릴리는 마치 정답을 맞힌 아이를 칭찬하듯 환하게 웃으며 맞아요, 하고 좋아했다.

"한복뿐만이 아니에요. 김치가 대표적이죠. 자기들 말로는 파이차라나? 고구려나 발해의 역사를 자기들 것이라고 하는 것은 유명하고 우리나라의 전통문화들과 요즘 유행하는 무궁화 꽃이 피었습니다까지... 이들이 대체 왜 그럴까요?"

"인간이 덜 되어서요?"

그녀가 웃었다. 그것도 맞다며 손뼉을 쳤다. 한참을 웃다가 진정하고 말했다. "두 가지가 있어요. 첫 번째는 북을 집어삼키려는 것."

로저는 조용히 고개를 끄덕였다. 그들의 목적이라면 언제나 그런 것이니까.

"혹여나 커다란 무력 분쟁, 정말 본격적인 전쟁이 발생할 경우 그들은 북을 차지할 계획을 꾸미고 있어요, 국경지대에는 언제나 준비태세를 갖추고 있죠. 한복을 자기들 것이라 우기고, 김치를 자기들 것이라 우기는 것은 다 명분을 만들기 위함이에요."

릴리는 집게손가락을 펼쳐 보이며 말했다.

"두 번째는 열등감이에요, 뼛속 깊은 열등감. 자기들이 아무리 대국이라느니, 패권국가라느니, 말을 해봤자 그들을 보세요. 하루 세끼 밥도 못 먹고 푼돈을 받으며 노역과도 같은 일에 시달리는 사람들이 대부분이에요. 그런 인구가 수억이에요. 그런 와중에 도대체 그 나라를 좋아하는 이웃 나라가 있나요? 제대로 된 나라 중에 그들과 어울리는 나라는 하나도 없죠. 더군다나 그 국민들이란 하나같이 공산당에 세뇌되어 국가라는 허울에 자아를 의탁하고 근거 없는 자신감으로 온 세계에 민폐를 끼치죠. 말마따나 인간이 덜 되었구요."

"요즘 특히나..." 로저가 말을 꺼내는데 릴리가 말을 막았다.

"아니에요. 그들은 언제나 그래왔어요. 지난 수천 년 동안. 생각해 봐요. 가장 최근에 우리나라에서 전쟁을 벌이자고 쳐들어온 나라가 어느 나라였는지. 우리는 수천 년 동안 그들에게 당해왔어요. 그들은 언제나 약자를 괴롭히고 힘을 과시하지 못해 안달하죠. 마치 초등학교 교실의 문제아처럼요."

로저는 동의한다는 의미로 고개를 끄덕였다. 그녀는 첫잔을 들어 입으로 가져가다 도로 내려놓았다. "당신의 말도 맞아요. 요즘은 특히라는 말. 벤자민이 분명히 말했어

274

요. 그들은 지금 우리나라 내부의 어떤 치들과 결탁하고 있다고."

우리나라 내부의... "그 치들이란..." 그녀는 말없이 로저의 눈을 바라보았다. 말하지 않아도 알고 있지 않으냐는 듯이.

"나의 아버지는 중공군에게 죽어서 그 얼굴조차 기억나지 않아요. 내가 갓난아기였을 때 돌아가셨고 사진조차 없죠. 그리고 내 아들은 지금 홍콩에서 살고 있구요."

"홍콩이라면 요즘 한창 시위를 벌이고 있지 않나요."

"맞아요. 요즘 아주 난리죠. 얼마 전에 걱정이 되서 아들에게 물었어요. 너도 혹시 시위를 하고 있느냐고. 그런데 아들이 아무렇지 않게 그렇다는 거예요. 난 깜짝 놀라 말렸죠. 목숨이 귀한 줄 알라고 그러지 말라고 말이에요. 그랬더니 뭐라고 하는 줄 알아요?"

로저는 잠자코 말을 기다렸다.

"그저 자유를 원할 뿐이라고. 지금 나서지 않으면 영원히 자유를 잃을 것만 같고, 지금 나서지 않으면 대만, 그 후에는 신장 위구르나 티베트처럼 될지 모른다고."

그녀는 아들이 떠오르는 듯 꽤나 감정적인 목소리가 되었다.

"당신은 혹시 지금 안도하고 있나요?" 로저의 눈을 바라보며 말했다. 로저는 속마음을 읽힌 듯 굳은 채 대답하지 못했다.

"자유롭다고 믿고 있지 않길 바라요. 벤자민이 경고하듯한 말이에요. 자유롭지 않은데 자유롭다고 믿는 순간 곧눈 앞에 펼쳐질 일을 감당할 수 없을 것이라고." 로저가질문을 하려고 했지만 릴리는 기다리지 않고 덧붙이듯 말했다.

"커다란 일을 꾸미고 있다고 했어요. 이 나라를 뒤흔들어놓을 만한 일을."

"...하지만 쉽지 않을 텐데요. 무역 보복이라면 이미 실컷 당해왔구요. 설마 전쟁이라도 일으킨다는 말씀이세요?"

"아니에요." 릴리가 부드러운 목소리로 말했다. 멋모르는 학생을 다루는 듯한 느낌이 들었다. "전쟁은 너무나 적나라하고 자기들의 손실도 너무나 크죠. 한번 잘 생각해보세요. 이 자유민주주의 국가의 근간을 흔들만한 일이 어떤게 있을지."

그녀의 시선이 천천히 창밖을 향했다. 그곳에는 굽이굽이 가지를 멋지게 뻗은 소나무가 있었다.

"혹시 꿈을 가지고 있어요?"

"꿈이요?"

그녀가 미소를 머금으며 말했다. "요즘 그런 말들이 많잖아요. 청년들이 꿈을 잊었다고."

"꿈뿐만이 아닌걸요. 제 주변만 보아도 다들..." 잔을 기울여 남은 차를 비우자 어쩐지 단맛이 조금도 느껴지지 않았다. 조금 쓴 맛이 감돌았다. 꿈이라...

"선생님은 어디서 만나셨나요?"

"그건 비밀이에요. 대신 이건 알려줄게요. 그가 나에게 묻더군요. 혹시 잊어버린 것 없냐고."

"잊어버려요?" 로저는 벤자민과의 마지막 대화를 떠올렸다.

"네. 무언가 잊어버린 것 없냐고 아니면 잃어버린 것 없냐고 물었어요. 나는 그런 것은 없다고 했죠." 로저는 잠시 생각 끝에 말했다. 언젠가부터 자주 한 생각이 있었다.

"잊거나 잃었다고 해도 그것 자체를 잊을 수도... 있지 않을까요?"

그녀가 환한 웃음으로 끄덕였다. "맞아요. 그가 똑같은 말을 했어요. 소실했다는 사실마저도 소실할 수 있다고. 그리고 그러지 않는 것이 무척이나 중요하다고 했어요."

그리고 잠시 로저를 관찰하는 눈초리로 보더니 뭐, 괜찮겠죠, 라고 말했다.

"당의 진정한 목적은 그것에 있다고 했어요."

"당이라면..."

"네."

"소실했다는 사실마저도 소실하게 만드는 것."

그녀는 무거운 어조로 그렇게 말했다. "한번 생각해보세요. 요즘 어떤가요? 정말 사람들이 정치에, 사회문제에 관심이 있다고 생각하나요?"

섣부른 대답은 하지 않았다. 로저가 입을 떼기 전에 릴리가 말을 이었다. "뉴스는 넘쳐날지 모르죠. 연일 비리 사건이 터지고 더러운 실체를 드러내는 사건 사고가 끊이질 않아요. 불쌍한 아이들을 보세요. 백신을 맞고 죽었는데 백신을 맞고 죽었다고 하지 않고, 월북한 것이 아닌데 월북을 했다고 말해요. 어디 그뿐인가요. 국민들의 귀중한 세금을 그대로 북에 갖다 바치고 매년 수십조 원의 예산을 성평등과 저출산을 위해서라며 허비해요.

결국 그렇게 북에 지원한 세금은 우리를 겨냥하는 미사일, 핵폭탄이 되고 성평등을 위한 세금은 더욱 불평등을 초래하며 남녀를 갈라놓고, 저출산을 위한 정책은 오히려 저출산을 가속화시키죠. 누군가 의도적으로 퍼뜨린 오염된 사상이 손길을 뻗칠수록 가족 단위는 점점 그 개념이 불투명해지고 해체 수순을 밟아가고 있어요. 국민들은 집단과 집단으로, 그리고 또 집단 안에서 집단과 집단으로 한없이 쪼개져 갈라지고 갈등하고 대립하고 있죠. 성별, 나이, 지역, 직업, 종교, 재산... 사람들은 말이에요, 착각하고 있는 거예요."

"착각... 이요?"

"관심가지고 있다는 착각. 정부의 기막힌 행보에 헛웃음을 친 사람들이 어디 한 둘이겠어요, 절대 그렇지 않아요. 그들도 분명히 알고 있죠. 대체 지금 뭐 하는 거야, 장난 하는 건가, 그런 말도 했을 거예요. 하지만 어떤가요? 여당과 정부, 대통령의 지지율은 언제나 오르고만 있잖아요."

"하지만 그건, 전부 조작된..."

릴리가 엄한 얼굴로 로저의 말허리를 잘랐다.

"그러니까. 당신은 다 알고 있잖아요. 조작되었다는 것까지도."

그녀는 무언가 한 마디 덧붙이려다가 말았다. 그녀가 무슨 말을 하려고 하는지 로저는 분명히 알고 있었다.

"그가 말했어요. 절대 그 정도로 끝나지 않을 것이라고. 그 모든 것은 예비단계에 지나지 않아요. 결국 그들이 원하는 것은..."

릴리가 말을 끝맺자 로저는 어안이 벙벙한 얼굴로 잘못 들었는지 귀를 의심했다. 설마, 그럴 리가... 라고 조용한 소리로 중얼거렸다. 헛웃음이 나왔다. 아무리 그들이 막 나가지만 그런 짓까지 하진 못할 것이다, 설마 그런다면 국민들이 가만히 있을 리가 없다.

"설마라고 생각하고 있죠?" 그녀는 로저의 마음을 읽듯이 말했다.

　로저는 아무 말이 없었다. 그저 설마라는 말만 떠올랐다. 시선 끝에 소나무가 걸렸다. 부는 바람도 없는데 솔잎이 잘게 떠는 것처럼 보였다.

34

　결국 벤자민의 행방은 알 수 없었다. 벤자민 본인이 말하지 말라고 부탁했다고 했다. 지금은 할 일이 있어 어쩔 수 없다고, 때가 되면 언젠가 만날 것이니 걱정하지 말라고 전해달라고 했단다. 로저는 그 말을 믿을 수밖에 없었다. 오전이 끝나갔다. 로저는 학교로 향했다.

　교무실에 들어서자 테이블에 루나와 그녀를 위시하는 젊은 여자 선생들과 페기가 오순도순 모여 있었다. 익숙한 풍경이었다. 모두들 색색이 배지와 노란 리본을 명찰처럼 달고 있었다. 로저가 자리로 향하는데 옆자리를 쓰는 리들과 스피츠가 불만 가득한 눈초리로 테이블 쪽을 쳐다보고 있었다.

　"뮤 대통령님 패션 센스는 알아줘야 해요. 어쩜 그렇게 깔끔하게 입으시는지. 나이가 믿어지지 않는다니까요."

　"포크수프 여사님 저번에 해외 순방하실 때 스카프 보셨어요? 그거 진짜 너무 예쁘던데."

　"포크수프 여사님 패션도 진짜 장난 아니지. 부부가 완전 패셔니스타셔."

　하하호호 떠드는 사람들이 탐탁지 않은 것은 리들과 스피츠뿐만이 아닌 것 같았다. 조이스와 맥도날드도 아주 불퉁한 얼굴을 하고 있었다. 가끔 그들을 곁눈질하며 한숨을

280

푹푹 쉬었다. 턱을 괴거나 물을 벌컥 마시며 화를 삭이는 듯 내뱉는 숨이 거칠었다.

"그나저나 리들 선생. 저번에 그거 봤어?" 갑자기 스피츠가 오묘한 웃음을 머금고 물었다. 꼭 멀리까지 들리라는 듯 제법 큰 소리였다.

"네. 어떤 거 말씀하세요?" 리들이 테이블 쪽을 흘기며 대답했다.

"그 있잖아. 뮤 말야. 크크크. 나 참. 이거 또 생각 하니까 자꾸 웃음이 새네. 중국몽이니 뭐니 입에 달고 살더니 정작 그 나라에 가서 식사 한번 대접 못 받고 어디 시장통에서 혼자 밥 처먹은 거 말이야."

"푸풉. 저도 봤죠. 정말 웃겼어요. 뭐 하러 간 진 모르겠는데. 웃기려고 갔나? 국민들 웃기려고 갔음 정말 대성공이죠. 저는 그 밥 처먹는 거 저장해서 지금 휴대폰 배경 화면으로 쓰고 있어요. 보세요."

"순방이니 회의니 나라 밖으로 나갈 때마다 정말 큰 웃음 주는 것 같아. 안에서는 여포가 따로 없는데 밖에 나가기만 하면 전봇대도 아니고 혼자 멀뚱거리고 서 있는데 하는 짓이 그런데 대체 누가 어울려주겠어? 딱 꼴이 고장 난 허수아비라니까. 속이 다 시원해."

"하하하하."

"하하하하."

리들과 스피츠가 떠나가란 듯이 배를 잡고 웃었다. 조이스와 맥도날드의 입꼬리도 슬쩍 올라갔다. 하지만 역시 루나를 비롯한 무리들의 눈빛이 예사롭지 않았다. 조잘대던 입을 꾹 다물고 미간을 좁히며 불쾌함을 드러내는데 막상 항의를 하려고 해도 엄연한 사실인지라 딱히 할 말이 없는 듯 보였다.

"그리고 있지." 스피츠가 입술 끝을 씨익 올리며 눈을 가늘게 떴다. 루나와 그 무리가 움찔 숨을 삼켰다.

"저번에 또 진짜 국격 떨어지는 일 있었던 거 알아?"

"뭐죠? 너무 많아서 도저히 하나 골라내는 게 불가능한데."

"포크수프 말이야. 영부인이랍시고 신이 났는지 외국 대규모 행사에서 대통령인 남편보다 훨씬 앞서 걸었던 거. 진짜 상식이 있는 건지 없는 건지. 어디 마트 장 보는 것도 아니고 말이야. 마감세일이라도 하는 줄 알았나? 자기 남편이 대통령인걸 까먹은 걸까. 아, 까먹었다는 게 뭘 먹었다는 말은 아니고."

"아지매, 순대 두 개 퍼뜩 안 내오는교."

"우리 바쁜데 머하노. 그건 또 뭐꼬. 푸마가?"

"하하하하."

"하하하하."

리들과 스피츠가 짝짝 손뼉을 치며 마구 웃었다. 조이스와 맥도날드도 입가를 가리고 조용히 웃었다.

교무실 안에 웃음소리가 넘치는데 조용히 화를 삭이듯 입술을 잘근잘근 씹고 있던 루나가 뭔가 떠오른 듯한 표정을 하더니 이내 의미심장한 미소를 지었다.

루나가 리들과 스피츠에게 시선을 향한 채 말했다.

"요즘 자위단이 그렇게나 많다던데. 다들 들어 보셨어요?"

리들과 스피츠가 웃음을 뚝 멈추었다. 루나가 테이블 의자에서 벌떡 일어나더니 성큼성큼 걷기 시작했다. 또각또각 구둣발 소리를 울리더니 당돌한 눈으로 대뜸 물었다.

"선생님들, 혹시 자위단이세요?"

"뭐?" 리들과 스피츠는 황당한 표정으로 대답을 잊었다. 루나는 그 반응이 재밌다는 듯 큼지막한 눈으로 한껏 비웃음 짓더니 빙글 뒤돌아 큰 소리로 말했다.

"아니, 요즘 자위단이 큰 이슈잖아요. 이미 고인이 된 전 대통령들을 비하하고, 잊지마세요호도 막 조롱하고... 그 자위단이 뮤 대통령님을 그렇게나 증오한다던데."

값비싼 음식의 맛과 향을 음미하듯 리들과 스피츠, 그리고 주변 사람들을 찬찬히 둘러보며 말을 늘어놓았다. 그 무리가 지원사격을 시작했다. 맞아, 자위단 놈들은 벌레야, 사회의 쓰레기, 자위단인 사람을 두고 자위충이라고 하잖아, 저마다 한마디씩 던졌다. 루나가 더욱 득의양양해서 과장된 표정을 지었다. 두 손으로 입가를 가리고 놀란 표정으로 "설마 선생님들, 자위단인 건 아니겠죠?" 리들과 스피츠는 입을 아예 닫아버렸다. 억울한 얼굴을 했다.

"자위단... 이라니. 자유단 아니야? 왜 이름을 그렇게 부르는거야."

"고인이라고 해서 지은 죄가 없어지는 게 아니잖아요. 그 사람들이 얼마나 나쁜 짓을 많이 했는데 왜 이제 와서는 성군처럼 떠받드는 건지..."

스피츠와 리들이 기어들어 가는 목소리로 그런 말을 했지만 루나는 들은 척도 안하고 "휴! 정말 다행이다. 저는 또 설마 신성한 우리 학교에 자위충이 있는 줄 알았지 뭐예요. 인생의 패배자, 사회의 찌꺼기, 반사회 인격장애자인 자위충이 설마 학교 선생님을 하겠어요. 역시 그럴 리가 없죠!"

루나는 자신의 두 손을 가슴 앞에서 맞잡고 발랄한 몸

짓으로 뒤돌았다. 그 무리는 엄지를 치켜세우고, 터져 나오는 웃음을 흘리고, 소리 내어 다행이다, 설마 했네, 그럴리가 없지, 하고 큰 소리로 떠들었다.

조이스와 맥도날드는 못 본 척, 못 들은 척했고 리들과 스피츠는 비아냥거림과 비웃음에 항의할 엄두도 내지 못하고 얼굴을 붉히며 조용히 입술을 깨물었다.

로저는 측은한 마음이 들었다. 하지만 막상 무슨 말을 꺼낼지도 모르겠고, 주변의 시선이 두려웠다. 책상 위에서 손을 꼼지락거리다 괜히 큰 소리를 내며 자리에서 일어났다.

"새가 많나, 왜 이렇게 시끄럽지." 쭈뼛쭈뼛 창가로 향하는데 벽에 붙은 책장이 보였다. 이유는 모르겠지만 갑자기 눈앞에 있는 것이 신경 쓰였다. 책이 아니라 책장 자체가. 매일같이 보는 것인데 그냥 기분 탓일까. 교과서와 교본, 교구 따위가 들어차 있는 와인색 평범한 책장이다. 정체를 모르는 알약을 삼킨 기분이 들었다. 가만히 서서 물끄러미 바라보다 손가락 끝을 책장 옆에 대보았다.

'뭐지…'

답답함이 차올라 닫혀있던 창문을 휙 열어젖혔다. 그러자 순식간에, 마치 기다렸다는 듯이 거대한 모래바람이 닥쳐들었다. 다시 닫을 새도 없었다. 팔을 들어 얼굴을 막고 질끈 두 눈을 감았다. 쓰러지듯 엎드리는데 뒤에서는 사람들이 놀란 비명을 질렀다. 입안에서 모래가 씹혔다. 퉤퉤 입안의 것을 뱉어내며 따가운 눈을 깜빡였다. 바람이 잦아드는 것을 느끼고 조심스럽게 고개를 든 순간이었다. 열린 창문을 통해 갑자기 수없이 많은 하얀 물체가 안으로 들이닥쳤다. 곳곳에서는 더한 비명 소리가 터져 나왔고 아주 아수라장이 연출되었다. 로저가 허겁지겁 창문을 닫자 누군가 왜 닫냐고, 열어야 다시 나갈 것 아니냐고 다시 열라고 소리쳤다. 하얀 새들은 깃털을 휘날리며 선생들 사이를 요리조리 비행하며 교무실을 어지럽혔다. 몇 마리는 문을 빠져나갔는지 복도에서 학생들의 비명소리가 터져 나왔다. 루나는 마구 비명을 지르며 어서 누가 새들 좀 내쫓으라며 악에 받친 소리를 지르고 있었다. 다른 여선생들도 마찬가지였다. 비명만 질러댈 뿐이었다. 누가 어떻게 좀 해보라고. 페기는 어디 갔는지 행방이 묘연했고 조이스와 맥도날드는 잔뜩 겁먹은 얼굴로 책상 아래에 몸을 숨기고 이따금 머리를 빼고 상황을 살폈다. 스피츠와 리들은 들이닥친 새들을 쫓아내려고 잠깐 나서는가 싶었지만 주위를 한번 살펴보더니 금방 마음을 바꾸고 자신들도 책상 아래에 몸을 숨겼다. 둘은 돌아가는 상황이 흥미로운 듯 모래를 뒤집어쓰고 새 깃털을 어깨에 붙인 채 쿡쿡거리며 웃음을 참는 모습이었다.

"꺄아아앙!"

새가 루나의 머리 위에 똥을 갈겼다. 주저앉아 울음을 터뜨리는데, 그 모습을 지켜본 주변 여선생들은 그저 꽥, 하고 또 한 번 비명을 지를 뿐이었다. 어떡해, 어떡해... 손발을 달달 떨었다. 맥도날드와 조이스, 리들과 스피츠는 눈앞의 구경거리에 퍽 만족스러운 듯 반쯤 내민 얼굴에서 훤한 웃음이 드러나 보였다. 그러던 중, 로저는 문득 깨달았다. 아니, 깨달았다는 표현은 정확하지 않다. 내장 구멍을 막은 듯 답답함을 유발하던 그것은 그냥 하나의 단어였다. 그것이 책장과 무슨 연관이 있는지 잘은 모르겠지만 어찌 되었든 그 원인을 떠올렸다.

"버피..."

로저가 그렇게 중얼거리듯 말하자 그것은 곧바로 무슨 마법 주문처럼 놀라운 효과를 발휘했다. 쏟아지듯 하던 모래바람이 완전히 멈추었고 교내를 어지럽히던 하얀 새들이 정신 나간 비행을 멈추었다. 똥을 갈기는 것도 멈췄다. 훈련이라도 받은 듯, 능숙한 조련사가 있어 지시를 받고 있는 듯, 새들은 일사불란하게 자신들이 들어왔던 창으로 다시 되돌아갔다. 로저가 창을 다시 닫자 남겨진 것은 사방에 흩뿌려진 모래와 하얀 깃털, 루나의 머리에 얼룩진 새의 똥뿐이었다. 다들 안도의 한숨을 쉬었지만 루나의 울음소리는 한동안 그치지 않았다. 문이 열렸다. 페기가 멀쩡한 얼굴로 나타났다.

"아, 그게 아니라니까."

"거기 말고 좀 더 위에."

"남자가 그것 하나 제대로 못 해요?"

로저가 복도를 지나가는데 블랑코가 학생 전용 게시판 앞에서 여학생들에게 둘러싸여 곤욕스러운 얼굴을 하고 있었다. 학생들은 서로 약속이라도 한 듯 다 같이 숏컷을 하고 교복 치마 대신에 교복 바지를 입고 있었다. 그리고 다 뚱뚱했다. 학생들은 블랑코에게 이리저리 지시하고 있었다. 키가 작은 학생들 사이에 블랑코의 머리가 위로 솟은 모습이었다. 블랑코는 손에 어떤 포스터와 압정을 들고 있었는데 블랑코가 게시판에 충분히 맞게끔 포스터를 부착하고 있었지만 학생들은 괜히 트집을 잡으며 괴롭히고 있었다. 블랑코는 지친 기색으로 로봇처럼 지시에 따르고 있었다. 결국, 앞에 것과 별다른 변화도 없이 블랑코의 혼만 빼놓고 오케이 사인이 떨어졌다. 까르륵대며 자리를 뜨는 학생들은 끝까지 그저 재밌다는 표정을 했는데, 블랑코를 조롱하는 것과 다름없었다. 그것을 증명하듯 블랑코는 그 러쥔 주먹을 부들부들 떨었다. 블랑코가 바닥을 향해 시선을 떨구고 있는데 그 앞 게시판 한가운데에는 '성평등과 진보, Girls can do anything 동아리 개설! (정부 지원금

받을 예정)'이라 적힌 포스터가 있었다. 남자인지 여자인지 성별이 분간 안가는 인물의 그림이 곁들어져 있었다. 로저가 블랑코의 어깨너머로 그것을 보고 있는데 블랑코도 고개를 들어 아주 빤히 포스터를 올려다보았다.

어디선가 시끄러운 말소리가 들려왔다. 통화를 하는 것 같은데, 루나의 목소리였다.

"진짜 웃기는 소리지. 여자가 군대에 어떻게 가. 뭐? 아이, 장교는 다르지. 암튼 여자는 군대 못 가. 우리가 애 낳아주는 거는 뭔데?"

블랑코는 로저가 있는 것을 알고 있었다. 블랑코가 시선을 그대로 한 채 물었다.

"선생님. 평등이 뭐예요?"

"어...?"

로저는 턱을 긁적거렸다.

"그야... 모두가 차별 없이 같은 것..."

블랑코가 로저의 말을 잘랐다. 푸훗, 웃음을 터뜨리며. 입을 가리고 터져 나오는 웃음을 참는 것 같은데 도저히 참을 수 없는지 가슴을 아래위로 들썩거렸다. 블랑코의 눈은 감정을 숨기고 있지 않았다. 정말 우스운지 눈동자가 보이지 않을 만큼 가늘어졌고 얼굴이 붉어져서 손 부채질을 했다. 푸하핫... 눈물까지 몇 방울 흘렸다. 로저는 그게 그렇게 웃겨, 하고 물으려 했다. 그런데 말을 꺼내기도 전에 블랑코가 갑자기 표정을 달리하고 아주 건조한 웃음만을 입가에 남기고 마치 딱딱한 가면 같은 얼굴을 하고서 말했다.

"왜 보고만 있어요?"

...그러게. 어... 그러니까... 로저가 아무 말도 못 하고

어버버 우물거리는데 갑자기 블랑코가 자신이 설치한 포스터를 북 찢어버렸다. 북북 여러 번 찢은 포스터를 아무렇게나 바닥에 던지고는 복도 저편으로 성큼성큼 걸어가기 시작했다. 수업을 시작한 학교 복도에는 블랑코와 로저 둘 뿐이었다. 로저는 그저 그 뒷모습을 바라보며 아무 말도 없이 입만 우물거리고 있었다.

로저 앞에 찢겨진 포스터 조각이 떨어져 있었다. 몇몇 조각 조각이 이어져 또 다른 문장이 되었다.

'Girl s 받을 예정'

로저는 그 조각들을 밟고 이미 멀어진 블랑코의 등을 쫓아 뒤늦게 걸었다.

36

　선거날이 이제 바로 코앞까지 다가왔다. 그야말로 눈 깜짝할 사이에 몇 달이 지났다. 공화국에는 많은 일이 있었고 세상은 급변했다. 가장 큰 사건은 역시 코로나 아니, 우한 폐렴의 발생이었다.

　서쪽 나라의 우한 바이러스 연구소에서 비밀리에 개발 중이던 특제 바이러스가 유출되었다. 바이러스는 그들의 나라뿐만 아니라 전 세계 어느 곳곳에나 빠른 속도로 전파되었다. 공화국도 예외는 아니었다. 아니, 직격을 맞았다. 바로 정부 탓이었다. 국내에 들어오려는 지나인들에게 어서 빨리 입국 금지를 내리라는 전문가들의 요청을 그대로 묵살, 오히려 우한 짜요를 외치며 어서 빨리 관광을 와달라고 홍보 영상을 찍어 올리며 아주 빌빌 기었다. 그것도 모자라 국내의 마스크 수억, 수천만 개를 서쪽 나라에 조공하듯 바쳤는데 공화국의 사정이 좋았냐 하면 전혀 그렇지 않았다. 갑작스러운 대전염병에 국민들은 패닉에 빠지는 것 같았고 그런 와중에 지나인들 아니, 짱깨들은 국내에서 마스크를 쓸어가다시피 매점매석하였다. 우리나라의 마스크를 비행기에 가득 채워 자기 나라로 가져가 버리니 국민들은 마스크를 구하려면 몇 시간씩 줄을 서야만 했다. 결국 부족한 공급량으로 인해 정부 주도하에 마스크 배급이 이루어졌다. 사람들이 마스크 한 장 때문에 길게 줄을 서는 모습은 마치 북쪽의 식량 배급과 다르지 않았는데, 다른 점이라면 국민들은 자기 돈을 주고 산다는 것이었다.

공적 마스크 업체 선정에 대한 비리 의혹이 제기, 의혹 기사들이 터져 나왔고 연이어 비리를 폭로한다며 증인을 자처하는 사람들이 나타났다. 여론이 들끓으며 떠들썩해지는가 싶었지만, 그 또한 아주 잠깐이었다. 의혹을 제기한 누군가는, 증언을 자처한 누군가는 차례차례 알 수 없는 이유로 죽거나 갑자기 자살했다. 실종되기도 했다. 아주 조용히 관련 기사들은 쏙 사라져버렸다.

그러던 중에도 우한 폐렴은 선량한 국민들을 차례차례 공격하고 있었다. 결국 첫 사망자가 나오고야 말았다. 국민들은 공포에 떨기 시작했다.

하지만, 우리 국민이 소중한 목숨을 잃은 그 순간, 대통령 뮤는 빨갛게 물든 기와지붕 아래서 짜파구리를 처먹으며 웃고 떠들고 있었다. 무엇보다도 사람들을, 국민들을 먼저 돌보겠다고 장담했던 그가 말이다. 사람이 먼저라고, 국민을 위해서 일하겠다고 호언했던 그가.

이후 감염자는 폭발적으로 늘어났다. 사망자 또한...

하지만 그럼에도 정부는 절대 어떤 유감도 표명하지 않았다. 아예 언급을 피하는 것 같았다. 자신들의 잘못이니까 그러는 것이다. 자신들의 잘못이니까 인정하지 않는 것이다.

의사들의, 전문가들의 말을 들어 입국 제한을 빨리 걸고, 마스크와 소독제, 방역 장비, 의료 시설과 병상을 민간과 협의하여 조금이라도 빨리 확보하여 무언가 대책을 강구했다면 조금이라도 국민들의 생명을 구할 수 있었을지 모른다.

그러나 정부는 죽은 국민마저도 저버렸다. 짱깨들이 만든 우한 폐렴으로 인해 목숨을 잃은 국민을 정부는 우한 폐렴 때문에 죽은 것이 아니라며 그 인과관계를 인정하지 않는 것이다. 우한 폐렴이 아닌 중증 폐렴 혹은 원인불명... 이미 사망 진단이 내려진 상황에 그 병명을 마음대로 바꾸었다. 정부는 지침을 내렸다. 우한 폐렴으로 인한 사망자를 최대한 줄이기 위해 확진 판정을 받지 않은 (죽은 국민 중 많은 수가 그 전에 사망했다) 사망자는 사망원인을 우한 폐렴으로 진단하지 말라는 것이었다.

하지만 그런 수작도 한계에 다다르자 정부는 우한 폐렴 사망자가 대부분 고령자거나 기저질환자라며 사망자들이 우한 폐렴 때문에 사망한 것이 아니라는 듯이 발표했다. 그저 정부는 값비싼 비용을 들여 선전, 광고하기 바빴다. 이겨낼 수 있다고, 함께 하자고...

이는 아주 서쪽 나라와 똑같은 짓인데, 우한 폐렴으로 인한 사망자들로 매일 산 하나씩을 만들면서도 방송국 카메라를 앞에 세워 놓고 새로 쌓은 산 앞에서 함박웃음을 지으면서 우리는 이제 감염자가 하나도 안 나오고 있다고, 방역에 성공했다고 자기 정부를 응원한다며 엄지를 세우며 아주 생쇼를 하는 그 모습을 연상케 했다.

사회는 점점 말라비틀어져 갔다. 물 한 방울 얻지 못한 채 뙤약볕에 덩그러니 놓인 자그마한 화초처럼.

원래 망가졌던 나라의 경제는 더욱 나락으로 떨어졌다.

사람들은 신음했다. 무엇하나 편히 할 수 없게 되었다.

상인들은 절망했다. 정부는 무엇 하나 허락하지 않았다.

하지만 정부는 개의치 않았다.

정부는 말했다. 나라의 경제가 어려운 것은 바로 이 코로나 바이러스 때문이라고.

그렇구나... 그렇다. 이제 경제가, 나라가 망가지고 있는 것은 사실 전부 코로나 바이러스 때문이었던 것이다!

처음에는 카파와 람다 탓이라고 했고 언제는 남쪽 나라 때문이라고 했다. 그리고 이제는 코로나 바이러스, 우한 폐렴의 차례가 된 것이다.

37

　로저는 버스 창문에 머리를 기대고 지나가는 풍경을 바라보았다. 사람들은 하나도 빠짐없이 마스크를 쓰고 있었다. 마스크를 못 구해 없는 사람들은 양말, 손수건, 심지어는 속옷을 잘라 만들어 쓰고 있었다. 로저는 자신의 스마트폰을 들여다보았다. 많은 뉴스가 있었지만 단연 눈에 띄는 것은 역시 제트였다. 차세대 정치인 제트가 여당의 대표가 되었다. 이전 당 대표는 검찰로부터 간첩 혐의를 받고 당 대표직을 사퇴하였다. 선거를 앞두고 제트는 몸이 열 개라도 모자란 듯 보였다. 그가 어디서 선거운동을 한다는 뉴스가 끊이질 않았다.

　종전 선언과 관련한 뉴스도 있었다. 정부는 이제 정말 종전이 눈앞이라고 호언하고 있었다. 하지만 동시에 동해상에 미확인 발사 물체 또한 하루가 멀다 하고 목격되고 있었다.

　학교는 새 학기가 시작되었지만 그 특유의 긴장감과 두근거림 같은 것은 하나도 없었다. 다들 생기를 잃은 눈만 마스크 위로 드러내고 하루라는 의무를 다하고 있을 뿐이었다.

　비대면 수업이 진행될 것이다, 그렇다면 어떤 식으로 진행하느냐... 말만 나올 뿐 아직 정부 지침이 내려진 것이 없어 혼란스러웠다. 선생님들과 학생들 또한 마찬가지였다. 당장 다음 주부터 당분간 폐쇄 조치를 내린다는 말이 있는가 하면 확진자가 나온 것 아니냐는 뜬소문도 돌았다. 학교 건물에 들어서자마자 저편에서 눈길을 끄는 것이 있었다. 행정실 팻말이었다. 로저는 블랑코를 떠올렸다.

블랑코가 자살했다는 말은 학교가 개학하기 전에 들었다. 코인과 주식 투자로 인한 과도한 빚이 원인이라고 했다. 공익근무 소집 해제일이 얼마 남지 않았는데 유서 한 장 없이 강남의 고층 아파트에서 투신했다. 로저는 언젠가 블랑코가 했던 말을 떠올렸다. 돈을 많이 벌어서 서울에 아파트를 사고 싶다고...

교무실에 들어서자 루나가 또 무리들을 불러 모아 떠들고 있었다. 얼마 전 루나는 징계 위원회에 회부되었다. 학생들에게 페미니즘과 편향적인 정치 성향을 세뇌시켰다고 들었다. 하지만 그 징계라는 것이 어떤 것이었는지는 쉼 없이 꿈틀대는 저 입꼬리만 보아도 알만했다. 이제 한숨조차 나오지 않았다.

자리에 앉자 기다렸다는 듯 리들이 의자를 끌어와 앉았다. 아니나 다를까 루나에 대한 험담을 늘어놓기 시작했다. 그 불만은 도대체 지금 시대에 세뇌 교육을 하는 것이 말이 되냐는 것에서부터 시작해서 요즘 여자들은 도대체 권리만을 누리고 책임은 하나도 지지 않는다, 요즘 여자들이 도대체 군대에 가지 못하는 이유가 있느냐, 요즘 여자들은... 이야기는 끝나지 않을 것 같았다. 그러다 문득 로저가 말했다. "그런데 버피 선생님 자리에 저 사람은 누구지?" 로저는 교감 자리에 앉은 낯선 남자를 가리키며 물었다. 그 자리에는 속에 셔츠까지, 온통 까만색 옷을 입은 낯선 남자가 있었다.

"버피? 그건 누구야. 저분은 우리 교감 선생님이잖아."

"무슨 소리야. 버피가 원래 우리 교감 선생님이고 저 사람은 난 처음 보는데."

리들은 무슨 소리냐며 어이없어했다. 그리고 생각난 듯 스마트폰을 꺼내더니 화면을 들여다보았다. 로저가 어깨 너머로 보자 주식 계좌 창이 떠올라 있었다. 온통 파란색이었다. 마이너스 표시와 함께 긴 숫자들이 함께 이어지고 있었다.

리들은 그 숫자들을 오랫동안 바라보더니 깊은숨을 내뱉었다. 그리고 조금씩 어깨가 가늘게 떨기 시작했다. 작은 한숨을 쉬며 나지막한 목소리로 엄마보다는 늦게 가려고 했는데... 라고 말했다. 무슨 말을 하는 거지, 로저가 의아해하는데 리들은 그리고 그나저나, 하고 운을 떼더니 "그러고 보니 너네 집, 잘 살지?" 뜬금없이 다소 원초적인 질문을 했다. 로저는 당황했다. 아니, 황당했다. 잠시 생각하다 그냥 한 차례 고개를 끄덕였다.

"서울에 아파트 갖고 있지? 너 이름으로 말이야."

로저는 망설이다 그렇다고 말했다.

리들은 잘 들리지 않는 목소리로 그렇구나... 하고 중얼거렸다. 그리고 고개를 떨구고 나지막이 중얼거렸다. 서울에 아파트를 사려면 대체 몇 년을 일해야... 그러다가 대뜸 고개를 들었다. 그 눈이 빨갛게 충혈되어 있었다. "나, 리퍼를 뽑을까?"

"뭐. 왜?"

리들이 갑자기 두 눈을 번뜩이며 로저를 쳐다보더니 낮은 웃음소리를 흘렸다. 로저는 그 모습에 섬뜩함을 느꼈다.

"리퍼를 뽑으면, 모두 같아질 거야. 그래, 평등 말야. 그가 말했어. 자신을 뽑으면 매달 돈을 줄 것이고 부자들의 돈을 빼앗아서 나같이 없는 사람에게 나누어 주겠다고." 공평하게, 라고 리들이 덧붙이듯 말했다.

"그게 어째서 평등... 아니, 공평이야. 그리고 그 돈은 어디서 나오는데? 우리나라가 무슨 기름이 나와, 지하자원이 있어, 우리 돈이 기축통화도 아니고..."

아니야! 리들이 갑자기 소리쳤다. 로저가 깜짝 놀라며 왜 그래, 라고 말하려고 했다. 하지만 혀를 움직일 사이도 없이 리들이 달려들었다. 로저의 멱살을 움켜쥐었다.

"네가 뭘 알아. 너는 부자잖아. 왜? 너도 리퍼가 무서워? 네가 가진 것을 뺏길까 봐? 네가 많이 갖고 있어서 다들 좀 나누자는데 그게 왜 나빠? 공평하고 좋은 거 아니야?"

"하지만... 돈이라는 게..."

"찍어내면 될 것 아니야! 돈! 그냥 찍어서 뿌리면 되잖아!"

리들의 완력은 믿을 수 없을 정도로 강했다. 팔이 쇳덩이 같았다. 로저의 멱살을 잡은 채 손쉽게 들어 올렸다. 로저는 허공에서 힘없이 버둥거렸다. 점점 더 목을 조여오는 두 손아귀를 느끼는데 어렴풋이 리들의 뒤로 검은 그림자가 스쳐 지나가는 것이 보였다. 점점 의식이 가물가물해졌다. 시야가 가로로 좁아지더니 완전히 까만 화면이 나타났다.

얼마간 후에 눈을 뜨니 침대 위였다. 삼면에 커튼이 쳐져 있는 싱글 침대 위였다. 로저는 상반신을 일으키고 목을 만졌다. 목 안에 불편한 느낌이 남아 있고 목젖을 만지자 따끔거렸다. 그리고 무언가 이상한 것이 있었다. 로저는 자신의 손바닥을 내려다보았다.

'이게 뭐지...?'

거기에는 끈적끈적한 액체가 있었다. 목과 목을 만진 손에 정체 모를 액체가 달라붙어 있었다. 로저는 커튼을 젖히고 침대에서 내려왔다. 양호실에 사람은 없었다. 교무실로 돌아가야겠다고 생각해 방향을 정했다. 그런데 별생각 없이 쳐다본 복도 창밖에 조이스와 맥도날드가 있었다. 저기서 뭐 하는 거지?

교내 벤치 앞에 서 있는 둘은 그냥 이야기를 나누는 것처럼 보이진 않았다. 로저가 잠시 멈춰 서서 그들을 유심히 내려다보다가 뒤늦게 알아챘다. 둘은 싸우고 있었다. 창이 닫혀있는데도 그 새된 목소리가 전해졌다. 서로 죽일 듯한 기세로 상대방의 옷깃을 잡았다. 죽일 거야, 라는 목소리가 들렸다. 로저는 놀라서 방향을 바꾸어 달렸다.

하지만, 로저가 도착했을 때에는 조이스와 맥도날드는 보이지 않았다. 바로 이 벤치 앞에서 분명 당장에라도 서로 죽일 듯이 했는데... 아무런 흔적도 없었다. 1분도 채 되지 않는 시간인데... 불현듯 목을 잡히는 감각이 다시 느껴졌다. 절로 목을 감쌌다. 뭐가 어떻게 된 건지 머리가 어지러웠다. 그 자리에 주저앉아 머리를 부여잡았다. 머리를 마구 헝클였다.

그때였다.

"뭐야...?"

교내에는 수목과 함께 나란히 조성된 작은 풀숲이 있는데 바로 그쪽에서 무슨 소리가 들렸다. 로저가 다가가자 발목 높이의 풀들이 흔들흔들 떨고 부스럭거리는 소리가 함께 났다. 로저가 풀숲 앞에 멈춰 섰다. 잠시 기다리니 무언가 불쑥 머리를 내밀었다.

'뭐야?'

그것들은 두더지와 고슴도치였다. 두더지와 고슴도치가 풀숲에 서로 엉겨 붙어있는 모습이었다. 대체 거기서 무얼 하는가 싶은데... 싸우고 있었다. 마치 사람처럼 드잡이를 했다. 서로 머리와 발을 사용해 치고받으며 사정없었다. 생전 처음 보는 두더지와 고슴도치의 일대일 대결에 로저는 황당해서 어쩔 줄 몰랐다. 멀뚱히 바라보고 있는데 불현듯 누군가의 시선이 느껴졌다. 뒤를 돌아보았다. 조금 전, 로저가 지나가던 복도에 사람이 있었다. 처음 보는 교감 선생이 동물들을 내려다보고 있었다. 로저와 그의 눈빛이 교차했지만 그는 아무런 반응이 없었다. 아무런 표정이 없었다. 감정이 배제된 얼굴로 동물들을 가만히 구경했다. 동물들은 지칠 줄 모르고 계속해서 싸웠다. 이제 피까지 흘리고 있었다. 로저는 먼발치에서 그것을 바라만 볼 뿐이었다. 어떻게 해야 하지, 누굴 불러야 하나, 내가 말려볼까... 로저가 언제까지고 망설이는 사이, 두더지와 고슴도치는 점점 피에 젖어만 갔고 어디선가 뭔지 모를 동물의 울음소리가 희미하게 들려왔다. 두더지와 고슴도치가 제풀에 지쳐 쓰러져서야 로저는 안도의 한숨을 쉬었다.

'아직도 보고만 있나?'

로저가 다시 한번 뒤를 돌아보았지만, 더 먼 곳에서 그들을 내려다보던 구경꾼은 어디로 갔는지 보이지 않았다.

38

로저는 오랜만에 늦잠을 잤다. 최근 컨디션이 좋지 못해 불면증에 시달리는가 싶었는데 간만에 꿈도 안 꿀 정도로 깊은 잠을 잤다. 이부자리를 정리하고, 세수를 하고, 간단하게 식사를 했다. 휴일인데 뭘 할까 고민하는데 곧바로 아차, 손뼉을 치고 지갑을 찾았다. 마스크가 이제 다 떨어져 간다. 마스크를 구해야 한다. 오늘은 로저가 마스크를 구입할 수 있는 날짜다. 로저는 가까운 약국을 떠올렸다.

약국 앞은 이미 줄이 길었다. 아직 쌀쌀한 날씨에 사람들은 옷깃을 여미며 동동 발을 굴렀다. 세상에 마스크가 이렇게 귀한 것이 되었다니, 진작 구해 놓는 건데... 뒤늦은 후회를 해보았자 받을 수 있는 것은 어차피 고작 마스크 두 장이다. 긴 줄 속의 로저는 다시 한번 신분증이 있나 바지 위로 주머니를 두드렸다.

"꿀꿀꿀."

도심 속에서 좀처럼 듣기 힘든 소리가 났다. 분명 돼지의 울음소리였다. 줄이 앞으로 조금 이동했다. 소리의 근원은 금방 나타났다. 약국 맞은편 거리였다. 꿀꿀꿀 소리의 주인으로 보이는 커다란 돼지가 누군가와 씨름을 하고 있었다. 돼지의 목에 매인 검은색 줄을 잡아당기며 이끌려는데 돼지가 말을 안 듣는 것 같았다.

'요즘 따라 희귀한 장면을 자주 보네...'

로저는 그런 생각을 했다. 심심하던 차에 재미난 구경거리인 것 같아 로저는 속으로 휘파람을 불었다.

'돼지가 왜 저런 곳에 있을까, 저 사람은 뭐 하는... 어라.'

돼지 목의 줄을 잡아끌며 고생하고 있는 남자의 얼굴이 낯이 익었다. 거리가 먼 탓에 얼굴이 잘 안 보이지만 곱슬머리의 헤어스타일과 말쑥한 차림새가 분명 소크라테스 교수와 딱 들어맞았다. '교수님이 왜 저기에... 뭐 하시는 거지.' 줄이 앞으로 또 이동했다. 줄은 틈틈이 계속 움직였다. 그런데 로저는 또 묘한 위화감을 느꼈다.

'사람들은 저게 안 보이나?'

줄을 선 사람들이나, 거리의 사람들은 저 커다란 돼지와 소크라테스가 보이지 않는 것일까. 아무도 관심을 가지지 않았다. 흘끗 쳐다보는 이도 없었다. 소크라테스의 얼굴이 땀에 잔뜩 젖어 있었다. 이미 옷도 꽤 많이 젖어 있었다. 로저는 마스크를 사고 나면 길을 건너야겠다고 생각했다.

"꿀꿀!"

돼지가 갑자기 큰 소리를 냈다. 말 그대로 돼지 멱따는 소리도 냈다. 돼지가 갑자기 제자리를 빙빙 돌았다. 몹시 불안해 보였다. 소크라테스도 반응이 있었다. 먼 곳에서도 보일 정도로 표정의 변화를 일으키더니 줄을 고쳐 잡았다. 그리고 누군가 경주의 휘슬이라도 분 것처럼 돼지와 한 몸이 되어 달리기 시작했다. 그 모습은 꼭 무언가로부터 쫓기는 것 같이 보였다.

'대체 무슨...'

신분증을 제시해달라는 약사의 말을 뒤늦게야 알아챘다.

주머니에서 신분증을 꺼내는 로저의 가슴 속에서 원인을 알 수 없는 불안감이 한층 두께를 더했다.

마스크를 구입한 뒤 오랜만에 영화관을 찾았다. 휴일의 영화관은 사람들로 북적거렸다. 전염병으로 인해 곧 있으면 영화관을 전부 폐쇄할지 모른다는 소문이 돌고 있는 상황이다. 마지막 만찬이라도 즐기는 것일까.

로저는 카페 구석 자리를 찾아 앉아서는 조금 전에 보았던 영화를 반추해 보았다.

주인공인 남자는 군대를 막 전역했다. 만기 전역한 것이 아니다. 훈련 중 사고로 다리를 다치고 의병 제대를 했다. 영화는 사고를 계기로, 사고 이후 변하는 남자의 삶을 그린 내용이었다. 남자는 처음에는 자신에게 닥친 불행을 최대한 긍정적으로 받아들이고자 노력한다. 사고 후유증 치료를 위해 병원과 재활 센터를 매일 같이 드나들며 힘든 상황에도 하루의 밝은 부분을 생각하며 힘쓴다. 하지만 남자는 점점 비뚤어져 간다.

다리를 저는 남자를 보고 비슷한 나이대의 여자들은 그저 신기하다는 듯 수군거리고 재밌다는 듯 키득거린다. 그 웃음에는 비웃음 소리가 섞여 있다. 남자는 분한 마음에 따진다. 자신은 신성한 군 생활 중 이렇게 된 것이라고, 나라를 위해 희생하다 이렇게 되었다고 말한다. 하지만 그녀들은 그냥 한마디만 툭 던진다. 어쩌라고. 여자들은 가볍게 등을 돌리고 또 비웃음을 남긴다. 남자가 어딜 가든 그런 여자들은 항상 있다. 미리 기다리고 있는지도 모른다. 그런 와중에 정부는 남자에게 보상하는 것을 거부한다. 책임을 회피한다. 남자는 국방부를 찾으며 매달리지만, 그들 또한 매몰차게 남자를 쫓아버린다. 슬픈 마음으로 다리를 절며 국방부를 나오자 시위를 하고 있다. 여자들이 많다. 또 기다리고 있었나. 남자는 그렇게 중얼거리는데 여자들은 시위를 하고 있다. 여자들은 커다란 플래카드와 현수막을 들고 외치고 있다.

행여나 여자들에게 군복무를 시킬 생각일랑 하지 마라, 지금도 독박육아와 독박출산에 시달리고 있다, 감히 여자들에게 희생을 강요시킬 생각일랑 하지 말고 군인들이 스타벅스에서 공짜로 커피를 마시는 것을 어서 빨리 금지시켜라, 나라사랑카드의 막대한 혜택은 왜 남자들만 보는 것이냐, 군인이 부족하면 남자들의 군 복무를 3년, 그것도 부족하면 4년, 5년으로 늘려라, 정 안되면 소년병을 모으면 되잖아... 남자는 설레설레 고개를 젓는다. 그리고 언제나 그렇듯 축축한 걸음에 비웃음이 따라붙는다. 그리고 얼마 못 가 멈춰 선다. 남자의 앞길을 막고선 여자들은 비켜주지 않는다. 무슨 표정으로 나를 보고 있을까. 남자는 모른다. 남자는 죄라도 지은 것처럼 무겁게 머리를 숙인 채 길을 돌아 걷는다. 여자들의 대화 소리가 들린다. 이러다 진짜 여자도 군대에 가게 생겼다고... 사람이 없다고 난리라고... 남자가 살짝 고개를 드는데 여자가 말한다. 그럼 국방부를 없애야겠다고, 모든 원흉이 국방부니까, 국방부에서 징집을 하니까 국방부를 없애면 그런 소리는 쏙 들어갈 거라고. 남자의 발밑이 어두워지고 턱은 한없이 가라앉는다.

거기까지 보고 중간에 상영관을 나왔다. 장르는 코미디였다. 로저는 영화 상영 내내 아무런 소리도 내지 않고 영화를 봤지만 다른 관객들은 그렇지 않았다. 웃기 바빴다. 남자가 여자들에게 비웃음을 사는 장면을 보고는 재미있다고, 남자 꼴 좀 보라고 팝콘을 뿌려대며 육중한 몸을 들썩거렸다.

밖으로 나오자 거리가 어수선했다. 길가에 회색깔 차들이 몇 대 주차 되어있을 뿐 큰 도로에 차들이 다니지 않고 대신에 수많은 사람들이 그 위를 점령하고 있었다. 또 시위구나.

그나저나 엄청난 인파라고 생각했다. 여태껏 보았던 시위 규모 중 단연 압도적이었다. 과거 촛불 집회에 버금가는 아니, 그 이상일까. 그런데 그들 중에 리본이나 배지를 달고 있는 사람은 한 명도 보이지 않았다.

무슨 일일까, 그나저나 버스는 다니지 않으니 지하철을 타야겠다고 생각하는데 사람들의 대화 소리가 엿들렸다.

"이제 범민주당도 끝이야."

"독재정치의 실체가 까발려지고 새로운 시대가 열릴 거야."

"분노한 국민들이 이렇게나 많았다니. 이 사람들이 모두 자유단이었다니."

...그렇구나... 이들은 그런 시위가 아니었다. 임금을 올려달라고, 정규직을 시켜달라고, 성인지 감수성을 주장하고, 남자들을 싸잡아 잠재적 가해자로 몰고, 검찰개혁과 공수처 설치를 주장하는 그런 시위가 아니었다. 그들은 그냥 평범한 국민들이었다.

로저는 이끌린 듯 방향을 돌렸다. 사람들은 어딘가로 가두 행진을 벌이며 외치고 있었다. 그들은 한목소리로 크게 소리쳤다.

"침묵은 굴종"

도로 밖 인도 위에 선 로저는 입안에서 그 말을 따라해보았다. "침묵은 굴종..." 사람들은 노기 가득한 얼굴로 팔을 높이 치켜들며 다시 한번, 또다시 한번 소리쳤다.

　　"침묵은 굴종"
　　"여태껏 많이 참아왔어. 더는 못 참아."
　　"대체 뭐가 정의냐고. 저 현수막을 뜯어내 버리자."
　　"너희들이 정의라고? 웃기지마. 국민을 함부로 입에 담지 말라고. 나는 당신을 선택한 적이 없어!"

　　로저가 그들을 멀리서 바라보는데 문득 인기척을 느꼈다. 옆을 바라보자 남자가 서 있었다. 인상이 무거워 보이는 중년 남자는 아득한 눈길로 도로 위의 풍경을 바라보고 있었다. 남자의 그러쥔 두 손이 떨고 있었다. 마치 무언가를 움켜쥐면서 한사코 놓지 않으려는 듯 애를 쓰는 것처럼 보였다. 로저가 망설임 끝에 인도를 벗어나 사람들이 있는 곳으로 발걸음을 내디뎠다. 남자는 그 모습을 지켜보고 있었다. 로저가 묘한 심정으로 숨을 내뱉으며 밟고 선 곳을 가만히 내려다보았다. 그런데 갑자기 끼이익, 소리가 나며 자전거 한 대가 바로 옆에 멈춰 섰다. 하마터면 부딪힐 뻔했다. 자전거를 세운 남자는 먼지 한 톨 없이 하얀 셔츠를 잘 차려입고 알이 큰 안경을 쓰고 있었다. 선한 얼굴을 하고 있었다. 로저가 사과하려는 동작을 보이자 자전거 남자는 가벼운 웃음과 함께 손짓하며 괜찮다고 말했다. 로저가 궁금해져서 자전거 남자에게 물었다. 어디를 가느냐고.
　　자전거 남자가 웃는 얼굴로 말했다.
　　"어딜 가냐구요? 잘못된 정부를 향해 시위하러 갑니다."

로저는 눈을 크게 뜨고 무심결에 말했다. 왜 가냐고.

"왜 가냐구요?" 남자는 훗, 싱거운 웃음을 그리며 로저를 똑바로 바라보았다.

"제 의무니까요."

남자는 화사한 미소를 남기고 자전거를 몰아 떠났다. 그 뒷모습을 아득한 눈길로 바라보는데 옆에서 다시 한번 기척이 났다. 중년의 남자가 로저를 따라서 길 위에 올라서고 있었다. 떨리던 그의 손이 떨림을 멈추었다. 이제 그 무언가를 놓은 듯 전과 달리 한결 편해 보였다.

내내 별다른 표정이 없었던 로저의 얼굴에 어떤 표정이 떠올랐다. 로저는 길 가운데에 서서 주변을 빙 둘러보았다. 노기 어린, 분노 가득한 얼굴의 사람들이 가득했다.

사람들은 정부를 향해 소리치고 있었다. 분노를, 드러내고 있었다.

로저의 얼굴에 어떤 감정이 서서히 떠오르기 시작했다. 그리고 곧 그들을 따라서 말했다, 외치기 시작했다. 머뭇거리며 팔도 치켜들었다. 한 번 들어 올리자 어쩐지 속 안의 무게가 가벼워졌다. 해방감을 느끼며 두 팔 모두 누구보다도 높이 치켜들었다. 누군가의 등만 보고 쫓는 것이 아니었다. 못 참겠는 마음에 길을 내달렸다. 사람들을 몇 명 제치고 그들 앞에 서서 소리를 높였다.

"침묵은 굴종!!"

커다란 해방감이 온몸을 휘감았다. 불안감은 사라지고 확신이 그 자리를 대신했다. 이윽고 로저는 확신했다. 모든 것을 바꿔야만 한다고. 분노한 사람들의 목소리를 피부로 느끼며 사람들 앞에 서서 이끌었다. 시간이 갈수록 그 규모가 커져갔다. 가슴이 두근거렸다. 마치 방망이질을 치는 것처럼 쿵쾅대고 온몸의 피가 수런거렸다. 열을 밖으로 분출하듯 목청껏 소리쳤다. 자신의 열기와 사람들의 열기가 곳곳에서 팽창했다.

"침묵은 굴종!!"

서로 부대낄 정도로 많은 사람들이 한목소리를 내며 어딘가로 향했다. 빼앗긴 광장을 되찾자며 누군가 소리쳤다. 로저도 따라서 소리쳤다. 모두가 같이 외쳤다. 되찾자, 되찾자, 되찾자... 그 목소리는 여태껏 억울하고 억눌린 것이었다. 시위는 종일 이어졌다. 땅거미가 지기 시작했다. 달이 어디선가 얼굴을 내밀었겠지. 그래도 지칠 줄을 몰랐다. 거리는 이제 국민들의 것이었다. 경찰들과 대치하기도 했다. 하지만 그들은 성난 국민들을 막을 수 없었다. 몇 번이나 경찰들을 쫓아버리고 광장으로 광장으로 향했다. 사람들은 서로를 독려했다. 저마다 힘든 사정을 이야기하고 공감하며 또 같이 정부를 욕했다. 도대체 이 많은 사람들이 여태껏 참아왔단 말인가... 로저는 몇 번이나 그런 생각을 했다. '그래, 나 또한.'

"오늘 선거로 국민들의 분노를 깨우치게 만들어주마."

"이 많은 사람들 좀 봐. 모두 여태..."

"우리 모두 자유를 원한다."

그래, 자유...

이제 광장이 코앞이었다. 선두가 막대한 경찰 병력에 막혀있다고 했다. 뾰족한 탑이 하늘을 향한 교회 건물 앞에서 잠시 발이 멈췄다. 민주노총 조끼를 구해와야겠다고 누가 소리쳤다. 다들 웃었다. 그러다 발에 무언가 걸리는 것이 있었다. 내려다보니 그것은 도저히 용도를 파악할 수 없는 검은색 물체였다.

아... 이윽고 생각이 닿는 것이 있었다. 로저는 급히 어떤 간판을 찾아 두리번거렸다. 하지만 찾는 것은 보이지 않았다. 대신 그 자리에는 본 적 없는 오물스러운 글자가 빼곡한 시뻘건 간판이 대신 자리하고 있었다. 사람들이 밀치락달치락하며 떠밀렸다. 시야에서 검은색 물체가 사라지고 무언가 발에 밟혀 부서지는 둔탁한 소리가 났다.

'이따위 취급을 받아서는 안 되는데... 그건 우리나라의...' 로저는 참담한 심정이 되었다.

"난 그저 살고 싶을 뿐이에요. 하지만 이 정부는 나를 죽이려고 해요. 장사하는 친구들 중 둘이 벌써 목숨을 끊었어요. 한 놈은 처자식까지 함께... 장사를 하고 싶어요. 통하지도 않는 제한과 규제만 남발하는 사이에 나 같은 사람들은 피를 말리고 있는 거예요. 우리 모두 여당을, 뮤를 뽑았는데."

"대체 뭐가 코로나야. 코비드니 코로나니 정말 웃기지도 않아. 우한 폐렴으로 인해 사람들이 병들고 죽고 있다고. 그런데 뭐? 중국몽? 아직도 정신을 못 차리고 매국노 짓을 해대는데 도저히 참을 수가 없어. 시도 때도 없이 그놈의 반일 외쳐대며 친일파 어쩌고 떠드는데, 그놈이 중국과 북에게 하는 짓은 일제 강점기 친일파보다 더했으면 더했지 덜하지 않다고!"

"내가 정부의 말을 믿지만 않았어도 내 인생은 이렇게 되지 않았어요. 그놈들 말만 믿고 집을 사지 않는 게 아니었는데... 그놈들이 정권을 차지하고 바로 한 말이 부동산 가격을 반드시 잡겠다는 것이었어요. 그런데 지금 꼴을 보세요. 대체 누가 손해를 보고 누가 이득을 보았는지. 그놈들은 죄다 집을 두 채 세 채씩 가지고 있고 심지어 예정된 지하철역을 자기 집 앞에 짓도록 권력을 사용했어요. 신도시 건설 예정지에 마음껏 투기를 하고 드러나자 쉬쉬하며 넘어갔죠. 그뿐인가요... 이건 말이 안 되는 거잖아요. 도대체...”

“토지공개념이라니 미친놈들아. 지들이 집값 다 올려놓고 이제 와서 상황이 이렇게 됐으니 토지공개념을 도입하는 게 어떠냐고? 진짜 사탄도 한 수 접겠다.”

“우리나라의 원전을 없애면서 뒤에서는 북에게 원전 관련 자료를 넘겨주었죠. 이건 도저히 있을 수 없는 일이에요. 뭐, 신내림을 받았다? 정말 나라가 어떻게 되어가는 건지. 매국노, 친일파, 간첩. 도저히 뭐라 말도 안 나와요. 여적죄라구요 그건.”

“그놈의 성인지 감수성 이 씨발놈들!”

“여론 조작하는 짱꼴라 개새끼들아. 접시에 물 받아서 코 박고 뒈져 제발.”

누군가 드디어라고 소리쳤다. 경찰 병력이 뚫렸다고 사람들이 외쳤다. 사람들이 다시 광장을 향하기 시작했다. 이내 저 멀리 어렴풋하게 거대한 탑이 보였다. 어스름이 깔리고 미세먼지 탓에 잘 보이지 않지만 분명 그것이었다. 사람들이 뛰기 시작했다. 로저 또한 탑을 향해 달리기 시작했다. 모두 한 몸이 되어 광장을 향했다. 선두는 이제 광장에 닿았을 터였다. 로저도 이제 곧 도착할 것이다. 이제 바로 얼마 남지 않았다. 로저는 여전히 두근거리는 가슴으로 발에 힘을 실었다. 그런데 달리는 풍경 가운데 무언가 스쳐 지나가는 것이 있었다. 아는 사람이었다. 로저는 달리던 것을 멈추었다. 사람들 사이를 빠져나와서 그에게 다가갔다. 그러면서 다시 한번 탑을 올려다보았다. 사람들이 환호성을 지르며 기쁨을 분출하고 있었다. 광장을 되찾았다고 소리쳤다.

이제 정말 도착했구나, 되찾았구나, 그런 생각을 하며 그에게 한 걸음 다가갔다.

39

"교수님. 이것 좀 보세요. 이 많은 사람들을."

소크라테스는 거리 위에 주저앉아 있었다. 옆에서 사람들이 뜀박질하고 시끄럽게 소리를 지르는데 그는 아무런 관심도 없는 듯했다. 깊이 고개 숙인 채 뭐라 중얼거리는데 손에는 펜과 종이 몇 장을 쥐고 있었다. 검은색 펜으로 바쁘게 뭔가 적으며 그것만을 내려다보고 있었다. 중얼거리는 소리는 좀처럼 알아들을 수 없는 소리였고, 펜으로는 무언가 쓰기보다는 그냥 손이 가는 대로 선을 죽죽 그어대고 있을 뿐이었다. 보이는 두 눈은 텅 비어있어 혼이라도 빠져나간 사람 같았다. 다리를 달달 떠는 데 초조하고 불안해 보였다. 무슨 심각한 일이 있는 걸까. 로저는 걱정스런 마음에 그의 어깨에 살며시 손을 얹었다.

"괜찮으세요?"

그러자 전원이 꺼진 로봇처럼 소크라테스의 동작이 뚝 멈추었다. 달달 떨던 다리도, 아무렇게나 죽죽 그어대던 손도, 뭐라 자꾸만 중얼대던 입도 멈추었다. 곧 소크라테스의 얼굴이 천천히 비스듬한 방향으로 향하며 로저를 바라보았다.

"난..."

그의 눈가에 어느새 눈물이 그렁그렁했다. 두 눈에 차오른 눈물은 곧바로 방울져 떨어졌다. 어두운 바닥을 적셨다. 소크라테스는 초조한 얼굴을 하고서 짧은 간격으로 치아를 딱딱 부딪쳤다. 이윽고 마치 마른 행주를 쥐어짜듯이 겨우 입을 열며 말했다.

"난 어떡하면 좋을까..."

로저는 연민 어린 표정으로 그의 어깨를 다정히 두드려 주었다. 아무 말 하지 않았다. 그런데 소크라테스가 다시금 고개를 돌리더니 손에 든 종이 몇 장들 사이에서 한 장을 빼냈다. 그것은 접힌 자국 하나 없이 깨끗한 크림색 종이였다. 그는 그것을 펼쳐 보였고 또 넋이 나갔다.

"난 도저히 알 수가 없어..."

거기에는 다음과 같은 문장이 적혀 있었다.

정의는 정의를 뜻한다.
하지만 **때로**, 정의는 정의를 뜻하지 않을 수도 있다.

"이게 무슨..."

그것이 로저가 겨우 뱉어낸 말이었다.

"나보고 이걸 증명해 보이라는데... 도저히 할 수가 없어..."

소크라테스는 초점 없는 눈으로 어디도 바라보지 않으며 말했다. 그 눈에선 여전히 눈물이 흐르고 있었다.

"정의는 정의일 뿐이야. 어떻게 그 뜻, 본질을 바꾼단 말이야..."

소크라테스는 로저를 향하는 것이 아닌 듯 누구에게랄 것도 없이 말했다.

"이건 2 더하기 2를 4라고 하지 않는 것과 같아. 2 더하기 2는 4일뿐이지 않나, 2 더하기 2는 누가 뭐라 해도 4야. 어떻게 때로는 4가 아닐 수도 있게 한단 말이야."

소크라테스는 열이 찬 숨을 뱉어내며 눈가의 눈물을 훔쳤다. 하지만 곧바로 둑이 터진 듯 가슴을 격하게 들썩였다. 두 손에 얼굴을 파묻으며 흐느꼈다. 문득 그의 옆에 덩그러니 놓여진 것이 보였다. 용도를 알 수 없는 검은색 억센 끈이었다.

제기랄, 제기랄, 제기랄... 소크라테스가 몇 번이고 말했다.

로저의 마음속에선 어수선한 잔물결이 일렁거리고 있었다. 그리고 갑자기 눈앞에서 소크라테스의 안색이 다시 바뀌었다. 어둡게 가라앉은 얼굴에서 짙은 색 털이 한 가닥 두 가닥 빠르게 돋아나기 시작했다.

대체... 그런 소리는 입 밖으로 내지도 못했다. 마치 성난 늑대로 변하려는 듯 큼지막한 어금니가 돋아나기 시작하는 소크라테스를 뒤에 남겨두고 로저는 도망치듯 뒷걸음질 쳤다. 사람들 사이로 숨어드는 사이 손에 들려있던 종이는 어디로 갔는지 알 수 없었다.

사람들은 저 모습이 보이지 않는 걸까.

사람들의 시선은 오직 한 곳을 향할 뿐이었다. 로저는 인파 속에 끼어들어 가쁜 숨을 몰아쉬었다. 사람들 속에서 떠밀리며 로저도 광장에 도착했다.

그곳은 이제 예전의 모습이 아니었다. 노란색은 모두 물러가고 오직 사람들만 있었다. 노란 천막과 노란 현수막, 노란 플래카드, 노란 임시무대 그리고 노란 리본. 모두 사라지고 없었다. 좁아 보이던 광장이 훨씬 넓어 보였다. 이제 이 거리는 온전히 국민의 것이 된 것이다. 드디어 되찾은 것이다.

어두운 밤하늘 가운데 달이 사람들 머리 위에 있었다. 사람들은 그것을 바라보며 또 한 번 국민이 마땅히 누려야 할 권리를 소리쳤다. 사람들은 마치 승전 행사를 벌이듯 즐겁게 노래를 불렀다. 어깨를 얼싸안으며 드디어, 드디어, 드디어, 라고 행복한 웃음을 얼굴 가득 떠올렸다.

'달이 조금 커 보이는데.'

하늘 높은 곳에 노랗게 떠오른 달이 아득히 멀어 보였다.

"드디어 개표가 끝났답니다! 이제 곧 결과가 발표된대요!"

"좋았어! 이제 불의를 응징할 때가 왔구나."

"이번 국회의원 선거에 이어서 다음 대통령 선거 때도 본때를 보여줍시다!"

"모두 수고들 했어요. 오늘을 절대 잊지 못할 거예요."

사람들은 해냈다는 듯 웃음을 띠우며 말했다.

"결과가 나왔어요. 그런데... 민주당이..."

"?"

사람들은 고개를 기울였다. 말을 끝까지 하라고 재촉하며.

"180석이라고..."

"뭐."

뭐라고... 그런 말만 나왔다. 떠들썩하고 왁자지껄하던 분위기에 아주 차가운 얼음물을 쏟아부은 것 같았다. 다들 이해가 안 간다는 얼굴로 벙어리가 되었다. 입을 다물고 고개만 꼬았다.

무슨 말도 안 되는, 잘못 들었나, 말이 안 되잖아, 장난치지 마, 여기 있는 국민들은 그럼 뭔데... 그런 소리가 희미하게 들렸다.

그때였다. 정적에 휩싸인 광장에 어디선가 높은 곳에서 가늘고 날카로운 목소리가 날아들었다.

"우리 국민들의 성원 다시 한번 감사드립니다. 덕분에 우리 당이 180석을 차지했습니다. 꺄하하하하."

탑이었다. 탑의 네모반듯한 꼭대기에 사람이 있었다. 마이크를 들고 아래의 사람들을 내려다보고 있는 사람은 여당의 대변인직을 수행하고 있는 젊은 여자였다. 여자는 파란 옷을 입고 있었다.

툭 튀어나온 덧니를 드러내 보이며 여자는 비아냥 조로 마구 웃었다. 덕분에 180석을 차지했다고 떠벌리며 자꾸 국민이라는 말을 입에 올렸다. 온 국민들의 응원에, 성원에 감사하다고. 덧니 여자의 째진 웃음소리가 광장 곳곳에 팽배했다. 아래의 사람들은 조용히, 그저 조용히 그녀를 올려다보았다. 아무런 말도 나오지 않았다. 이해가 가지 않았고... 이해를 할 수 없었다.

덧니 여자가 축제라고 소리쳤다. 광장 주변 곳곳에서 갑자기 요란한 소리와 함께 갖가지 불꽃이 떠올라 터지기 시작했다. 하늘 위에 여러 불꽃이 피어올랐다. 사람들은 더욱 어리둥절했다.

"침묵은 굴종..."

누군가의 입에서 나온 소리였다. 그 작은 소리를 여자는 놓치지 않았다.

"침묵은 뭐? 푸하하하."

또 비아냥거렸다. 그 누군가는 침통한 얼굴로 도로 입을 다물었다.

여자의 입에서 여러 단어들이 튀어나왔다. 선동가, 반역자, 토착왜구, 적폐... 사람들의 귀에는 잘 들어오지 않았다. 그들은 여전히 이해할 수 없었으니까.

어디선가 사람이 아닌 무언가의 울음소리가 들려왔다. 하지만 그것도 사람들에게는 알 바 아니었다. 사람들은 하나같이 고개를 갸웃거리며 자신들의 머리를 쥐어뜯었다. 이유를 알 수 없는 눈물이 주룩주룩 흘러내렸다. 우물거리는 입에서 새어 나오는 숨결은 길을 잃었고 소리 없이 흐르는 눈물에 바닥은 좌절로 젖었다. 하염없이 흐르는 한숨이 흘러넘쳤다. 달은 여전히 크고 밝았으며 어두운 구름이 비를 내뱉기 시작했다. 검은 비였다. 내리기 시작한 빗줄기는 점차 굵어졌다. 검은색 비는 가차 없이 사람들을 강타했다. 광장은 어두운 빛으로 끊임없이 잔물결 쳤다.

비는 언제나 내리고 있었다.

문득 그런 생각을 했다.

거센 빗줄기 사이로 날카로운 바람이 휘몰아쳤다. 하지만 아무도 자리를 떠나지 않았다. 모두들 그저 멍하니 서서 비와 바람을 맞았다. 먼 달을 향해 뻗었던 초라한 궤적에 거탑의 뒤틀린 그림자가 달라붙었다. 커다란 먼지 덩어리들이 그 주위를 불길한 항적처럼 유유히 떠돌았다. 울음소리가 점점 가까이서 들려왔다.

그때 누군가 소리쳤다. 속보라며 여당의 대표인 제트가 사실 남파 간첩으로 밝혀졌다고 했다.

하지만 덧니 여자는 아랑곳하지 않았다. 들은 척도 하지 않았다. 여자가 마이크를 잡고 말했다.

"국민 여러분, 기뻐해 주십시오! 속보입니다. 드디어 남한

과 북한이 종전 선언을 맺기로 합의했습니다. 이제 우리는 휴전국이 아닙니다. 국민 여러분은 엄연히 평화의 한 가운데에서 역사적인 순간을 함께 하고 계십니다!"

그때 갑자기 거대하고 묵직한 폭발음이 덮쳐왔다. 거리를 가늠할 수 없는 어디선가 빛이 번쩍하며 소리와 함께 돌풍이 강타했다. 어지러이 땅이 요동쳤다. 누군가 소리쳤다. 북이 미사일을 쏜 것이라고.

"국민 여러분, 기뻐해 주십시오! 이것은 분명 평화의 신호탄입니다! 북한이 종전을 기념하며 미상 발사체를 우리에게 특별히 선물로 준 것입니다!"

그때 바람을 뚫는 얇고 가느다란 소리가 났다. 미처 쏘아 올리지 못한 잔여물을 뒤늦게 처리하는 듯 하나의 불꽃이 피어올랐다. 동시에 커다랗고 날카로운 소리가 사람들 사이의 적막과 침묵을 조용히 꿰뚫었다. 짙은 어둠과 굵은 빗줄기 사이를 뚫고 피어오른 한 줄기 빛은 너무도 새빨간 불꽃이었다. 정상에 다다른 불꽃은 온 세상을 밝히려는 듯 두꺼운 밤을 배경으로 더없이 활짝 피어올랐다.

그것은 일순간이지만, 도무지 왜 있는 것인지 모를 거추장스러운 물체 위로 아주 가지런히 얹어진 것처럼 보였다.

...그 순간.

"아아..."

짧은 탄식이 새어 나왔다.

그것은, 그것은 분명 언젠가 자신이 진실이라 굳게 믿었던, 희망이라 부르짖었던, 정의라 꿈꾸었던 빛이었다.

너무나 눈이 부셨다.

"무엇을 위해서..."

무엇을 위해서였나...

검은 어둠 속의 불행한 빛은 가만히 고개를 젓는 것처럼 보였다. 도저히 바라볼 수 없었다. 불현듯 느껴지는 것이 있어서 고개를 향하니 멀리 누군가 이쪽을 바라보고 있었다. 흐릿하게 너울거리는 저 너머에서 누군가는 분명히 소리쳤다. 목 놓아 간절히 불렀다.

하지만 그 외침은 전혀 들리지 않았다. 좀처럼 닿지 않았다. 알아들을 수 없는 채로 그저 멀리 이곳을 향해 입만 벙긋대는 저 누군가는 서서히, 그리고 서서히 점점 더 멀어져만 갔다. 울음소리는 점점 가까이서 들려왔다. 폭발음이 이어졌고 코끝에 그을음 냄새가 닿았다. 연기가 곳곳에 피어올랐다. 굽이치는 비애와 탄식의 발자국들은 더욱 깊어졌고 내리는 비는 멈추지 않았다.

탑 위의 여자는 악을 쓰듯 소리 질렀다. 카파와 람다 같은 악을 완전히 처분하고 적폐 청산에 힘을 쏟자, 재벌을 해체하자, 검찰개혁을 서두르자, 공수처를 어서 빨리 설치하자...

그들은 알 수 없었다. 카파와 람다가 과연 어떤 잘못을 했는지, 카파와 람다가 정말 악인지, 하물며 잘못을 했다 하더라도 그것이 저들보다 더한 것인지... 그들이 생각하기에 그렇지 않았다.

하지만 그들은 그렇게 생각만 할 뿐이었다.

진정한 적폐가 과연 누구인지, 재벌을 왜 해체해야 하는지, 검찰을 어째서 개혁해야 하는지, 어째서 공수처가 그렇게나 필요한지...

그들은 분명 보았다, 하지만 알지 못했다.

매캐한 먼지가 발밑에서부터 서서히 손길을 뻗기 시작했다. 홀로 갇힌 주변에 묵직한 어둠이 내려앉더니 한 줌 공간에 슬픈 울음소리가 자그맣게 떠돌았다.

어둠 속에서 싸늘한 바람이 지저분한 혀를 내밀었다. 낮게 깔린 바람은 차갑고 무자비했다.

무언가 발을 건드리는 것이 있었다.

검찰개혁과 공수처 설치를 주장하는 정부의 선전물들이 어둠 속에서 잿빛으로 바닥을 나뒹굴었고, 그 가운데 시퍼런 깃발이 있었다. 그것을 내려다보았다. 거기에는 분명한 글씨로 이렇게 적혀있었다.

국민이 선택한 정의

'정의란 무엇이었나...'

높이 하늘을 올려다보았다.

꿈이 있던 자리에 꿈이 아닌 다른 것이 있었다.

하지만 달은 여전히 그곳에 있었다.

나는 그제서야 비로소 깨달았다.

이제 정의는 정의를 뜻하지 않는다는 것을.

동물의 숲

만든이 | 최수경
지은이 | 한유조
만든날 | 2022년 6월 1일
펴낸날 | 2022년 6월 10일
만든곳 | 글마당 앤 아이디얼북스
(출판등록 제2022-000073호, 2022. 5. 3.)
ISBN 979-11-978822-3-4(03300)

책값 16,000원